AF474790

ZIDJI

16° O³ r
509
F
ACQUISITION
78-08987
C52/79

OUVRAGES DU MÊME AUTEUR

EN VENTE AU FOYER SOLIDARISTE

GRAMMAIRE RONGA, suivie d'un Manuel de conversation et d'un Vocabulaire ronga-portugais-français-anglais, 300 pages. Lausanne, Georges Bridel et Cie . . . . . . Fr. 5.—

LA TRIBU ET LA LANGUE THONGA, avec carte coloriée. Georges Bridel et Cie . . . . Fr. 0.75

LES CHANTS ET LES CONTES DES BA-RONGA, avec illustrations. Georges Bridel et Cie . . . . Fr. 4.—

LE CLIMAT DE LA BAIE DE DELAGOA . . . . » 1.—

NOUVEAUX CONTES RONGA . . . . » 2.—

LES BA-RONGA . . . . » 10.—

POCKET DICTIONARY Thonga-English and English-Thonga preceded by an Elementary Grammar by Ch. W. Chatelain and H. A. Junod. . . . . Fr. 6.—

L'HOMME AU GRAND COUTELAS, conte ronga adapté à la scène. St-Blaise, Foyer Solidariste . . . . Fr. 0.75

En préparation :

THE LIFE OF A SOUTH AFRICAN TRIBE in 2 volumes (en souscription à 8/6 chez l'auteur, à St-Blaise).

Imp. Delachaux & Niestlé S. A. — Neuchâtel.

ZIDJI

ETUDE DE MŒURS SUD-AFRICAINES

PAR

HENRI A. JUNOD

DE LA MISSION ROMANDE

Illustré de quatre hors-texte et d'une gravure

SAINT-BLAISE

FOYER SOLIDARISTE

1911

AVANT-PROPOS

Si je ne craignais pas de paraître prétentieux, je dirais comme Montaigne : « Ceci est un livre de bonne foi. »

Il n'est pas toujours possible aux missionnaires de tout dire ni à leurs journaux de tout publier. Trois influences déterminent l'évolution actuelle du peuple bantou sud-africain : le Paganisme, la Mission et la Civilisation. Or, sur aucune d'elles, le témoignage de nos publications ordinaires n'est et ne peut être complet. Cela se comprend : Leur but est avant tout religieux et on ne saurait leur demander cette connaissance détaillée.

Et cependant il serait utile, il serait juste qu'une certaine section du public fût initiée à la vérité entière sur ces trois grandes puissances qui modèlent l'âme indigène. A la vue de ce tableau de vie intense où les ombres apparaîtraient à côté des lumières, les chrétiens intelligents comprendraient mieux la grande œuvre et s'y intéresseraient plus encore.

J'ai tenté, dans le présent volume, de tracer ce tableau. Je n'ai pas craint de décrire le Paganisme sous l'une de ses manifestations les moins idéales, la vie de la Station avec sa beauté admirable et aussi avec ses tristesses profondes, la Civilisation avec ses dangers et sa [illegible]té, persuadé qu'un exposé véritable des conditions dans lesquelles l'évolution du peuple noir se poursuit ferait ressortir plus vivement encore la grandeur et la suprême nécessité de l'œuvre missionnaire.

Quelque paradoxal que cela puisse paraître, pour que ce tableau pût être vrai, il a fallu y faire intervenir la fiction. Il s'agissait d'éviter toute identification désagréable. Voilà pourquoi les personnages principaux qui sont tous réels ont été présentés sous des noms d'emprunt et les événements qui sont presque tous authentiques, ont été groupés selon un plan qui n'est pas strictement historique.

Ainsi Zidji, le jeune homme qui porta le nom de notre héros et qui fut en effet l'un des meilleurs élèves d'une de nos écoles supérieures, est mort au commencement de ses études et n'a point passé, en réalité, par la défaillance que notre histoire raconte. Mais d'autres, hélas! l'ont connue. La part de l'invention dans notre récit consiste donc avant tout dans le groupement des faits et, si je me suis permis ce procédé littéraire, c'est dans le but d'intensifier l'impression de vérité.

Quant aux figures de missionnaires qui paraissent dans ce livre, je préviens mes lecteurs qu'ils perdraient leur temps à vouloir leur donner un nom, puisqu'il me serait impossible à moi-même de le faire!

Ce livre étant une étude, une étude qui porte sur la vie et la vie tout entière, n'est point destiné aux enfants mais à ceux qui connaissent la vie avec son noble idéal mais aussi avec ses ténébreuses réalités. Et s'il est un livre de bonne foi, il est encore plus un livre de foi dans l'avenir de la race noire et dans le triomphe final de l'Evangile de sainteté. Puisse-t-il, à ce titre, servir à encourager et à stimuler quelques âmes.

Saint-Blaise, octobre 1910.

Henri A. Junod.

A L'ÉCOLE DE LA CIRCONCISION

I

LE VILLAGE DE MANKÉLOU

Le soleil descendait à l'horizon. Il s'abaissait lentement sur les sommets du Drakensberg. C'était la fin d'un beau jour de mai. Les pluies avaient cessé. La saison d'hiver revenait avec son ciel toujours bleu, ses six mois de beau temps, sa fraîcheur des nuits, sa clarté des jours, son climat délicieux.

Au pied de la chaîne découpée, toute en arêtes et en pics, s'étendait la grande plaine du Low Velt, le bas-pays du Transvaal, parsemé d'arbres épineux, vaste région plate, coupée de collines pittoresquement pointues, apparaissant de distance en distance. Et dans l'une des petites forêts qui croissent dans cette plaine, au beau milieu des bois, se trouvait le village de Mankélou. Huit à dix huttes rondes en tout, disposées en cercle, avec leurs toits coniques surmontés d'une opulente couronne de paille tres[illegible] ; au centre, le *kraal*, l'enclos de perches où l'on enfermait la nuit le troupeau de bœufs, l'honneur et la richesse de Mankélou. Entre les huttes qui touchaient presque à la forêt et le kraal aux bestiaux, le sol brun ocré était soigneusement sarclé. Trois ou quatre arbres se dressaient dans cet espace, et leurs ombres épaisses contribuaient beaucoup au confort des habitants. L'un d'eux surtout, avec son superbe dôme de feuilles noires, luisantes comme des plaques de métal, maintenait un semblant de fraîcheur sous sa vaste ramure, même pendant les jours les plus chauds, lorsque la température monte à 38° ou 40°. C'était « l'arbre du village », celui que les osselets avaient désigné jadis comme étant celui auprès duquel Mankélou devait construire la hutte de sa première femme. Aussi était-il interdit aux habitants d'en casser la moindre branche.

A la périphérie, un peu en dehors du cercle des huttes, s'élevait une grande termitière en cône tronqué, d'au moins trois mètres de haut, au sommet de laquelle on arrivait par un petit sentier très rapide et que surmontait l'une de ces curieuses euphorbes arborescentes, ressemblant à un candélabre monumental aux cent branches. Un œil exercé aurait distingué tout près un arbre assez rare sous la protection duquel les tribus zouloues ou voisines des Zoulous aiment à mettre la « bandla » la place des hommes, l'endroit sacré où se discutent les affaires. Pour l'heure, la termitière était déserte et les seuls habitants du village, c'étaient les femmes préparant le repas du soir.

Mankélou avait trois épouses. Son frère cadet qui demeurait avec lui, en avait deux. Il y avait donc cinq huttes de femmes mariées dans ce hameau. Les trois autres étaient réservées, l'une aux jeunes garçons, l'autre aux filles, la troisième aux passants et aux hôtes. A l'ombre de l'arbre noir, une de ces femmes était assise, écossant des arachides, tandis qu'une jeune fille de dix-huit ans environ, debout, le pilon en mains, écrasait d'un geste gracieux et énergique les amandes parfumées dans un mortier de bois. Le torse nu, vêtue seulement de la jupe courte d'étoffe légère et plissée que les femmes Nkouna suspendent à leur taille, elle élevait et abaissait régulièrement le pilon sculpté avec un mouvement aisé de tout le haut du corps, et, dans l'excitation de ce travail familier, elle apparaissait vraiment charmante, avec ses formes bien proportionnées, ses membres sveltes et brillants. C'était Fazana, la gentille sœur de Zidji. Et cette femme de quarante-cinq ans, accroupie à terre et écrasant des arachides dans un panier circulaire plat, c'était leur mère à tous deux, la seconde femme de Mankélou, Masiya, la préférée du chef du village. Elle venait de se coudre une jupe neuve, garnie de perles blanches tout autour de la ceinture et de rouges et bleues au bord inférieur du volant. Des bracelets de laiton massif décoraient ses poignets, tandis que, sur ses chevilles, retombaient, en une masse disgracieuse, une cinquantaine d'anneaux de crin entourés de fil d'acier et de cuivre. Quant à Fazana, elle n'avait aucune parure, sauf un ruban de perles rouges artistement réunies qui entourait sa tête en une sorte de couronne légère, un peu en arrière du front jusqu'à l'occiput.

Les deux femmes vaquaient silencieusement à leur besogne quand, soudain, dans la brousse, en dehors de la petite forêt retentit le son joyeux d'une flûte de berger. Et bientôt des chèvres noires et blanches, brunes et rousses, débouchèrent dans le village conduites par trois ou quatre nudillons de six à dix ans. Le plus grand des trois tirait des notes grêles d'un tibia percé qui lui servait de pipeau. C'était Ngomane, le frère cadet de Fazana, un drôle de petit compagnon, dont la voix rauque résonnait comme celle d'un vieux et qui était passé maître dans tous les trucs et polissonneries du métier. Car c'est une chose connue et admise que les gamins qui gardent les chèvres passent tout leur temps à combiner des farces, à inventer des moyens nouveaux de voler le bourgeois et la bourgeoise. C'est ainsi qu'ils agrémentent leur séjour dans la brousse et qu'ils cherchent à satisfaire leurs insatiables estomacs. Déterrer les patates dans les champs, soustraire les épis de maïs, c'est péché véniel. Les parents ne commencent à s'inquiéter que lorsque ces mauvais sujets s'attaquent aux poulaillers et font disparaître subrepticement les volailles. Alors gare à eux, s'ils sont attrapés.

Ce jour-là, Ngomane et ses compagnons rentrèrent triomphalement, la tête couverte d'étranges chapeaux jaunes dont ils paraissaient très fiers. C'étaient des racines ayant un goût de bois de réglisse qu'ils avaient déterrées, sucées jusqu'à séparer toutes les fibres les unes des autres, sauf à la base. Puis ils avaient étalé ces fibres encore réunies au sommet, et fabriqué de la sorte un couvre-chef des plus originaux. Mais tandis qu'ils couraient après leurs chèvres et les attachaient par la jambe de derrière à des pieux fichés en terre, Fazana remarqua qu'ils tenaient autre chose encore. Ils avaient les mains pleines de belles arachides.

— Petits sacripants, leur dit-elle, où avez-vous volé ces arachides?

Ils eurent bien garde de répondre à la question, car la dernière invention de Ngomane avait consisté à tendre une ficelle au travers du sentier, et une femme, revenant des champs où elle cueillait les précieuses amandes, avait eu le pied pris dans le piège; elle était tombée, le panier conique qu'elle portait sur la tête s'était renversé et les arachides s'étaient répandues dans les épines, en sorte qu'elle n'avait rapporté que la moitié de la récolte chez elle. L'autre moitié était devenue la proie des petits voleurs de grand chemin qui avaient fait le coup.

Avec les chèvres, il y avait trois ou quatre veaux que l'on introduisit dans un petit kraal spécial attenant au grand enclos des bœufs. Ils se mirent à beugler piteusement en regardant le sentier de la brousse. Une autre flûte venait de retentir, non plus le tibia de chèvre, mais le roseau percé de nombreux trous (shitiringo), sur lequel un musicien plus habile que Ngomane modulait des airs plus variés. Bientôt le troupeau, le vrai, le grand, le précieux troupeau rentrait à son tour au village, les bœufs au fort garrot, les vaches laitières répondant à leurs veaux et le taureau à la corne cassée qui mugissait lui aussi à l'ouïe de sa famille bruyante. Tout cela fit irruption soudain par la grande porte de l'enceinte du hameau. Le kraal était ouvert et les belles bêtes s'y précipitèrent. Zidji, aidé de ses compagnons, se hâta de le refermer avec de grandes perches disposées avec art en travers de l'ouverture. Il prit le bol de bois sculpté décoré de triangles noirs brûlés à la pyrogravure et il procéda à la traite des trois vaches laitières. Ce travail n'est pas si facile en Afrique qu'en Europe. Les vaches du continent noir ne consentent à se laisser prendre leur lait que si leur veau a tété un instant et mis ainsi leur cœur maternel au large ! Mais le berger ne le laisse pas s'attarder auprès de sa mère. A peine le veau a-t-il pris quelques gorgées qu'on l'empoigne par le museau et par la patte de derrière, s'il le faut, et qu'on l'arrache à son repas. On trait alors jusqu'à ce que le lait mousseux ait rempli le pittoresque ustensile et le veau revient alors se régaler de ce qui reste. Les bergers des bœufs, jeunes garçons de treize à seize ans, ont droit au lait du troupeau. Ils le versent le soir dans leur polenta au maïs en guise d'assaisonnement. Eux seuls en boivent quand les veaux sont encore tout petits. Les adultes ne le goûtent que plus tard, quand les jeunes bêtes commencent à percer leurs cornes. Alors on le trouve plus nourrissant et on le prend de préférence caillé, aussi les noirs parlent-ils de « manger le lait » et non de le boire !

Zidji était un beau garçon, vraiment; grand pour ses seize ans, les traits réguliers, les lèvres moins épaisses et le nez moins épaté que ce n'est généralement le cas, il avait une aisance de mouvements, une grâce d'allure qui frappaient dès l'abord. Son regard était calme, du même calme que celui des bœufs qu'il menait au pâturage, mais avec une expression d'autorité, de confiance en lui-même. Il se distinguait de son frère Makasa et de Ngomane par cet air de supériorité paisible et incontestée qui lui faisait une place à part au milieu de tous les garçons du village de Mankélou et des villages voisins. Pour faire valoir sa taille droite et élégante, il portait une superbe ceinture de queues qui se balançaient de droite à gauche autour de ses hanches jusqu'à ses genoux. C'était là tout son habillement. Et quant à ses ornements, ils ne consistaient qu'en une épingle d'os piquée dans ses cheveux crépus avec laquelle il enlevait les épines de ses pieds et une curieuse cocarde de poils à raies concentriques brunes et jaunes coquettement posée au-dessus de son oreille gauche. Ces cocardes qu'affectionnent les jeunes gens des tribus pédi et nkouna se fabriquent avec la queue des civettes. Il parlait peu, Zidji, mais tous ses mouvements étaient mesurés et faciles.

Son travail terminé, il vint saluer sa mère et sa sœur, sous le grand arbre.

— Le soleil est couché, leur dit-il.

— Oui, c'est bien, répondirent-elles avec bonté.

Car Fazana avait une affection spéciale pour son cadet qui était en même temps son grand frère. Et lui aussi aimait beaucoup sa sœur. Ne savait-il pas que, quand le moment serait venu pour lui de prendre femme, c'est avec les bœufs obtenus par le mariage de Fazana qu'on payerait sa future compagne?

Maintenant le soleil allait disparaître derrière la silhouette du Wolksberg, rocher pointu dressé dans le ciel, au haut du Drakensberg, un peu comme le Chasseron au-dessus du Val-de-Travers. Une gloire de pourpre et d'or rayonnait tout autour du couchant et un dernier rayon tombait encore dans le village, illuminant une liane dont les fleurs jaunes, semblables à des seneçons, tombaient du haut d'un arbre de la forêt, jusqu'au-dessus des huttes couronnées. Des papillons gris aux ailes postérieures blanches, de puissantes hespérides volaient rapidement d'une corolle à l'autre. Puis les hespérides disparurent, et, dans l'obscurité croissante du crépuscule, ce furent des sphinx qui arrivèrent plus bruyants encore et plus pressés ; des sphinx verts, rouges, olivâtres qui semblaient profiter des dernières lueurs pour visiter toutes les fleurs de la jaune cataracte avant la nuit, avant le souffle frais qui accompagne l'ombre.

Il faisait vraiment nuit et les bœufs ruminaient paisiblement quand une troisième troupe fit irruption dans le village. Les chiens aboyèrent lorsqu'elle approcha, mais bien vite ils se turent, car ils avaient reconnu Mankélou et ses amis qui regagnaient leur domicile. Ils rentraient bruyamment, car ils revenaient d'une assemblée populaire, chez le chef, et ils avaient bu de la bière forte. Il marchait en tête, le maître du village, suivi de son frère cadet Molondjo et de plusieurs autres individus des kraals voisins sur lesquels il exerçait une sorte de royauté au second degré. Car Mankélou était l'un des principaux de la tribu nkouna, conseiller du chef auquel il était apparenté de près, général de l'armée et entouré de nombreux cousins, neveux, beaux-frères, tous porteurs de sagaies et de boucliers et qui le reconnaissaient pour leur supérieur. Aussi avait-il la parole brève d'un homme habitué au commandement. Sa couronne de cire noire dominait une tête énergique déjà grisonnante, aux yeux quelque peu injectés par la boisson. Il avait surtout une vilaine bouche, presque toujours entr'ouverte, avec les coins retombants, ce qui lui donnait un air dédaigneux et méchant. Et pourtant il était bon, au fond, et ces traits durs, comme burinés dans un vieil ébène, pouvaient s'éclairer d'un sourire de bienveillance.

— Le soleil est couché, dirent les hommes en passant près des cours où les femmes étaient en train de préparer le repas du soir et, sans attendre de réponse, ils allèrent s'installer sur la termitière.

Assis sur leurs talons, ils écoutaient Mankélou qui résumait les discussions de la journée : « C'était bien le moment d'ouvrir l'école de la circoncision et Malao, le conseiller préposé à ce rite, a bien fait d'en parler au chef. Voilà quatre ans au moins qu'on n'y a pas procédé et nombreux dans les villages sont les garçons incirconcis. Voyez mon Zidji ! C'est un jeune homme déjà et il n'est pas encore initié. La récolte a été bonne ; le maïs ne manquera pas pour entretenir le Ngoma [1]. »

— Tu dis vrai, interrompt Zidyane, un des commensaux habituels de Mankélou. Les champs ont produit en abondance. Chacun a rempli ses greniers et plusieurs ont même creusé des silos pour conserver leur maïs.

— Vous avez bien saisi les ordres de Malao ? Il a fort bien expliqué que le Ngoma concerne non seulement les jeunes gens à circoncire, mais que c'est l'affaire de tout le pays. Rappelez-vous bien les lois essentielles, car je ne veux pas que personne les transgresse,

[1] Ngoma : nom très général s'appliquant à tout ce qui concerne l'école de la circoncision, sa maison, ses lois, ses formules, ses participants.

chez moi ! 1° Durant les trois mois de l'initiation, on ne dansera dans aucun village. On n'y chantera pas les chants du Modjato [1] ou de toutes autres réjouissances ; seuls les chants du Ngoma doivent retentir dans la contrée. 2° Il est absolument interdit sous peine de mort que les femmes voient ou sachent la moindre des choses du Ngoma ! A elles de cuire la nourriture pour leurs fils ou leurs maris qui demeurent à l'école ; mais elles déposeront à distance les marmites qu'elles apporteront tous les jours pour eux. Celle qui apercevrait le « chondlo » [2] sera tuée sur-le-champ. 3° Quant aux initiés, il faut qu'ils passent courageusement par les épreuves. Celui qui s'enfuirait sera étranglé. 4° Et pour les hommes de la tribu qui se consacrent à l'école, surveillent et dirigent ce travail, ils ne reviendront à la maison qu'à de rares intervalles durant ces trois mois. Ils devront demeurer strictement séparés de leurs femmes. Sinon ce serait la mort des initiés.

Comme il parlait encore, de sa voix brève, forte, si préoccupé de ces graves questions qu'il ne remarquait rien, Masiya, sa femme, arriva, lui apportant le plat de bois sculpté où elle avait servi la portion du soir : un grand morceau de polenta très blanche, et, dans une autre assiette plus petite, la sauce d'arachides et de légumes sauvages qui sert d'assaisonnement. Derrière elle, son bébé sur le dos, la troisième femme de Mankélou s'approchait aussi, pour déposer devant son seigneur et maître son tribut journalier. Les deux épouses de Molondjo suivaient à quelque distance. — Immédiatement, le chef du village se t[illegible]is Masiya avait entendu de quoi il était question. Cette école de la circoncision, elle la détestait. Son fils aîné,

[1] Nom des chants qui accompagnent les danses habituelles de la saison d'abondance.

[2] La « feuille de vigne », qui est l'unique vêtement des circoncis durant le temps d'épreuve.

son premier-né, serait un homme à l'heure qu'il est, sans cet horrible Ngoma. Il avait succombé dans des douleurs atroces et on n'avait pas même permis à sa mère de le pleurer. Et maintenant Zidji devait y entrer lui aussi !

— Ah, dit-elle avec amertume, c'est ainsi que vous discutez le meilleur moyen de tuer nos enfants !

Mankélou avait bu et ses narines, rendues insensibles par la bière forte, étaient incapables de humer l'odeur d'apaisement qui se dégageait de tous ces plats fumants

— Que dis-tu ? s'écria-t-il, irrité, avec un geste de menace. Qu'est-ce que cela te regarde, bavarde ! N'est-ce pas assez si vous mettez les enfants au monde, vous autres femmes ! Serait-ce encore à vous d'en faire des hommes ? Sache que Zidji est sorti de tes mains et entré dans les miennes et; si tu as pitié de ton dos, ne souffle plus un mot de ces affaires !

Masiya se tut. A la lueur de leur feu, les hommes se jetèrent un regard furtif. Il était fâché, le vieux, et on savait qu'il pouvait être terrible quand il s'irritait. Ils se mirent à manger, plongeant leurs doigts tour à tour dans la première assiette. Lorsqu'elle fut finie, ils passèrent à la seconde, à la troisième, à la quatrième, conformément à la loi généreuse du communisme bantou. Le repas était savoureux. Mais leurs estomacs étaient repus déjà et le palais brûlé par la « byala » (bière forte) n'appréciait plus le goût fin et délicat de la sauce d'arachides. Les quatre plats journaliers qui permettaient aux deux frères de s'adjoindre régulièrement quelques amis ne furent pas entièrement vidés ce jour-là ; la table, c'était le sol battu de la termitière. Le reste fut mis à part pour en faire du « boupoutsou » (bière légère) le lendemain, car déjà les autres habitants du village avaient terminé leur repas, chaque groupe pour soi, les bergers des chèvres à part, ceux des bœufs au coin du kraal des bestiaux, les filles ensemble et chaque mère auprès de son feu.

— Zidji ! cria d'une voix impérieuse le chef du village, viens !

Zidji prenant son bâton-crécelle se dirigea vers la termitière. Ce bâton était sa gloire, car c'est lui qui l'avait inventé et tout le monde le connaissait. Il consistait en un long roseau d'un pouce et demi de diamètre que l'ingénieux berger avait percé d'une quantité de petits trous; dans chacun de ces trous, il avait enfilé une épine qui traversait de part en part le vide intérieur. Puis il avait introduit dans le roseau une masse de grains de millet. Les épines se dirigeaient dans tous les sens, d'une paroi à l'autre, en sorte que, lorsqu'on retournait cette longue canne de cinq pieds de haut, les grains descendaient en cascade d'un nœud à l'autre, du haut en bas, avec un bruit particulier qui ravissait l'auteur de cette étonnante invention. Le bâton « s'était tu » quand Zidji pénétra dans le cercle des hommes. Il le posa contre l'euphorbe arborescente et s'assit.

— Mon fils, dit Mankélou, le Ngoma va commencer et tu en feras partie. J'espère que tu seras un garçon courageux et que tu passeras victorieusement à travers les épreuves. Sache que l'initiation fera de toi un homme. Jusqu'ici tu n'étais qu'un enfant. Maintenant tu vas être reçu parmi les guerriers de l'armée et les serviteurs du chef.

— C'est bien, dit Zidji d'un ton calme et en fixant le feu.

Et, comme il répugnait au caractère autoritaire de Mankélou d'interroger son fils sur ses sentiments, il lui demanda des nouvelles de la vache qui avait vêlé l'avant-veille.

— Elle va bien, dit le jeune homme, mais le bœuf aux cornes tordues s'est battu avec le taureau et ce dernier lui a labouré le flanc ; ce n'est pas grave, le côté n'est pas percé.

— Bien, tu peux aller.

Et Zidji s'en fut se coucher dans la hutte des garçons.

Tous s'enroulèrent dans leurs couvertures déchirées et d'une propreté douteuse. Seule celle de Zidji était neuve et chaude. Il l'avait gagnée en allant chercher dans les fissures des rochers, au haut des montagnes, du miel sauvage qu'il vendait aux blancs du magasin voisin. Malgré le confort relatif de sa couchette, le sommeil tarda longtemps à clore ses paupières. Zidji songeait : « Voilà que je vais entrer au Ngoma », se disait-il, et des sentiments contradictoires remuaient son âme.... Il savait que c'était une épreuve redoutable, douloureuse. Son frère aîné, ce Mozila, dont on lui avait tant parlé, un gars vigoureux pourtant, était mort au bout d'un mois à l'École de la circoncision. Néanmoins Zidji était, somme toute, content. Au moins il n'aurait plus à subir les railleries insupportables de Gouanazi ! Ce Gouanazi, l'un de ses contemporains, habitant dans le même district, était le plus haïssable de tous ses compagnons. Il n'avait guère qu'un an de plus que Zidji, mais il avait suffi de cela pour qu'il fût admis à l'initiation quatre ans auparavant. Il profitait de cette supériorité pour tourmenter son camarade dont il était extrêmement jaloux. Et pour cause ! Zidji portait une belle ceinture de queues, il avait une taille superbe, tuait un oiseau au vol comme pas un, connaissait toutes les cachettes des abeilles et des marmottes. Gouanazi était petit, avait une face de satyre que rendaient plus désagréable encore deux mèches de cheveux, deux vrilles allongées sur le front comme deux cornes naissantes. Il s'était donné beaucoup de peine pour développer par une traction fréquente cet ornement naturel. Les queues de sa ceinture n'étaient point lourdes et fournies comme celles des civettes du désert : c'étaient de simples lanières de peau de chèvre dont les poils étaient tombés par place. De plus il était étranger. Sa famille, celle des Marovai, était venue s'établir au sein des Ba-Nkouna après avoir quitté le Littoral portugais on ne savait trop pourquoi. D'aucuns prétendaient que c'étaient des jeteurs de sorts et bien qu'ils s'acquittassent ponctuellement des prestations diverses exigées par le chef et le conseiller, on ne les aimait pas, les Marovai.

Or Gouanazi se moquait de Zidji : « Tu apprendras à manger de la brebis » (ku dya hamba), lui disait-il avec des airs mystérieux. Et quand Zidji lui demandait ce que cela signifiait, il répondait : « Espèce de chouhourou [1], crois-tu que je vais te révéler les secrets du Ngoma. Il pourrait m'en coûter cher ! tu ne perds rien pour attendre. » Un autre jour il lui avait dit : « Réjouis-toi de boire du lait de chèvre ! » Zidji enrageait de ne pouvoir comprendre ces paroles énigmatiques. Surtout il avait été profondément mortifié, un certain soir de fête de bière où tous les jeunes gens du district s'étaient rassemblés pour danser chez son père. Arrivant à l'improviste dans leur groupe, il les entendit prononcer mystérieusement certains mots comme « soungui khédi » et d'autres encore qui lui étaient absolument inconnus. Il faisait nuit et la curiosité le poussa à se mêler à eux pour en entendre davantage. Soudain, en l'apercevant, l'un des aînés, pourtant très bienveillant à l'ordinaire, s'était écrié : « Il y a des nuages, taisez-vous ! » Et tous avaient immédiatement changé de conversation en regardant l'intrus de travers....

« Je vais savoir ce qui en est de tout cela », pensait

[1] Nom injurieux donné aux incirconcis.

Zidji, sur sa natte, tandis que les chiens aboyaient au dehors et qu'une chouette criait hou-hou-hou dans le grand arbre de la forêt ! « On ne m'appellera plus petit garçon et choubourou. Et si vraiment c'est bien douloureux, cette initiation, combien d'autres y ont passé avant moi et s'en sont tirés sans dommage ! Je vaux autant qu'eux pour le moins et j'en sortirai moi aussi.... »

Avec cette réflexion qui a déjà rassuré tant de cœurs humains en présence des dangers de la vie, le jeune homme cacha sa tête dans sa couverture et s'endormit paisiblement.

II

L'ÉTOILE DU MATIN

Quelques semaines s'écoulèrent durant lesquelles le chef fit les préparatifs nécessaires et trouva les huit opérateurs du Ngoma. Un matin, tous les hommes du village de Mankélou se rendirent à la capitale avec Zidji. C'était à la fin de juin. Le ciel était superbe. Dans les champs que la petite troupe traversait, la moisson était terminée. Les tiges sèches du maïs et du millet se dressaient encore à demi brisées. Le chef demeurait au pied des montagnes et, pour arriver chez lui, il y avait environ une heure à marcher presque à plat. De toutes parts les hommes et les jeunes garçons affluaient vers la capitale et, quand les gens de Mankélou y arrivèrent, la foule était considérable. Sur la place publique, on se coudoyait, et c'était un spectacle à voir, en vérité. Un énorme figuier nkouwa au tronc jaunâtre si puissant que quatre hommes en eussent à peine fait le tour avec leurs bras occupait le centre de l'espace circulaire très propre où se tenaient les assemblées populaires. Le feuillage de cet arbre superbe était d'un vert intense contrastant avec l'écorce claire des rameaux. Quatre cents hommes trouvaient aisément place à son ombre. Tous paraissaient fort satisfaits, préoccupés d'une seule chose qui pour eux était réjouissante et bonne : l'Ecole allait s'ouvrir le lendemain.

Mankélou et ses compagnons se dirigèrent vers la grande hutte du chef qui dominait la place, étant située sur une éminence rocheuse, un peu en arrière. Zidji rejoignit les camarades de son âge qui s'asseyaient par groupes dans la vaste enceinte.

Il fut désagréablement surpris en apercevant Gounazi, muni d'un bâton flexible, gesticulant, le verbe haut, au milieu d'un groupe de jeunes gens auxquels il avait l'air de démontrer l'excellence de la verge qu'il tenait. S'étant tourné à ce moment-là, il rencontra le regard de Zidji et il brandit son bâton d'un air significatif, comme pour dire à son rival : « Gare à toi ! Tu feras tantôt connaissance avec cet objet. »

Parmi tous ces garçons, on en distinguait vite deux catégories. Les uns, l'air plutôt inquiet et triste, les mains vides, c'étaient les candidats à l'initiation, les incirconcis. Il y en avait de tout petits, dix ans à peine, tandis que d'autres étaient déjà de vrais jeunes hommes. La seconde catégorie, c'étaient les circoncis d'il y a quatre ans, ceux qui avaient passé les derniers par l'école. Tous étaient convoqués d'office et avaient un rôle spécial à jouer. Ils devaient être les serviteurs des hommes d'âge mûr qui iraient demeurer au Ngoma pour en diriger les cérémonies. Ces circoncis de la dernière volée sont appelés d'un nom spécial : ce sont les *sitchiba*, ou les *barisi*, les bergers du troupeau de la circoncision. Le berger porte une houlette. Tous avaient leur houlette, en effet; mais à voir leur excitation, à voir surtout Gouanazi, le satyre, brandissant sa verge, l'œil mauvais, ses deux cornes se dressant sur son front, on devinait que ces bergers-là ne seraient pas tendres pour leurs brebis!

Le soleil était déjà haut dans le ciel, au-dessus du figuier, parsemant le sol brun de la place de grandes taches de lumière, lorsque le chef et ses conseillers sortirent de la grande hutte royale et vinrent communiquer les décisions prises. On les vit descendre le chemin rocailleux et rapide, causant, gesticulant encore, les notables avec leurs couronnes de cire noire luisantes, le chef à leur tête. A la vue de ce dernier, ses sujets se levèrent tous et l'accueillirent avec la salutation zouloue. Ils crièrent : NKOSI! (chef) en frappant leurs mains l'une contre l'autre. C'était un tout jeune homme aux yeux remarquablement grands et purs, au visage encore glabre, habillé à l'européenne avec un chapeau de feutre gris orné d'une grande plume d'autruche blanche. Il s'assit sur la chaise qu'un gamin venait de placer au pied du figuier et les conseillers s'accroupirent sur les racines jaunes de l'arbre et tout autour. Alors Malao se leva et fit un discours. Malao, c'était donc celui des « indounas » qui présidait au Ngoma, le père de la circoncision. C'était un petit homme qui portait avec une certaine affectation une peau de léopard pendant à sa ceinture. On le reconnaissait de loin, sur les routes à l'âne énorme qui lui servait de monture et dont il était très fier. « Cet âne, disait-il, vaut bien vingt livres sterling. Il est plus fort qu'un cheval. »

Après avoir rappelé aux hommes les lois du Ngoma, il insista beaucoup sur la tranquillité qui devait régner d'un bout à l'autre du pays durant les trois mois que durerait l'initiation.

— Qu'on n'entende de bruit et de disputes dans aucun village ! Sinon gare à vous ! Que vos femmes, les mères des candidats, cuisent chaque jour une marmite pleine de polenta pour chacun d'eux et qu'elles l'apportent là où on leur montrera. Si elles y manquent, gare à elles !

Puis il s'adressa aux candidats, aux cent et quelques jeunes gens qui se serraient les uns contre les autres dans un coin de la place et leur dit : « Quant à vous, préparez-vous à être courageux et obéissants. Demain, à l'aube, vous sortirez ; quand l'étoile du matin paraîtra, vous irez. L'étoile du matin, c'est Ngongoméla ; c'est là son nom. Elle précède le soleil. C'est la lumière. Jusqu'ici vous avez été plongés dans l'obscurité de l'enfance. Vous étiez comme des femmes ; vous ne saviez rien. Maintenant vous verrez. Vous verrez Ngongoméla et les épreuves de la circoncision. Soyez fermes et devenez des hommes ! Le Ngoma c'est un bouclier de peau de buffle ! C'est dur, c'est dur ! Saisissez ce bouclier.... Aujourd'hui, vous commencerez à servir votre chef en allant couper des perches, chacun une, pour arranger la porte du village ; vous coucherez ici, à la capitale, et vous sortirez à l'apparition de l'étoile du matin. »

L'assemblée se dispersa ensuite. La plupart des hommes retournèrent chez eux. Cependant une vingtaine d'entre eux furent choisis pour aller demeurer au Ngoma, au camp de la circoncision. C'étaient en général les parents des candidats. Ils ne sont pas fâchés d'aller surveiller leurs fils ou leurs neveux pour diminuer autant que possible les mauvais tra[illegible]n[illegible]ts qu'on va leur faire subir. Un oncle maternel de Zidji qui avait lui-même deux fils au Ngoma, accepta de se charger de lui. L'oncle maternel, dans ces tribus, est celui de tous ses parents qu'on craint le moins. Il représente la bonhomie, la patience infinie et Zidji fut très content de l'avoir comme protecteur. Ces « bakouloukoumba », comme on les appelait, c'est-à-dire les vieux, les grands, partirent immédiatement avec une partie des bergers pour l'endroit où devaient s'accomplir les cérémonies, tandis que le reste des surveillants demeurait à la capitale avec les candidats. Zidji remarqua avec satisfaction que Gouanazi accompagnait les premiers.

Les perches furent dûment coupées, écorcées, taillées à leur extrémité et plantées en terre des deux côtés du chemin d'entrée de manière à former une sorte de porche : double barrière laissant un espace de deux mètres de largeur au milieu pour la route d'accès [1]. Puis les jeunes garçons couchèrent dehors, sous le grand arbre, après avoir bu un peu de bière forte et mangé quelques patates.

— Régalez-vous, leur disait un malin, régalez-vous ! Il se passera du temps avant que vous vous retrouviez à pareille fête !

— Pfoukan ! Levez-vous ! cria une voix alors qu'il faisait encore nuit.

Les jeunes gens sautèrent sur leurs pieds en se frottant les yeux et regardèrent vers l'orient. Ngongoméla paraissait dans un ciel parfaitement pur et une légère brume leur annonçait déjà le jour.

— En route, dépêchez-vous !

Et toute la troupe sortit. Elle sortit du village, elle sortit de l'enfance ! Elle sortit des bras des mères pour aller vers l'inconnu redoutable.

Le chemin conduisait, du côté de la montagne, droit contre le grand rocher du Marovougne dont la paroi gigantesque se dresse là-haut, très haut. Il escaladait des pentes raides de terre brune, traversait des espaces cultivés, des jachères couvertes de compo-

[1] Ceci est une coutume pédi et non thonga.

sées jaunes que l'on eût prises, de jour, pour des champs de colza. Au bout d'un quart d'heure, on avait atteint un grand arbre solitaire au milieu de la montée. Zidji se retourna vers l'orient, vers la plaine immense où dormait encore son village. Les silhouettes des collines pointues apparaissaient à peine encore. A deux lieues environ, la plus grande de ces petites montagnes s'éclairait un peu. C'est celle qu'on appelle le Kadjaléra, sorte de Sphinx énorme couché au pied des monts. Au-dessus de ce Sphinx, Zidji vit l'étoile du matin, si claire, d'une lueur si douce, la plus lumineuse des étoiles, la mère du jour. Et son âme eut un vague tressaillement d'espérance et de joie ! Connaître ! Grandir ! Etre un homme ! Elle lui annonçait tout cela, Ngongoméla, la radieuse !

Encore un tertre de cent mètres de long, fortement incliné, et les jeunes gens atteignirent un espace plat d'où partaient des bruits étranges et discordants : des chants à eux inconnus, accompagnés du tapage de bâtons frappant sur des boucliers de peau, puis, par-dessus tout, la sonnerie grave, profonde des cornes d'antilope, quelque chose de sauvage qu'ils avaient entendu vaguement de la plaine et qui devenait toujours plus clair....

On les fit asseoir à une certaine distance pour qu'ils ne pussent démêler le sens de tout ce bruit. Là, des bras robustes les empoignèrent. On regarda leurs cheveux. Zidji avait une toison abondante. Avec une certaine coquetterie, il l'avait laissée croître davantage sur le devant du crâne que sur l'arrière pour former une espèce de toupet.

— Va lui couper les cheveux, dit le gaillard qui l'avait saisi à un des bergers.

Et celui-ci, l'entraînant à part, trancha en quelques minutes l'ornementale chevelure crépue.

Zidji était tout assourdi par le bruit. Mais il tâchait

de se ressaisir, de comprendre ce qui se passait. Comme on l'avait conduit plus près des chanteurs pour lui couper les cheveux, il put enfin saisir les paroles du chant que hurlait la foule des vieux et des bergers. L'un d'eux entonnait un solo à la mode cafre que voici :

L'enfant pleure, oiseau de l'hiver !

Et tous de reprendre avec accompagnement des boucliers et de la fanfare :

L'enfant pleure, oiseau de l'hiver !

La plupart des candidats ne distinguèrent rien, dans ce tapage infernal. Et surtout aucun d'eux ne put percevoir les cris de douleur qui s'élevaient plus loin, au delà de l'espace plat, dans une petite vallée du côté des rochers. C'était là qu'on dirigeait les jeunes garçons, huit par huit. Deux ou trois escouades étaient parties déjà et le soleil s'était levé. Zidji fut joint à la quatrième. Sur le chemin, il y avait un petit feu et, dans ce feu, un des bergers jetait continuellement du bois résineux, des drogues et un peu de graisse. Il en sortait une odeur acre qui décelait de loin déjà la présence du brasier :

— Garçons, sautez par-dessus, cria le guide.

Et chacun, l'un après l'autre, sauta. C'est ce qu'on appelle : « tlula ritsa », sauter le feu, rite de purification et de séparation tout à la fois.

Un peu plus loin, l'escouade des huit pénétra parmi les chanteurs. On leur remit à chacun une sagaie et on leur dit :

— Transpercez ! tuez !

Mais il n'y avait personne à tuer. Ce qu'il y avait, c'étaient les vieux, les bergers munis de baguettes, faisant la haie des deux côtés et il fallait passer au milieu d'eux. Ils couraient, les malheureux petits, faisant les gestes de transpercer des ennemis, tandis qu'une grêle de coups de bâtons tombait sur leurs dos. Au bout de cette allée de la fustigation était l'entrée du Ngoma. Ils y arrivèrent tout effarés, tout meurtris. Quatre hommes les reçurent, les conduisirent à quelques mètres de la porte et les dépouillèrent immédiatement de leurs ceintures. Ces belles queues dont Zidji était si fier, il dut s'en séparer pour ne plus jamais les revoir.

Huit pierres étaient disposées en ligne sur le sol faisant face à huit autres pierres; sur ces dernières, huit hommes assis, étranges, la tête couverte d'un casque de peau de lion avec une longue crinière. Le cœur de Zidji se serra d'épouvante. On nomme cette place le Crocodile.... un crocodile redoutable dont la morsure a déjà fait bien des victimes....

Enervé déjà par les coups qu'il avait reçus, il s'assit machinalement sur l'une des pierres non occupées. Chacun de ses camarades en fit autant. Derrière chacun d'eux se trouvait un des bergers, debout. Soudain, alors que, tout craintif, il regardait l'Homme-Lion qui lui faisait face, il reçut dans le dos un formidable coup de verge. Son sang fit tout le tour de son être. Il se retourna pour voir d'où venait cette attaque subite, douloureuse. Gouanazi était là, riant de son rire moqueur, avec ses cornes dirigées contre Zidji. Celui-ci voulut se lever, riposter, se battre.

— Reste assis, ne bouge pas ou tu es mort, hurla l'Homme-Lion.

Tout cela était parfaitement calculé. A la faveur de l'ahurissement causé par cette douleur inattendue, le « Nyahambé » (c'est ainsi que se nomment les [illegible]rgiens du Ngoma) accomplit en deux mouvements le rite sacré, antique, mystérieux, par lequel l'enfant devient homme, le jeune garçon un guerrier, l'innocent un initié.

L'un des camarades de Zidji, vaincu par l'atroce

souffrance, tomba à terre en poussant un grand cri.

— Lève-toi, peureux! lui dit le berger qui avait le soin de cette pierre-là, et il le frappa de nouveau.

Comme il ne bougeait pas, il lui versa sur la tête une marmite pleine d'eau. L'enfant se remit sur les jambes en sanglotant. C'était Latane, le petit Latane, le fils unique d'un des voisins de Mankélou.

— Tenez, prenez cette médecine entre vos dents, dit l'un des vieux en leur mettant un bout de racine dans la bouche. C'était le médecin du Ngoma, celui qu'on appelle le « Manyabé ».

— Allez! partez! c'est fait.

Zidji se leva. La tête lui tourna. Il fut pris de vertige. Il allait tomber, s'évanouir.

Mais par un effort de volonté surhumain, il resta debout et suivit les sept autres. Ils quittèrent la place du Crocodile et allèrent rejoindre dans l'enclos de la circoncision les trois escouades qui avaient déjà passé par l'épreuve. Ils s'engagèrent dans un étroit chemin, bordé d'épines. Plus loin, au bout de cette sorte de boyau, les haies s'écartaient, l'on passait entre deux rangées de perches éloignées d'un mètre ou deux l'une de l'autre, puis entre deux constructions carrées se faisant face et l'on arrivait enfin à une place circulaire, tout au fond. Le tout formait une vaste cour, la cour des mystères.... entourée de branchages épineux.

L'air passablement morne, gémissant de temps à autre, leurs camarades étaient assis là, tout peinturlurés de blanc, des reins à la tête, sous la garde de quelques bergers et de deux ou trois vieux. L'un de ceux-ci donna à Zidji et aux nouveaux venus quelques grandes feuilles cueillies à un arbuste spécial avec lesquelles ils se cousirent un semblant de vêtement plus primitif encore que celui de nos premiers parents, comparable plutôt à la feuille de vigne de l'Apollon du Belvédère.

— Regardez bien ces feuilles, leur dit un vieux qui semblait avoir quelque peu pitié d'eux. Tous les jours, vous en cueillerez de nouvelles. Elles aideront à votre guérison. Et n'allez pas vous tromper et en prendre d'empoisonnées.

Il n'ignorait pas, le brave homme, que certains bergers se font un malin plaisir de conseiller aux circoncis l'emploi d'autres feuilles dont le suc est très mauvais et envenime les plaies. Une épreuve de plus !

— C'est là, leur dit encore le vieux, le « shondlo » qu'aucun incirconcis, aucune femme ne peut voir sans mourir. Vous le porterez trois mois, le « shondlo ». On l'appelle aussi « hamba », la brebis.

Zidji se rappela alors les airs mystérieux avec lesquels Gouanazi lui prédisait qu'il mangerait de la viande de brebis au Ngoma.

Revêtus de leurs deux ou trois feuilles retenues autour des reins par un bout de ficelle de fibres tressées, ils eurent à subir encore le blanchissage à la chaux. « Voilà, leur dit-on, la seule graisse dont vous osiez désormais vous oindre. » Et, à tour de bras, les bergers les soumirent à cette opération. La matière dont ils se servent n'est pas, à proprement parler, de la chaux. C'est une terre plutôt siliceuse que calcaire que l'on trouve en bancs ou en poches au bord du ruisseau et qui doit tenir un peu de la nature du talc. Elle est remarquablement blanche et remplace parfaitement la chaux pour blanchir les murailles.

— Hé ! hé ! vous voilà devenus des « baloungo », des blancs, criaient leurs persécuteurs, et, à l'un des circoncis qui faisait la grimace et trouvait cette g[illegible] là bien peu onctueuse, ils administrèrent une bastonnade en riant.

Cependant, par bouffées, arrivaient les paroles du chant que dominaient parfois la sonnerie des cornes d'antilope et le bruit sec des boucliers frappés.

Il pleure, il pleure, le petit, oiseau de l'hiver !

Et les cris déchirants des escouades successives se mélangeaient lugubrement à ces paroles ironiques.

Cela dura jusqu'à midi. Alors tout le monde fut réuni dans le « soungui », dans la cour des mystères. Les bergers allèrent couper des perches et de l'herbe pour finir les constructions et les vieux s'arrangèrent de leur mieux dans les huttes qui entouraient la place. On laissa les jeunes garçons tranquilles et leur maison fut prête pour les recevoir, au soir de ce premier jour.

.... Couchés sur le sol dur, sans natte, sans couverture, ayant froid et souffrant beaucoup, ils ne dormirent guère, les petits circoncis. Leurs épreuves commençaient. Latane gémissait sans discontinuer. Evidemment l'Homme-Lion qui l'avait opéré s'y était mal pris, car il paraissait beaucoup plus affecté que la plupart de ses camarades. Zidji, couché à côté de lui, lui disait :

— Prends courage. Tais-toi.

Une voix sévère cria de la place :

— Allons ! Qu'on se taise par là-bas ! Vous empêchez les vieux de dormir. Celui qui troublera le silence, on lui fera boire du lait de chèvre.

Le ton de menace avec lequel ces paroles étaient prononcées faisait penser que le lait de chèvre devait être plutôt amer, quelque chose comme la viande de brebis ou la graisse de chaux avec lesquelles ils avaient fait connaissance déjà ! Enfin le sommeil vint avec des cauchemars affreux où des petits couteaux, des sagaies, apparaissaient tour à tour dans les mains des Hommes-Lions.

PHOT. BERTAN

Comme une reine au front noble dont la robe de brocart vert s'étend autour du trône en mille plis arrondis et veloutés....

III

LA COUR DES MYSTÈRES

Avant d'aller plus loin, il serait utile de donner une description plus détaillée du cadre dans lequel se déroulent les événements que nous racontons. Quelques considérations ethnographiques préliminaires seraient en place aussi.

La grande chaîne du Drakensberg qui soutient à l'Orient le plateau sud-africain commence dans la Colonie du Cap et se dirige vers le Nord-Est, parallèlement à l'Océan Indien. Elle entre dans le Transvaal et aboutit au district de Leydenbourg. Mais là, elle change brusquement de direction et part vers le Nord-Ouest, formant ainsi un dernier chaînon qui va se terminer aux environs de Haenertsbourg et s'articuler au système du Woodbush. A mi-chemin entre Leydenbourg et Haenertsbourg, une profonde fissure livre passage à l'Olifant ou fleuve des Eléphants qui descend par là dans la plaine où il coule paresseusement à la rencontre du Limpopo.

Ce chaînon n'est pas aussi élevé que les montagnes de Natal et du Cap. Néanmoins il présente encore quelques pics rocheux de 1600 à 1800 mètres et des paysages d'un haut pittoresque. La plus belle de toutes ces sommités, plus grandiose, à mon avis, que le Wolksberg dont nous avons déjà parlé, c'est le ía. .otsuiri, la montagne de Bokhaha. Elle s'élance d'un bond en une pyramide gigantesque jusqu'à 1.000 mètres au-dessus de la plaine. Là-haut, elle se termine par un petit cône gracieux, à la base duquel une arête de rochers vertigineux se détache et descend vers l'Orient.

Vue d'en bas, du village de Mankélou, par exemple, cette arête présente une curieuse fenêtre en forme de V qui s'ouvre sur le ciel à une altitude de 1400 mètres.

Au printemps, lorsque la pluie a verdi ses flancs, le Mamotsuiri ressemble à une reine au front noble dont la robe de brocart vert s'étend tout autour du trône en mille plis arrondis et veloutés. Seules les ravines qui se trouvent entre les plissements de la montagne renferment des forêts. Des arbres très foncés garnissent ces profondeurs et ces forêts se dévalent vers la plaine en coulées noires. A l'époque où notre récit nous transporte, c'est-à-dire en juin, les graminées des pentes ont passé du vert au violacé puis au brun. La montagne assombrie, desséchée, a plutôt l'air d'un géant au visage sévère qui examine avec soin les hommes marchant à ses pieds pour voir s'ils conservent bien les coutumes des ancêtres.

Du côté nord de la pyramide partent deux chaînons légèrement divergents qui s'avancent dans la plaine. L'un d'eux, le Tchikaboutomi (littéralement : Perd-la-vie, car il s'y est livré des combats meurtriers) présente des croupes arrondies, glabres, sans arbres ni rochers, tandis que le second, sorte de promontoire presque plat de quatre kilomètres de longueur, se termine par une paroi rocheuse immense, qui retombe abruptement vers la plaine. C'est le Marovougne. Les stratifications de cette puissante masse s'aperçoivent aisément. La roche, quand on la brise, est d'un blanc jaunâtre. C'est probablement un grès de l'époque primitive appartenant à l'étage dévonien. Mais les lichens de toute sorte l'ont recouverte d'une patine grise veloutée. Rien de varié comme ces lichens : plaques blanches, plaques brunes, plaques orangées, festons verdâtres et brunâtres, sans parler des mousses, des lycopodes, des fougères. Le botaniste passe de belles heures à explorer ces roches !

Entre ces deux chaînons, entre le Tchikaboutomi et le Marovougne, se trouve le Bokhaha, vallée de 6 à 7 kilomètres qui descend doucement en s'élargissant vers la plaine du Bas-Pays, et qu'arrosent plusieurs ruisseaux, particulièrement le Moudi. Deux tribus y demeurent. L'une, la plus ancienne, celle de Ba-Khaha, appartient au groupe souto-pédi. Elle diffère peu de celle de Sikororo à l'Est, de Thabina à l'Ouest, de Modjadji au Nord. Tous ces clans se ressemblent et habitent la contrée de temps immémorial. La seconde, celle de Ba-Nkouna, à laquelle appartiennent la plupart des héros de cette histoire, est une tribu du Littoral venue entre 1830 et 1840 de la vallée du Bas-Limpopo. Elle forme une des divisions du groupe Thonga ou Shangaan qui peuple toute la plaine du district de Lourenzo-Marques et du Bilène (Gaza). Les Ba-Thonga débordent les limites du territoire portugais et occupent sous le nom de Magwamba et d'accord avec les Ba-Pédi, le Bas-Pays du Zoutpansberg. Du reste les Thonga sont très différents des Pédi. Se livrer à une longue comparaison ethnographique entre ces deux peuples ne répondrait point à notre but. Disons seulement que, quant au rite de la circoncision, il s'accomplit chez les uns et chez les autres à peu près de la même façon [1].

Or, c'est au pied de l'assise rocheuse du Marovougne, séparé d'elle par un bois presque impénétrable, que se trouvait l'espace plat où le Ngoma avait été construit. Laissons le terme de Ngoma qui a un sens plus général et employons celui de « soungui », qui désigne plus spécialement la cour des mystères. Une palis-

[1] Pour être absolument exact, j'ajouterai que je dois la description de toutes ces coutumes principalement à un vieux Thonga des Spelonken qui fut initié il y a environ 50 ans dans une école où Ba-Pédi et Magwamba subissaient les épreuves ensemble. Les cérémonies d'initiation qui s'accomplissent encore maintenant au Bokhaha sont à peu près les mêmes.

sade épineuse l'entoure de toutes parts. Le « Manyabé » l'a enduite de ses charmes afin de préserver le camp des maléfices des jeteurs de sort. Seuls les anciens circoncis ont la permission d'entrer dans l'enceinte sacrée. Il y a toujours à la porte quelques gardes qui surveillent et celui-là seul qui sait débiter les formules est admis. Le chemin d'accès est bordé par douze perches, six de chaque côté, disposées par paires à quelques pieds les unes des autres. Les habitués du soungui ont seuls le droit de passer entre les perches. Un visiteur inconnu, même s'il sait les mots de passe, doit les contourner d'une certaine façon, sinon il est mis à l'amende. On débouche ensuite sur une place rectangulaire que limitent de droite et de gauche deux longues baraques carrées construites en perches, le toit incliné vers la barrière extérieure. L'une sert de logement aux bergers et aux vieux. L'autre, c'est la maison des nouveaux circoncis. Le sol n'en est pas battu. Aucune main de femme n'y étend la couche de terre noire et de fumier qui rend habitables les huttes des noirs. Aussi, au bout de quelques jours, une sorte de vers blancs à la morsure très douloureuse pullule dans cette poussière infecte et tourmente les jeunes garçons durant la nuit. Alors on répand des cendres en abondance par terre, et les larves sont tuées.... pour un temps. Les circoncis dorment avec la tête tournée vers l'intérieur. Quand le froid devient intense, en juin, juillet, il leur est permis d'allumer un peu de feu pendant leur repos de la nuit. Mais ce feu doit être fait sur la place rectangulaire ; voilà pourquoi l'on dit que l'une des épreuves du Ngoma c'est qu'on a chaud à la tête et froid aux pieds.

Entre les deux baraques, par conséquent au milieu de la cour des mystères, dans la prolongation du chemin d'accès, se trouve le Grand Eléphant. Le Grand Eléphant, c'est un long foyer fait de pierres à demi dressées entre lesquelles le bois est disposé sur une ligne droite, parallèlement aux maisons. Tous les matins les initiés viennent s'asseoir à ce feu, de côté, de manière à se chauffer seulement la hanche gauche. L'Eléphant, au dire des connaisseurs, c'est le centre même du Ngoma. On le fait assez long pour que tous les garçons puissent prendre place des deux côtés. Représentons-nous les cent et quelques circoncis assis autour de l'Eléphant, les uns devant les autres : ils forment une ligne qui ressemble à une ellipse. A l'un des foyers de cette ellipse se trouve une pierre où leur chef viendra se placer le premier. En effet, l'armée des circoncis a son chef ; c'est le plus proche parent de la famille régnante, l'héritier, s'il est là, ou son frère cadet. Lorsque Zidji fut initié, le « Nouatié », comme on dit en pédi, était son cousin Malembé.

Entre l'Eléphant et la baraque sont disposées les tables à manger en roseaux. Elles furent dressées le premier jour par les bergers. Cinq se trouvèrent suffisantes pour les cent candidats.

Au delà de l'Eléphant, à l'arrière de l'enceinte par conséquent, se trouve la place des chants et des exercices scolaires. C'est là que les jeunes garçons apprendront les fameuses formules et entendront les discours orduriers de leurs instructeurs, là aussi qu'ils iront se chauffer au soleil durant les rares instants de repos qu'on leur accorde.

Au reste, quelque étroite que soit la surveillance exercée sur eux, ils déambulent en liberté aux abords du Ngoma, allant chaque jour casser les branches nécessaires pour nourrir l'Eléphant. Si l'un d'eux s'éloigne quelque peu et tarde à rentrer, l'un des bergers surveillants de la porte fera retentir un coup de sifflet. Il ne l'appellera point par son nom : c'est interdit, car une femme pourrait passer dans les environs et apprendre ainsi que tel ou tel est à l'école de la circoncision. Or, cela ne se doit pas. Le délinquant répondra lui aussi par un coup de sifflet et s'empressera de rentrer.

Cette description générale du camp de la circoncision fait naître dans l'esprit plusieurs questions. C'est la forme carrée qui y domine. Or tout, dans le village bantou typique, est circulaire. La ligne droite, l'angle droit surtout en sont presque totalement absents. Du kraal aux bestiaux au toit de la hutte, de la cour du foyer à la marmite qui y bout, du panier à vanner au mortier où l'on pile le grain, et jusqu'à la disposition même des huttes sur le terrain, tout est rond. Aussi est-il naturel de se demander si les constructions carrées, le long foyer rectiligne de l'école de la circoncision ne trahissent pas l'origine exotique du Ngoma. Il semble très probable que c'est là une coutume sémitique apportée au sein des tribus cafres dans ce passé mystérieux où plus d'une fois l'influence des Abrahamites s'est exercée sur les tribus bantous. Rien, il est vrai, dans les formules secrètes que nous allons apprendre, n'appuie cette hypothèse. Elle est cependant très probable. Et voici une considération qui l'appuie a priori : Ces cérémonies si cruelles auraient-elles été inventées de toutes pièces par ces tribus dont les mœurs sont généralement douces, qui aiment jouir de la vie, ne sont nullement portées à l'ascétisme et se sont créé d'ailleurs une religion facile et sans prestations douloureuses. De même que la vue d'un régiment anglais au Cap, en 1820, fit du Zoulou Dingiswayo un général sanguinaire qui légua à Tchaka un esprit nouveau et transforma les paisibles clans de ces contrées en la nation militaire et dévastatrice que l'on sait, ne peut-on pas supposer que des ascètes sémites arrivant au milieu de ces peuplades primitives au caractère essentiellement mobile et influençable, ont réussi à les persuader d'adopter ce rite sacré des Orientaux ?

J'en étais à me poser ces questions lorsqu'un vieux Gwamba, très au fait de l'histoire du pays, m'a apporté la confirmation de cette hypothèse. D'après lui le Ngoma n'a pas été inventé par les Ba-Pédi ou les Ba-Thonga. Il leur a été enseigné par les *Malemba*.

Les Malemba sont une étrange peuplade répandue au sein des tribus du Zoutpansberg un peu à la façon des Juifs parmi les nations européennes. Ils prétendent venir de la mer. Une tempête aurait détruit leur grand vaisseau et ils auraient gagné la côte d'Afrique sur des épaves. Ils se dispersèrent ensuite de tous côtés, vivant essentiellement en marchands. Ils achètent tout, grains, ustensiles et revendent leurs denrées plus loin. Ce sont eux qui ont enseigné aux habitants de ces parages les rudiments de l'art métallurgique. Ils savaient extraire le fer et le cuivre des roches.

Or ces Malemba sont aussi envisagés comme les « Chefs du Ngoma ». D'après mon vieil informant, ce sont eux qui l'ont introduit parmi les tribus du Zoutpansberg. Il serait téméraire d'affirmer qu'ils l'ont apporté aussi aux Cafres de la colonie du Cap, aux peuplades du Lessouto qui pratiquent la circoncision de temps immémorial. Mais l'influence que les Malemba ont eue au Transvaal, d'autres envahisseurs peuvent l'avoir exercée autrefois plus au sud, et, quoi qu'il en soit, l'origine sémitique du Ngoma est hautement probable.

La circoncision, chez les Juifs, était un rite essentiellement religieux, le symbole mystique de l'enlèvement de la souillure en même temps que le sceau divin apposé par Jéhova sur son peuple élu. Quelles transformations le rite israélite a-t-il subies entre les mains des Bantous païens ?

L'acte initial, l'opération physique que nous avons

racontée plus haut demeure. Mais la signification religieuse et morale qu'ils avaient pour les Juifs monothéistes a complètement disparu. Par contre, dans l'initiation qui accompagne la circoncision au sein de ces tribus, on peut distinguer quatre éléments que ne comportait nullement la coutume sémitique.

C'est d'abord la mémorisation de certains chants et de certaines formules plus ou moins incompréhensibles que l'on nomme les *milao*. Par l'acquisition de cette connaissance, l'initié est introduit dans la confrérie des hommes adultes et il saura désormais les mots de passe au moyen desquels ils se reconnaissent entre eux. Celui qui ignore ces formules secrètes est profondément méprisé.

Puis ce sont des épreuves physiques destinées à briser l'orgueil du jeune homme, à lui apprendre l'obéissance en même temps que l'endurance dans la douleur. A ce titre, le Ngoma façonne les sujets du chef, fait d'eux des serviteurs soumis et les prépare à la guerre.

En troisième lieu, il faut que les jeunes circoncis s'accoutument à entendre les horribles conversations des vieux et des bergers qui mettent un art raffiné à varier leurs propos obscènes. Les paroles impures, grossières ne sont pas tolérées au village, en temps ordinaire. Mais durant le Ngoma, aucune expression pornographique n'est interdite. Au contraire ! Et l'on voit des hommes âgés s'ingénier à pervertir l'imagination de leurs fils et à leur apprendre les plus révoltantes obscénités. Ce côté-là de l'initiation est évidemment en relation avec la vie sexuelle du jeune garçon devenant jeune homme. Mais on avouera que c'est là une étrange préparation à la vie de famille et à la vie sociale. Dans ce débordement de propos infects et immoraux, le paganisme, fruit de la corruption, a marqué le Ngoma de son stigmate.

Enfin la quatrième occupation des initiés, la seule qui puisse être approuvée et admirée sans réserve, c'est la chasse, dont ils font un apprentissage sérieux et utile. Hâtons-nous d'ajouter que ce sont les vieux qui en mangent les produits et que les pauvres garçons ne jouissent nullement du fruit de leurs peines.

La suite de notre récit fera voir de quelle manière ces divers éléments se combinent durant les trois mois que dure l'école de la circoncision.

IV

UNE JOURNÉE AU « SOUNGUI »

Huit jours s'étaient écoulés depuis que Zidji et ses compagnons avaient fait la connaissance du Crocodile et de sa morsure douloureuse. Et maintenant ils commençaient à s'habituer à la nouvelle vie qu'ils allaient devoir mener durant trois mois. Malao, le père du Ngoma, le leur avait déclaré de nouveau au lendemain de leur entrée à l'école : « L'épreuve est rude. Le Ngoma, c'est le bouclier de peau de buffle. Obéissez à toutes les lois, sous peine d'être mis au régime du lait de chèvre. Et vous, bergers, et vous, hommes d'âge mûr, vivez ici dans une continence absolue. Si vous alliez passer la nuit dans vos villages, cela équivaudrait à tuer tous les circoncis. Leur bless[illegible] guérirait pas. Ils mourraient par votre péché. C'est un interdit. » Les jeunes gens avaient fait de leur mieux pour se soumettre et ils avaient assurément fait de rapides progrès dans la discipline.

L'Orient se colorait à peine à la lueur de l'aube

lorsque Malao réveilla les bergers et ceux-ci disposèrent en ligne les rameaux de bois mort apportés la veille par les circoncis, afin de mettre le feu à l'Eléphant. Puis ils firent irruption dans la baraque où ceux-ci dormaient encore et les réveillèrent. Quelques bergers étaient déjà sur la place des chants et entonnaient le solo du grand chant du Ngoma :

Chante, oiseau du matin !

C'est ainsi qu'ils appelaient les candidats qui arrivaient à la débandade, n'ayant pas perdu beaucoup de temps à leur toilette matinale, car ils ne portaient absolument aucun vêtement, sauf les quelques feuilles du « shondlo ». Se disposant en demi-cercle, autour des bergers, les circoncis répondirent par le refrain sonore en mineur qui s'élève dans les airs comme une clameur de guerre, comme une bravade farouche, comme un orgueilleux chœur de gloriole.

Et le son des voix sonores s'engouffrait dans la forêt, derrière la cour des mystères ; elles allaient frapper les parois du Marovougne qui répercutaient le refrain puissant et le renvoyaient jusqu'aux villages dormant encore dans la plaine.

Ce concert matinal ne manquait pas de sauvage grandeur et parfois Zidji, regardant vers l'Orient, où le soleil allait paraître, apercevait Vénus, l'Etoile du Matin. Alors il avait un frisson subit. Est-ce seulement à cause du froid piquant qu'il faisait.... ou bien était-ce son âme qui tressaillait de l'enthousiasme vague avec lequel il allait à la rencontre de la virilité ?

Lorsque, dansant sur la place, gesticulant à force de bras pour se réchauffer, les chanteurs eurent fait parler l'oiseau du matin assez longtemps, l'un des vieux entra dans le cercle et se mit à leur enseigner les formules secrètes, ce que l'on appelle les « milao ». Cela dura longtemps, car il ne prononçait jamais que quelques mots à la fois et les faisait répéter aux jeunes gens à satiété. Que sont donc ces formules si importantes que toutes les tribus de ces parages enveloppent d'un tel mystère? Voici les trois principales ou du moins voici la traduction des membres de phrases dont le sens est encore connu :

> Le petit oiseau est allé chanter.... Il a réveillé les manches des lances semblables à des lions.... Pour qu'ils aillent se transpercer mutuellement.... Forgé à l'école de la Circoncision.... Le grand sable des laboureurs ?... La marche à petits pas du sanglier.... De la rainette qui croasse.... Les circoncis marchent à la file; ils vont visiter la hutte mystérieuse.... Ils trouvent que c'est comme les anneaux entrelacés des vipères et des grands serpents verts.

Ces paroles forment la première partie de la formule principale qui, semble-t-il, est la glorification du Ngoma, du « soungui ». Ces armes semblables à des lions qui vont s'entre-déchirer, c'est l'Ecole qui va commencer, éveillée par l'oiseau de l'hiver.... La marche à petits pas du sanglier représente la vie du jeune garçon, piétinant sur place jusqu'à ce que l'initiation fasse de lui un homme. Les croassements de la rainette, c'est sa bêtise enfantine. Il faut dire que la rainette shinana est un étrange batracien qui, en temps ordinaire, est assez semblable à un petit crapaud, mais qui, lorsqu'on l'attaque, peut se gonfler comme la grenouille de La Fontaine. Elle devient alors dure, élastique, à tel point que ses ennemis, eussent-ils même un bec acéré comme les poules, n'arrivent pas à la transpercer. Le circoncis, avant son initiation, est comparé à la rainette shinana avant qu'elle se soit enflée. Par les épreuves du Ngoma, il va devenir semblable à elle quand elle combat, à elle l'invincible, la sage guerrière, l'invulnérable!... Dans les dernières phrases, on voit la troupe des jeunes garçons (dite bukwera) introduite dans la hutte mystérieuse, loin des habitations et s'extasiant sur la sagesse qu'elle y rencontre. Les lois, les rites, les épreuves sont comme le fouillis inextricable des anneaux de plusieurs vipères entrelacées. Il faut devenir sage soi-même pour le démêler !

La seconde moitié de la grande formule a trait à la maison des circoncis, au « soungui ».

> Dites : C'est le soungui.... Par terre, c'est une odeur infecte.... En haut, c'est une beauté élancée.... Ce qui le soutient ce sont des perches... Ce qui réunit les perches ce sont des baguettes, etc.

Ici l'imagination du professeur peut se donner libre carrière, il n'a qu'à ajouter tout ce qui lui plait pour chanter la baraque de l'initiation. Sa description poétique n'est du reste pas flatteuse.

Cette formule dite du manengouana ayant été répétée maintes fois, on passe à deux autres plus courtes, mais plus intéressantes aussi. Les expressions employées ont un caractère archaïque mais presque littéraire dans leur concision un peu énigmatique :

> Le grand lourdeau qui se faufile.... A travers les gués et les plaines de roseaux.... Qu'il faut dépecer par le dos, car ses entrailles tombent à l'intérieur.... C'est le Crocodile !...
>
> Celui qui pratique des ouvertures (dans la forêt) pour descendre vers les gués et qui fraye un chemin aux éléphants.... Ils y viennent boire et s'y baigner.... Ne dites-vous pas que c'est l'Hippopotame ?...
>
> Celui qui marche comme sur des œufs.... Il marche sur la terre sèche..... (Et pourtant il la presse si fort) qu'il en sort de l'eau comme au marais !... C'est l'Eléphant, celui grâce auquel on se procure les pièces d'étoffe, celui qui enrichit, c'est lui !

Dans ces trois formules sont décrits les trois animaux sauvages qui font le plus d'impression sur l'imagination des noirs. N'est-il pas curieux que deux d'entre eux soient chantés en des expressions analogues dans les chapitres les plus poétiques du livre de Job? Certains traits de ces descriptions sont si caractéristiques qu'ils fournissent les mots de passe par lesquels les circoncis se reconnaissent. Ainsi, pour peu que je veuille savoir si mon interlocuteur est initié, je lui dirai sans raison apparente : *Machindla bya ndjako!* c'est-à-dire : ce que l'on dépèce par le dos? S'il répond : *ngwenya*, c'est le Crocodile, je saurai qu'il est un compagnon, sinon il n'est qu'un choubourou, un incirconcis.

Ce jour-là, le maître d'école était en veine d'allonger ses enseignements qu'il estimait sans doute fort précieux et utiles. Le soleil cependant montait à l'horizon et l'on commençait à sentir ses rayons. Il s'aperçut qu'il dépassait le temps consacré aux chants du matin. Alors, s'interrompant brusquement, il éleva en l'air son bâton avec un certain geste, sur quoi tous les circoncis de s'écrier en une clameur terrible :

— Zithari!!

Or ce mot, après ce geste, a pour but de glorifier les vieux. Mais il a un sens si peu propre qu'on ne saurait en dévoiler l'explication. C'est une sorte de salutation obscène à laquelle les hommes du « soungui » prennent un plaisir extrême. Il y en a une autre que l'on peut traduire en l'atténuant quelque peu :

« Quand vous crachez, le souffle de votre bouche tuerait les ennemis à l'autre bout du pays! »

— Et maintenant, couchez-vous!

Les bergers firent irruption sur la place, fr[illegible]p[illegible]ent les circoncis sur la cuisse en disant :

— Chayi ngoma.

Ces mots, qui n'ont pas de sens dans la langue usuelle, mots qu'on emploie aussi bien en Pédi qu'en Thonga (peut-être est-ce une vieille expression des

Malemba?), ces mots, dis-je, annoncent aux jeunes garçons qu'ils peuvent ôter leur vêtement de la veille et attacher autour de leurs reins les feuilles propres qu'ils ont cueillies pour cela.

Ce changement de costume une fois opéré, on passe à l'exercice suivant, la *danse de l'Eléphant*. C'est le grand plaisir des vieux et des bergers. Ils chantent et dansent. Les circoncis font l'orchestre.

Au commandement, ceux-ci se dirigèrent vers le foyer qui était allumé dans toute sa longueur; Malembé, le frère cadet du chef, marchait à leur tête. Il alla s'asseoir sur la pierre spéciale à lui réservée. Tous s'accroupirent en présentant au feu leur hanche gauche et, faisant semblant de prendre avec leur main gauche un javelot sur le sol, ils le jetaient avec vigueur dans le feu, avec la droite, simulant un combat violent avec l'éléphant. Ils commençaient par les mots : « Dowou wo tsé! Eléphant, tiens-toi tranquille! » Les surveillants, tous pourvus de bâtons, dansaient entre le feu et les baraques et répondaient par le refrain suivant :

> La vache noire donne des coups de pieds! Elle rue et renverse le bol de lait des babouins! Prends garde, petit circoncis! Ne va pas dévoiler le Ngoma! Le Ngoma, c'est un petit couteau!

Dès qu'un des garçons ne luttait plus avec assez de fureur contre cet Eléphant imaginaire, les coups de bâton des danseurs tombaient dru sur son dos. La vache noire qui rue, ce sont les vieux. Ceux qui traient son lait, les babouins de la chanson, ce sont les circoncis qui lancent leurs javelots. Une heure, deux heures durant, il faut qu'ils se fatiguent à cette gymnastique puérile, au plus grand amusement des danseurs qui font autant de bruit que possible. Quelques-uns n'ont-ils pas attaché à leurs pieds des sandales de fer galvanisé avec lesquelles ils frappent le sol en cadence : Tha-tha-ka.... tha-tha-ka ! Lorsqu'ils sont fatigués, d'autres entrent dans la danse et les remplacent. Mais les circoncis, eux, n'ont point de répit. Il s'agit qu'ils transpercent leur Eléphant jusqu'à ce qu'il soit réduit à rien, jusqu'à ce qu'il tombe en cendres.

Le chant de l'Éléphant est d'ailleurs très mélodieux, avec son refrain aux phrases qui se correspondent, coupé par les supplications que les circoncis adressent à l'Éléphant.

Deux heures durant, sans interruption, le chant avait retenti. Malembé,le chef des circoncis, qui avait été un peu gâté par sa mère à la capitale, donnait des signes de lassitude. Un des vieux lui administra une volée de coups qui remonta son courage. Pas de position sociale qui fasse, au Ngoma ! Le Ngoma, c'est la guerre ! Apprends ici même à connaître les hommes de la tribu et sache qu'ils ne sont pas des femmelettes ! Voilà ce que signifiait cette bastonnade. Et Malembé se remit à lancer ses javelots avec un zèle nouveau. Zidji, lui, calme comme il l'était, avait quelque peine à se maintenir dans l'état d'excitation factice nécessaire pour tuer l'Eléphant. Alors Gouanazi, avec un malin plaisir passait et repassait auprès de lui ; tout en dansant et vociférant avec une joie particulière : « Elle rue, la vache noire ! », il lui allongeait des coups secs, répétés, toujours au même endroit. Zidji ne disait rien, mais il n'en oubliait pas un. Déjà Molondjo, son oncle, avait remarqué cette persistance de Gouanazi à battre son camarade et il lui avait dit : « Prends garde à toi ! Celui qui [illegible] par haine, au Ngoma, et non par devoir, sera puni lui aussi. » Alors Gouanazi avait eu peur et, pour quelques jours, il laissa Zidji tranquille. Mais le plus malheureux, durant ces exercices longs et épuisants, c'était le petit Latane. A ce moment, déjà, il était bien malade. Il ne suivait ses camarades qu'à grand'peine, avec une démarche caractéristique. De son mieux, il gesticulait, il chantait : « Eléphant, tais-toi ! » Mais son cœur n'y était pas. On l'avait bien battu les premiers jours, mais par deux fois, il s'était évanoui et on ne le persécutait plus maintenant.

Soudain des voix de femmes se firent entendre au delà du pli de terrain où se cachait le village de l'école, là-bas près du grand arbre.

— Ha tsôô ! criaient-elles. Nous brûlons !

C'est le signal de la fin de la danse de l'Eléphant, car ces femmes ce sont les mères, les sœurs des circoncis. Chacune d'elles apporte du village la marmite du matin, sur sa tête, et la dépose à distance. Alors les bergers prenant les marmites vides de la veille vont les leur rendre et se charger de celles qui viennent d'arriver. « Nous brûlons, c'est-à-dire : Notre tête est fatiguée de porter les pots.... Venez donc nous en délivrer ! » Alors, courant à elles, les bergers leur lancent des lazzis, des propos d'un goût douteux où l'on entend les expressions les plus déshonorantes, les plus défendues en temps ordinaire. Telle est la règle au Ngoma. Un fils insulte sa mère, un fiancé sa fiancée, un père sa fille ! Et tous ces gamins de circoncis d'éclater de rire à l'ouïe de ces conversations honteuses ! Quant aux insultées, elles ne font qu'en rire, elles aussi. N'ont-elles pas elles-mêmes écrasé ce maïs dans leurs mortiers en chantant des chansons grossières ! C'est le Ngoma !

Des bâtons sont fixés en terre, à l'endroit où les femmes ont la permission de déposer leurs marmites. Elles y enfilent la petite couronne d'herbe tressée qu'elles avaient mise sur leur tête pour y poser l'amphore. Et c'est un sujet de joie et d'orgueil pour tous les habitants du « soungui » de voir le tas de couronnes s'élever jour après jour !

Les femmes repartirent en jacassant. Bientôt on les entendit rire très haut. Elles se moquaient de l'une d'elles dont la marmite était pleine d'herbe, d'une herbe longue sortant par en haut et rayonnant dans toutes les directions, lui faisant une sorte d'ombrelle. « Ah ! tu as été pincée, toi ! Tu voulais faire la paresseuse ! Tu le sauras pour une autre fois. » C'était la mère d'un petit garçon nommé Gofana. On lui avait dit : « Apporte chaque jour double portion, telle est la règle au Ngoma. » Elle avait pensé : « Mon Gofana est un des plus jeunes de l'école. Il mangeait moins qu'un autre, à la maison. Pourquoi gaspiller mon maïs en lui préparant plus de nourriture qu'il ne lui en faut ? » Et maintenant elle payait la peine de son avarice. Les bergers l'avaient désignée à la raillerie publique. Jusqu'à la porte de son village, elle fut suivie par une cohorte de moqueuses. Et le lendemain, elle ne recommença pas.

C'est en effet la loi que les circoncis doivent manger double portion matin et soir. Aussi la masse de polenta qu'apportent chaque jour les femmes est énorme ! Toutes les marmites sont d'abord déposées dans la baraque des vieux. Puis les bergers vont verser la farine de maïs sur les tables de roseaux. Quelques bonnes mères avaient joint à la farine un petit pot plein de sauce d'arachides délicieuse, espérant mettre quelque douceur dans la vie de leurs garçons éprouvés. Cet assaisonnement délicat, les vieux se l'approprièrent, car les circoncis mangent leur pitance sans sauce. Cette polenta blanche s'étalait en un véritable tas de trente centimètres de hauteur, sur la claie. Alors deux ou trois bergers furent désignés pour présider au repas. Une verge en mains, ils crièrent : « Tchigui goma ! » et alors, poussant des cris de bêtes féroces, moumm.... moumm...., la bande des garçons se précipita à genoux autour des tables.

« Thari », dirent les bergers, et, à cet ordre, ils se mirent à manger. Manger n'est pas le vrai mot. C'est « se piffrer » qu'il faut dire, car le circoncis doit prendre des poignées de farine dans les deux mains et les porter à sa bouche aussi bien avec la gauche qu'avec la droite. Si l'un d'eux ralentit le mouvement, le berger doit le frapper avec force. Les coups pleuvent ! Et il faut aller jusqu'au bout. Tout doit disparaître. Si une tablée a fini avant les autres, elle se précipite vers les retardataires et leur aide à expédier en hâte ce qui reste !

Au commencement, cette suralimentation au moyen d'une nourriture fade cause à plusieurs des nausées irrésistibles. Il se produisit plus d'un accident. Les délinquants furent battus et leurs compagnons durent manger quand même tout le tas de polenta bien qu'il eût été souillé par les vomissements des malheureux. Voilà à quels festins Gouanazi faisait allusion quand il annonçait à Zidji qu'il mangerait.... de la viande de brebis.

Au sortir de ce repas forcé, ils se sentaient repus, remplis jusqu'au cou ! Mais quelques exercices savamment organisés les attendaient alors et devaient leur aider à faire leur digestion. « Levez-vous et ramassez les miettes ! » Chacun prit celles qui étaient tombées devant lui à terre et, se dirigeant vers un certain endroit où l'on réunissait les ordures, ils les jetèrent sur le tas en regardant du côté des villages et en criant le nom d'un incirconcis. « Ngomane ! » disait Zidji. Et c'est avec un plaisir toujours nouveau qu'il se soumettait à cette règle et, avec sa dignité nouvelle de circoncis, insultait en pensée son frère cadet encore « choubourou » !

— Chantez de nouveau ! leur dirent les vieux, quand ils eurent achevé leur repas. C'est bon pour l'estomac ! La nourriture descendra mieux.

Et le Mafé-é-é-é retentit de nouveau, suivi d'autres chants :

> Enfants du Crocodile !
> Rentre-toi ! rentre-toi comme la tortue qui rentre sa tête sous sa carapace....

Soudain un nouvel ordre retentit :

— Khedi goma !

A ces mots, tous se précipitèrent vers la barrière où ils cachaient leur provision de chaux, et ils s'en enduisirent tout le corps, car, durant les trois mois de l'initiation, ils doivent être blancs, resplendissants. La chaux, c'est la graisse de brebis dont ils s'oignent.... après avoir mangé sa chair ! Et, en fait, elle protège leur corps contre les éruptions, les maladies de la peau qui ne manqueraient pas de se produire, puisque, durant tout ce temps, il leur est interdit de se laver. On va chercher cette chaux bien loin, en grand secret, pour que les femmes ne sachent pas ce qui fait briller les circoncis, quand elles les voient, par hasard, de loin, passer sur les collines, étranges apparitions blanches se détachant sur le ciel bleu, dans la lumière du matin !...

— Et maintenant, en route pour la chasse !

Il est midi. Jusqu'au soir, les cent initiés, accompagnés des bergers presque aussi nombreux qu'eux, vont battre le pays, armés de leurs bâtons et de leurs sagaies.

— Vous rapporterez au moins trois lièvres et une antilope, leur dirent les vieux, sinon, gare à vous, vous serez battus !

Ayant revêtu des petites jupes de feuilles de palmier, ils sortirent de la cour des mystères en jetant aux échos leurs plus puissants Mafé-é-é-é ; dans les villages, les femmes se dirent : « Gare ! La « boukouêra », la troupe des circoncis arrive. » Et celles qui étaient avisées s'enfermèrent dans leurs huttes. Quelques bergers vont en avant, pénètrent dans les villages auprès desquels la blanche troupe va passer. Si une fille s'est attardée dehors, ils la battent, la font entrer dans la case en hâte et ferment celle-ci avec des imprécations. Si, par hasard, d'autres femmes sont sur le chemin, un coup de sifflet retentit. Tous les circoncis se précipitent alors à terre pour n'être pas aperçus; les imprudentes s'enfuient en poussant des cris d'épouvante; parfois elles jettent même loin d'elles le panier conique qu'elles portent sur la tête afin de détaler plus rapidement, car plus d'une fut tuée pour avoir vu de ses yeux le « shondlo », la feuille de vigne! Elles le savent. Aussi laisseront-elles plutôt leur panier à la merci de la troupe qui porte malheur!

Ce jour-là, on alla chasser à la colline de Kouédji. C'est un petit avant-mont conique du Drakensberg qui s'avance en sentinelle dans la plaine et qui est couvert de buissons épineux, halliers impénétrables, retraite de nombreuses bêtes des champs. Il s'agissait d'entourer la colline par la base et, tout en battant les branches, de monter vers le sommet en chassant le gibier devant soi et en transperçant les animaux qui tenteraient de redescendre : exercice hautement amusant, excitant, superbe! Déjà deux antilopes rouges marquées de blanc, des timbalala, avaient été levées, et elles faisaient des bonds énormes, sautant de ci, de là, évitant les pierres qui pleuvaient, les casse-tête habilement dirigés, jusqu'à ce que, ayant passé près d'une sagaie, l'une d'elles fut transpercée.

— Hallaloo! cria l'auteur de ce bon coup, et ses voisins vinrent lui aider à achever l'animal.

Profitant de la brèche qui se produisait ainsi dans la ligne d'attaque, l'autre partit à fond de train vers la plaine. Un des bergers était là et vit la faute commise :

— Nigauds que vous êtes ! Vous avez laissé partir l'autre ! Vous boirez le lait de chèvre ! Attendez seulement.

Quand le soleil descendit à l'horizon derrière la grande paroi du Marovougne, on se réunit aux environs du village d'un conseiller aveugle nommé Masélésélé. Le bilan de la journée, c'était une antilope rouge et un lièvre, plus six oiseaux de tailles diverses, entre autres un beau ramier bleu foncé, aux paupières, au bec et aux pattes d'or. Les plus jeunes des circoncis se chargèrent du gibier et la troupe rentra au « soungui » en remplissant le pays tout entier de ses clameurs sauvages.

Le retour, cette dernière montée au-dessus de la plaine, du côté de la roche grise, dans le frais du soir, avait toujours je ne sais quoi d'empoignant pour ceux qui, comme Zidji, étaient accessibles aux émotions d'ensemble. Alors, le jeune homme se sentait devenir vraiment quelqu'un, une unité active au sein de la tribu vénérable et puissante. Mais à cette sensation de gloire personnelle se joignait une crainte perpétuelle : celle des coups. Les vieux seraient-ils satisfaits de la chasse ou bien décideraient-ils de punir toute l'école à cause des maladroits qui avaient laissé fuir l'antilope ? Rentrés dans la cour des mystères, les porteurs allèrent jeter les deux mammifères et les six oiseaux dans la baraque des vieux.

Malao vint inspecter le produit de la chasse.

— On vous avait commandé trois lièvres.... il n'y en a qu'un ! D'autre part, il y a six oiseaux.

Malao aimait beaucoup le ramier bleu. Les pattes d'or de la colombe l'attendrirent. D'ailleurs, l'antilope rouge elle aussi est un fin manger....

— C'est bien ; vous ne serez pas battus !

Et, le soir, ce fut un festin pour les surveillants du « soungui ». Car, de toute cette viande, naturellement, rien n'alla aux chasseurs; elle est tout entière la propriété des vieux, aussi bien que les petites marmites de sauce d'arachides qu'envoient bonassement les mères.

Ce jour-là, pour comble d'ironie, Molondjo, qui avait été désigné pour dépecer l'antilope, mit de côté l'un des estomacs de l'animal encore tout plein d'herbe à demi digérée et, quand les jeunes garçons furent à leur repas peu savoureux, il alla répandre cette matière verte et amère sur la polenta blanche en leur disant :

— Vous voyez, les petits ! On a pitié de vous ! C'est vous qui mangez toute la viande ! Vous êtes des seigneurs ! A nous il ne nous reste rien !

Et ils durent avaler cet assaisonnement repoussant, les pauvrets, sans dire mot, comme si c'eût été le plus exquis des régals, sous l'œil des bergers et sous la menace de leurs bâtons !

Après le repas du soir que les femmes avaient apporté au soleil couchant, les circoncis chantèrent encore quelques refrains en guise de stomachique. Puis ils transpercèrent l'Eléphant durant toute une heure en faisant danser les vieux et, enfin, vers neuf heures du soir, retentit le dernier ordre de la journée, celui qu'ils préféraient :

— Khoueréré ! Mayisé ! Mafefo !

A ces mots, ils se levèrent et allèrent retrouver chacun son lit.... que dis-je.... la place sale et terreuse, pleine de vers rongeurs, où ils devaient dormir.

Le froid était descendu de la montagne, piquant, désagréable. Ils n'avaient pour se couvrir que les nattes d'herbe grossièrement cousues par eux le premier jour. Et pourtant la plupart s'endormirent immédiatement, couchés sur le dos, selon la loi du Ngoma, éreintés qu'ils étaient par cette longue, longue journée d'épreuves.

V

L'ÉVASION

Sur sa couchette de terre, le petit Latane se tournait fiévreusement, transgressant constamment la loi d'après laquelle, au Ngoma, il n'est permis de dormir que sur le dos. Il avait été battu le matin, à l'Eléphant, battu aux deux repas, battu surtout au retour des chasseurs. Latane n'était pas allé à la colline de Kouédji, car il se sentait trop faible pour marcher et son frère aîné, l'un des bergers, qui avait soin de lui, avait obtenu pour lui la permission de rester au « soungui ». Mais quand la troupe était revenue, tous s'étaient rués sur lui et sur trois ou quatre autres petits malades, dispensés eux aussi de la chasse. C'est la règle, hélas ! Il s'agit de punir ceux qui s'écoutent, qui manquent de courage, de virilité et leurs camarades d'épreuve les frappent plus fort encore que les bergers. L'un de ces coups, maladroitement appliqué, avait même fait pousser à Latane un cri de douleur. Sa plaie, mauvaise dès le premier jour, s'était dangereusement envenimée. Maintenant la fièvre le torturait et il n'avait pas une goutte d'eau à boire.

— J'ai soif, dit-il tout bas à Zidji qui, inquiet de le voir si mal, ne dormait pas.

Zidji ne répondit rien. Qu'aurait-il répondu ? Il est interdit aux circoncis de boire de l'eau durant tout leur séjour au Ngoma.

Latane, torturé par la douleur, se coucha sur le côté droit. A ce moment, un coup de verge vint lui cingler les côtes. L'un des bergers qui était de garde cette nuit-là avait vu qu'il n'était pas sur le dos et il le rappelait ainsi à son devoir. Latane gémit longuement. Alors Zidji, indigné, se leva et dit à haute voix :

— Brigand que tu es, ne peux-tu pas laisser tranquille un petit garçon qui va mourir!

Il ne savait pas d'abord quel était le berger de faction ce jour-là; mais lorsqu'il fut debout, il le reconnut. C'était Gouanazi, avec sa vilaine face de satyre, ses deux hideuses cornes, ses yeux insolents.

— Qu'as-tu à dire, toi, et qu'est-ce que cela te regarde? Il paraît que tu en veux aussi? Tiens!

Et il lui administra aussi trois ou quatre coups qu'on entendit d'un bout à l'autre de la cour des mystères. Gofana, le voisin de gauche de Zidji et Maroupi, celui qui était couché plus loin que Gofana, se réveillèrent au bruit de l'altercation et s'informèrent de ce qui se passait. Zidji qui tremblait de colère et avait une envie démesurée de se colleter avec son ennemi détesté leur dit tout haut :

— C'est Gouanazi qui tue le petit Latane!

Ce dernier avait fondu en pleurs. Les sanglots qu'il cherchait à réprimer étaient à fendre l'âme.

— Tranquilles, tranquilles, mauvais sujets que vous êtes, cria une voix d'homme.

Et, comme le silence ne se rétablissait pas, Malao, le père de l'école de la circoncision, arriva sur les lieux.

— C'est bien, dit-il, quand il eut entendu de quoi il s'agissait. On jugera ça demain.

Gouanazi s'éloigna et les quatre autres se recouchèrent. Mais Zidji ne pouvait dormir. Latane grelottait maintenant.

— J'ai froid aux pieds, disait-il.

Zidji alla chercher quelques charbons pour allumer du feu près de sa tête. Mais à quoi cela servait-il? La tête était toute en fièvre. C'étaient les pieds qui souffraient de la nuit crue et méchante. Or il était défendu de se chauffer les pieds.

— Tiens ! prends ma natte, dit le grand, le bon garçon à son petit ami.

Et Zidji l'en couvrit avec un soin maternel et resta toute la nuit nu, exposé aux morsures d'un vent d'hiver qui descendait des hauteurs du Mamotsuiri.

Le lendemain, Latane ne put se lever. La fièvre allait croissant et il souffrait horriblement. Malao vint le voir et dit à l'oncle du garçon, le frère de sa mère :

— Il ne va pas, le petit. Dépêche-toi de construire une petite hutte aux environs du « soungui » et tu iras le soigner.

Le « Manyabé », le médecin de l'école, qui était justement arrivé la veille, vint examiner sa plaie et fronça les sourcils. Au reste quatre autres circoncis étaient dans le même cas, tous ceux qui avaient passé entre les mains de l'Homme-Lion qui avait opéré Latane. Mais ce dernier, ayant été si maladroitement battu, était dans un état beaucoup plus grave. Quelques hommes aidèrent à Maréma, l'oncle du petit malade, à élever en hâte une petite case de branchages et l'enfant y fut transporté le même jour.

A midi, lorsque les circoncis eurent fini de se blanchir à la chaux, avant de partir pour la chasse, ils furent convoqués sur la place des chants et des formules et Malao, en quelques phrases très brèves, leur dit :

— L'un de vous a osé protester contre la juste punition infligée à celui qui avait transgressé la [illegible] ne s'était pas couché sur le dos. Il va maintenant boire du lait de chèvre. Allons ! bêlez tous !

Et tous de faire à qui mieux mieux : Mèè, mèè, mèè !

Il faut dire, pour expliquer ces paroles énigmatiques, qu'il existe un arbre qui s'appelle *mbuti*, du même nom que l'animal domestique qu'on appelle chèvre ; de même, en français, le chèvre-feuille.... On prend quelques bâtons de son bois très dur ; le condamné applique ses deux mains l'une contre l'autre en séparant les doigts. Un bâton est introduit entre les index et les majeurs, un second entre les majeurs et les annulaires, un troisième entre les annulaires et les petits doigts. Zidji était là, debout au milieu du cercle, ses mains en haut, préparé pour le supplice. Alors un grand gaillard de six pieds prit entre les deux mains les bouts des trois bâtons, les serra très fort les uns contre les autres et souleva à deux pieds de terre et par trois fois le malheureux. La douleur est intolérable. Mais Zidji ne broncha pas. Seulement il regarda Gouanazi et celui-ci comprit.

— A présent, c'est fini.... Mais sachez que ce mbuti-là, c'est la chèvre de Gouabé [1], la vieille chèvre qui a perdu ses poils mais dont le lait est intarissable. Il y en a en provision pour tous ceux qui en voudront. C'est bon ! Partez et revenez avec du gibier en suffisance.

Deux jours s'écoulèrent. Durant la nuit, on entendait le petit Latane gémir dans la hutte où son oncle le surveillait. Puis, la troisième nuit, on n'entendit plus rien, et, au matin, le bruit se répandit dans la cour des mystères qu'il était mort. La danse de l'Eléphant, ce jour-là, manqua de vivacité. Evidemment les circoncis avaient été frappés et tous ceux dont la plaie tardait à guérir se faisaient déjà d'horribles représentations ! Malao sentit cela. Il comprit qu'il s'agissait de réagir, non par la douceur et la bonté, mais par un redoublement de sévérité. Quand la blanche troupe fut partie pour la chasse en chantant son Mafé-é-é-é moins fièrement que d'ordinaire, il réunit les hommes et les bergers restés au camp de la circoncision :

[1] Gouabé, nom du premier homme.

— Qu'on m'apporte la marmite de la mère de Latane, dit-il.

Et, avec son couteau, il fit une profonde entaille au bord.

— C'est tout ce qu'on fera pour annoncer à cette femme la mort du petit. Il lui est absolument interdit de pleurer. Si vous entendez des cris de deuil dans son village, nous irons le détruire la nuit prochaine. Toi, Maréma, dis à ta sœur qu'elle se taise.

Quelqu'un dit : Il faut consulter les osselets. Peut-être Latane a-t-il succombé à cause des maléfices. Il y a peut-être un jeteur de sorts, ici. Nous pourrions avoir à souffrir de lui nous aussi.

— Point du tout, répondit Malao. Quand un circoncis meurt au Ngoma, pas n'est besoin de chercher une explication ailleurs. C'est la faute du Ngoma. Il a été tué par le Ngoma. Il a été mangé par le Ngoma. Et prenez garde de ne pas rendre ces garçons pusillanimes. Je vais leur dire leur affaire ce soir à leur rentrée ! Toi, Maréma, prends cinq autres bergers avec toi et allez creuser la fosse. Creusez-la sans bêche. C'est interdit. Si vous alliez en chercher une au village cela donnerait l'éveil. Choisissez donc un endroit humide, là-bas aux environs du ruisseau du Moudi et servez-vous de vos bâtons. Vous enterrerez le petit dans sa natte d'herbe avant le coucher du soleil. Et qu'on n'en parle plus; m'entendez-vous ? qu'on n'en parle plus !

Ainsi fut fait. Quelques heures après, la hutte était démolie, le petit Latane dormait dans un sépulcre plein d'eau et les circoncis rentraient au Ngoma. Ils avaient fait une piètre chasse. Cela fournit à Malao son exorde :

— Eh quoi ! tas de capons que vous êtes ! Vous avez donc tous envie de boire du lait de chèvre ? Qu'est-ce que cette paresse signifie ? Vous vous découragez parce que Latane est mort? La belle affaire! vous tous aussi vous mourrez et tant mieux! Ne vous a-t-on pas dit que le Ngoma, c'est le bouclier de buffle, c'est le Crocodile qui mord, c'est le Lion qui déchire? Luttez donc! Et s'il y en a que le Ngoma dévore, c'est bien. Cela a toujours été ainsi! Vous dites que vous voulez être des hommes. Ne savez-vous pas que, à l'armée, quand on se bat pour le chef, il y en a qui sont transpercés? Allons donc : Chantez! Chantez de toutes vos forces : Ma-fé-é-é-é-é!....

Electrisés par ces paroles, les circoncis entonnèrent leur chant de virilité, leur refrain d'orgueil et de courage et ils allèrent se coucher.

— Zidji! dit Gofana tout doucement, lorsque la plupart furent endormis.

— Que dis-tu?

— C'est plus fort que moi! je veux m'enfuir avec Maroupi.

— T'enfuir? Pour aller où? Si tu vas au village, on te tuera, ta mère aussi, et tes sœurs et toutes les femmes de chez vous!

— Non! nous avons décidé de nous sauver par la montagne et d'aller nous cacher chez les blancs.

— Chez les blancs? Vraiment? dit Zidji. Et il réfléchit un instant.

— Peut-être Maroupi réussira-t-il. Mais toi, tu es trop petit, trop faible.

— Peu importe! Tout plutôt que cette vie horrible. Du reste, je me sens malade, toujours plus malade et je ne tarderai pas à mourir comme Latane. Parfois il me semble que je deviens fou!

— Silence! cria le berger-surveillant, qui passait derrière eux.

Lorsqu'il se fut éloigné, Zidji demanda encore :

— Quand vous évaderez-vous?

— Demain soir.

Le lendemain, on n'alla pas à la chasse. Il y avait des menaces de pluie, un fait assez rare qui se produit trois ou quatre fois seulement durant la saison sèche. Après la cérémonie du peinturlurage à la chaux, on se réunit sur la place et les vieux s'amusèrent à soumettre les circoncis à quelques épreuves nouvelles qu'ils ne connaissaient pas encore, mais qui ne sauraient être laissées de côté dans un Ngoma qui se respecte. L'un des garçons désigné par Malao dut écarter ses jambes, mettre entre ses genoux, de l'un à l'autre, un roseau appointi aux deux bouts et courir à travers la place de toutes ses forces. Et tous les hommes de lui crier : « C'est cela! Porte le Ngoma! Porte-le bien! Ne le laisse pas tomber! » Naturellement à chaque enjambée le roseau entrait dans sa chair et lui faisait très mal. Tous y passèrent, les uns après les autres.

Un des plus âgés des circoncis avait un jour prononcé des propos indignés contre les vieux, se plaignant de l'assaisonnement vert qu'on leur servait toutes les fois qu'une antilope avait été tuée. Il avait dit à ses camarades : « Laissons désormais les antilopes fuir ,» et cette parole avait été rapportée à Malao par un des bergers. Ce jour-là, on lui fit boire le lait de chèvre avec la langue, c'est-à-dire que les deux bâtons de l'arbre-chèvre furent mis au-dessus et au-dessous de sa langue et serrés l'un contre l'autre avec force : Et tandis que le pauvre jeune homme retournait s'asseoir à sa place, les larmes aux yeux, [illegible] lui dit :

— Apprends désormais à tenir ta langue en bride!

Et, ce jour-là, les circoncis regrettèrent la chasse. Les bêtes sauvages étaient moins méchantes que ces hommes rudes et sévères.

Vers quatre heures, on les lâcha pour aller à la recherche du bois mort. En effet, celui qui se trouvait dans les environs avait été complètement épuisé, car l'Eléphant en consomme d'énormes quantités, et il s'agissait d'aller plus loin, dans la forêt aux pieds des roches, de ramener des troncs entiers qui pourrissaient dans les pierres roulantes et qui fourniraient du combustible pour plusieurs jours.

Ce fut le moment propice que choisirent Gofana et Maroupi. Zidji, qui les guettait de l'œil, les vit s'éloigner. Un berger les siffla.

— Nous allons chercher un tronc que nous connaissons, là-bas ! répondirent-ils.

Puis, ayant disparu derrière un bouquet d'arbres, ils s'enfuirent. Maroupi était grand, sec, avec des muscles de fer ; ses traits étaient durs, résolus, sa bouche morose mais ferme, ses yeux curieusement injectés de sang. Gofana, beaucoup plus petit et plutôt replet, était un peu faible d'esprit et suivait son grand compagnon comme un chien. Maroupi avait bien calculé son coup. Ils iraient passer la nuit du côté du Mamotsuiri, dans une certaine ravine boisée, toute pleine de lianes et d'épines qu'il connaissait depuis longtemps, ayant souvent gardé les chèvres dans ces parages. Puis, à l'aube, ils en sortiraient et, passant le promontoire du Marovougne par un col peu fréquenté, ils redescendraient de l'autre côté de la paroi rocheuse, sur la vallée de Thabina. Là, il avait une tante qui l'affectionnait particulièrement et qui les cacherait dans sa hutte jusqu'à la nuit suivante.

Les deux ombres blanches fuyaient donc par les sentiers rocailleux de la montagne vers le ravin protecteur. Un troupeau de chèvres gardées par quatre petits bergers paissait dans le taillis, parmi les fougères-aigle, les grandes composées jaunes, les arbustes de toute sorte. Maroupi siffla. A la vue des circoncis, les gamins s'enfuirent épouvantés, et ils passèrent. Mais, à leur consternation, les fugitifs aperçurent, descendant par le sentier, une troupe de femmes avec leurs paniers sur la tête. Elles revenaient des prairies du Mamotsuiri où elles étaient allées cueillir certaines herbes dont on fait des ficelles. Un coup de sifflet, plusieurs coups retentirent, sifflet d'alarme bien connu et ils se précipitèrent à terre. Alors, dans la tranquille procession, ce fut un épouvantement subit. Affolées à la pensée de rencontrer la « boukouèra » maudite, elles jetèrent loin le contenu de leurs paniers pour pouvoir les prendre sous leurs bras et dégringolèrent tout droit à travers la brousse épaisse et épineuse, glissant, tombant, se blessant, n'ayant qu'une pensée : Eviter la vue qui donne la mort ! L'une d'elle passa tout près des deux garçons. Elle les vit. Elle vit tout ! Elle crut mourir de saisissement. Quand elle rejoignit ses compagnes, sur un autre chemin, plus bas dans la vallée, elle leur avoua tout.

— Malheur et damnation, dit une des vieilles ! N'en dis rien à personne ! Si on le sait, c'en est fait de toi !

Et elles jurèrent toutes de ne rien dire de leur rencontre.

Maroupi et Gofana passèrent à quelque distance du village d'Aprinne, un Mosouto qui aime la montagne et la solitude et qui a bâti les trois ou quatre huttes qu'il possède à mi-côte du Marovougne, sur un joli replat gazonné. Ses chiens — car il en a toujours quatre ou cinq pour chasser les marmottes et les lièvres — ses chiens aboyèrent furieusement.

— Presse le pas, dit Maroupi. Hâtons-nous !

Enfin ils arrivèrent au ravin escarpé dans le fond duquel se trouve une petite forêt très épaisse qui descend comme une coulée de lave noire. Il fallait d'abord se frayer un passage à travers des fougères aquilina, hautes d'un mètre, toute une végétation de grandes papillonacées et composées, avec des mimosas épineux par ci par là. Ce n'était pas trop difficile, bien que certaines orties, qui piquent par les sépales de leurs fleurs vertes, leur déversassent leur venin au passage. Plus loin, une sorte de ronce rampante grimpant aux herbes, munie d'épines aiguës, crochues, celle que nous appelons la salsepareille, bouchait le chemin, et, pour se frayer un passage, ils se mirent en sang. Mais c'était justement ce qu'il leur fallait : une cachette impénétrable. Habitués à souffrir, croyant qu'ils touchaient à la liberté, ils enduraient tout sans rien dire. Enfin ils arrivèrent au milieu du ravin, Il y avait là de grandes pierres couvertes de bégonias aux fleurs café au lait, des fougères gracieuses de plusieurs espèces différentes, des streptocarpus semblables à de gigantesques grassettes bleues. Quelques arbres immenses maintenaient en toute saison une ombre épaisse et une fraîcheur de cave en cet endroit d'ailleurs si bien protégé par son rempart d'épines. A ces arbres grimpaient plusieurs lianes grosses comme la jambe, qui s'élançaient d'un bond du sol aux branches les plus élevées, à quinze ou vingt mètres d'altitude. Pour parler plus exactement, ces lianes étaient suspendues aux rameaux puissants des arbres. Evidemment elles avaient crû en même temps qu'eux. Or elles constituaient la dernière ressource de Maroupi. L'une d'elles, un mimosa grimpant, était pourvue d'épines grosses comme le pouce et très pointues. L'autre était absolument lisse. Sous l'un des rochers éboulés qui remplissaient le fond du ravin, il y avait un trou, une grotte à marmottes où les deux garçons se blottirent. Le soleil s'était couché. Maroupi respirait.... Soudain les chiens d'Aprinne se mirent à aboyer.

— Ecoute bien, dit-il à Gofana.

— Malédiction ! C'est eux ! Nous sommes poursuivis ! Vite, grimpons !

Et empoignant la liane lisse, Maroupi franchit vigoureusement l'espace qui le séparait des hautes branches. Là-haut, il se blottit dans un épais bouquet de feuilles, où il était impossible de l'apercevoir. Gofana, lui, saisit la liane épineuse. Il n'avait pas grimpé deux mètres que ses jambes étaient en sang. En gémissant il se laissa retomber et voulut remonter par la liane lisse. Mais déjà on entendait les aboiements plus rapprochés.

— Cherche ! cherche ! disaient des voix, et le bruit des grandes herbes abattues à coup de bâton, des ronces-salsepareille qu'on coupait, annonçait qu'une troupe arrivait.

— Cache-toi dans le trou, cria Maroupi !

Gofana obéit.

— Aïe les épines ! entendait-on crier. Ces malins ! Avoir tant à souffrir pour eux ! Gare à eux !

Bientôt la meute déboucha dans l'espace libre à la fraîcheur de cave, sous les grands arbres, et les chiens sans hésiter allèrent découvrir Gofana sous son rocher.

— Ah ! ah ! le voilà, notre petit coquin, dirent les bergers en le rouant de coups. Et l'autre, où se trouve-t-il ?

Ils regardèrent de tous côtés. L'ombre était épaisse déjà, dans la forêt, car le crépuscule est de courte durée.

— Après tout, est-on bien sûr qu'il y en ait deu [illegible] manda l'un des jeunes gens. Les gamins des chèvres disent n'en avoir vu qu'un.

Et, satisfaits de leur prise, ils reprirent le chemin du camp des circoncis en poussant Gofana devant eux.

Maroupi poussa un immense soupir de soulagement, dans sa haute retraite. Le petit bois rentra dans le silence. Mais, comme la nuit était tout à fait venue, son cœur pensa défaillir dans sa poitrine. Un cri avait retenti soudain dans le feuillage des grands arbres, cri étrange, effrayant. Puis ce fut comme un bêlement de chèvre.

« Le shimhé-mhé-mhé ! » se dit-il avec horreur, se rappelant avoir entendu dire qu'il demeurait précisément dans ce ravin. Le shimhé-mhé-mhé c'est le grand serpent de la montagne, la « Vuivre » des BaPédi qui chemine toujours dans les branches et qui tue l'homme en mordant le milieu du crâne. « Je suis mort, » se dit-il. Et, se dévalant avec rapidité par la liane, malgré l'obscurité, il sortit de la forêt, se fraya un chemin à travers les épines avec une énergie de désespoir et courut à toutes jambes par le chemin vers le col de Thabina. Là-haut, sur l'autre versant du chaînon, était une prairie plate avec deux charmantes petites forêts aux arbres toujours verts. Un vent frais y soufflait. Bien que la solitude fût grande, partout on y voyait des chemins frayés. La terreur de Maroupi se dissipa. Il se décida à attendre le jour sur ce plateau. A la première lueur d'aube, il descendit du côté de la vallée de Thabina, jusqu'à une jolie source où il s'était souvent désaltéré. Il but, oui, il but, non parce qu'il avait soif, mais parce qu'il était libre. Surtout il se lava, il fit disparaître toute trace de chaux sur sa peau et se ceignit d'une ceinture qu'il avait préparée avec des peaux de marmottes les jours précédents. Ainsi, ayant repris son costume et sa couleur d'autrefois, il arriva dans l'autre vallée, dans le village de sa tante maternelle. La place était déserte. Tout le monde était aux labours. C'était une chance ! Maroupi entra dans la hutte par la porte très basse en se traînant par terre et attendit dans l'intérieur le retour de celle qu'il appelait sa mère. Elle arriva bientôt et tomba des nues en voyant son neveu. Mais, étant femme et ayant pour lui une grande affection, elle entra immédiatement dans ses plans d'évasion.

— L'oncle est justement absent; heureusement pour toi, car il pourrait bien exiger que tu retournes au Ngoma; il reviendra demain. Ce soir, à la nuit, tu sortiras d'ici et je te préparerai des pains de millet pour la route. Chez les blancs tu trouveras facilement à t'engager. Cache-toi derrière le « ngoula » (le grand panier de provisions qui occupe généralement le fond de la hutte).

Par des chemins détournés, Maroupi partit pour Hænertsbourg et, deux jours après, il entrait comme garçon à tout faire au service d'un fermier sur le plateau du Transvaal, à cinq shellings par mois. Il était si heureux qu'il eût bien payé lui-même cinq shellings pour être tranquille et à l'abri.

Six mois plus tard, il revint à la maison. Personne ne lui parla de son escapade. Le camp de la circoncision était brûlé, le temps du Ngoma était passé; il y avait péremption !

Hélas ! il en fut bien autrement pour Gofana. Le lendemain de sa tentative d'évasion, il fut lié dans un coin de la cour et les hommes discutèrent son affaire. Deux opinions étaient en présence. Les uns, les représentants de l'ancien ordre de choses et de la coutume exacte du Ngoma disaient : « Il doit être brûlé le dernier jour avec les baraques, les ustensiles et tout ce qui a servi aux rites. On le liera sur la [illegible] perche « moulagarou » et les flammes purificatrices délivreront le pays d'un traître qui a transgressé la loi. » D'autres déclaraient que ce serait dangereux. Une plainte pourrait être formulée auprès du gouvernement des blancs et le chef serait puni. Mieux valait faire boire au garçon des médecines qui lui feraient perdre le peu d'esprit qui lui restait. Maintenant même, il avait été si prodigieusement effrayé par les chiens, les coups, les menottes, que peu de chose suffirait pour obtenir ce résultat. En le voyant devenir fou, tous les garçons circoncis ou à circoncire seraient avertis à salut ! Ils sauraient que celui qui veut échapper à la règle de l'Ecole ou bien disparaît, comme Maroupi, ou bien perd la tête, comme Gofana. On finit par se rallier à ce dernier avis.

Le « Manyabé » fut mandé. C'était un bonhomme plein d'astuce. Il remarqua sans tarder que, toutes les fois qu'un chien aboyait, Gofana tressaillait. « Bon ! j'ai mon affaire, » se dit-il.

Il prépara des bouts de racines, les cuisit dans une marmite, cueillit certaines feuilles pour asperger le malheureux et lui dit d'une voix terrible :

— Te voilà devenu un chien ! Aboie !

Il obéit : Wou ! wou !

Alors le Manyabé le lava, le frotta, l'enduisit d'une graisse noire autour du cou et lui dit :

— Tu aboieras désormais toutes les fois que tu voudras manger ou boire. Si tu oublies une seule fois, tu mourras !

Et, durant toute la fin de l'Ecole et bien longtemps encore, Gofana aboya trois ou quatre fois le jour. Ses camarades l'appelèrent nouambyana, l'homme-chien, et la conviction se répandit partout que celui qui s'évade du Ngoma devient fou.

VI

BARTIMÉE

Or, une certaine après-midi de juillet, au moment où le soleil allait se coucher, il y eut une querelle fort bruyante dans le village le plus rapproché de la capitale. Deux femmes se prirent aux cheveux, si tant est qu'on puisse dire cela des négresses crépues. L'une d'elles portant des « tingoya », l'expression est en place quand même, car les « tingoya » ce sont des mèches de cheveux fortement allongées, enduites d'ocre et retombant aux côtés du front et sur la nuque. Elles sont l'apanage des nourrices qui amusent les bébés en les faisant aller de ci de là, et des magiciens dont l'expression cabalistique est rehaussée par ces curieuses queues de rats qui se balancent. Au reste c'est un fait digne de remarque que, chez les peuples primitifs et peut-être chez d'autres moins retardés, le magicien et le prêtre cherchent à revêtir une apparence féminine....

Ces deux femmes, naturellement, étaient les co-épouses d'un seul homme et celui-ci, qui était un joyeux compère, s'amusait à les exciter l'une contre l'autre, comme ces gamins qui ramassent deux sauterelles dans un champ et qui les tiennent en présence l'une de l'autre, éprouvant un plaisir extrême à les voir se mordre, se dévorer jusqu'à extinction. [illegible]timent de jalousie particulier aux femmes des polygames se nomme le « boukouélé » et il y a un certain endroit dans le village qui porte aussi ce nom parce que c'est là que ces sentiments très spéciaux s'épanchent de préférence. Donc, sur la place des jalousies, entre deux cours-cuisines, les deux mégères s'étaient battues, égratignées, mordues, en émaillant leur discussion d'injures dignes du temps du Ngoma où aucune expression, fût-ce la plus ordurière et la plus insultante, n'est prohibée.

Cependant le bruit de cette querelle parvint jusqu'au camp de la circoncision, car un des surveillants se trouvait justement auprès du chef, à ce moment-là. Il rapporta les détails de l'affaire au tribunal des vieux et ceux-ci décidèrent d'organiser ce que les Anglais appellent une « expédition punitive ». Le lendemain au soir, celui des hommes qui s'appelle « la mère des circoncis » appela tous les bergers à lui ; ils se munirent de bâtons, et, profitant d'un superbe clair de lune, sortirent de la cour des mystères. Quelques circoncis les accompagnaient, entre autres Zidji qui avait demandé à être de la partie ; et c'était une chose à voir que cette file d'ombres noires se terminant par dix formes blanches, descendant le sentier par la pleine lune et entonnant leur formidable Ma-fé-é-é-é ! en arrivant auprès des villages. Partout ce fut un cri d'étonnement et d'épouvante, et les femmes, abandonnant leurs marmites, allèrent se réfugier dans les huttes obscures. Cependant le village des délinquantes fut cerné, et bientôt envahi. Avec des chants de menace, la troupe noire et blanche se répandit partout et finit par entourer les cases où elles s'étaient enfermées. Deux ou trois bergers, les plus résolus, sautèrent sur les huttes, grimpèrent jusqu'au sommet en se tenant à la couverture d'herbe et se mirent en devoir d'enlever les gerbes en commençant par le haut. Alors le mari sortit, frappant ses deux mains l'une contre l'autre et il fit empoigner au poulailler deux ou trois poules qu'il livra à la mère des circoncis. Le vieux leva la main pour arrêter le zèle destructeur de ses soldats et le village fut évacué.

Tout glorieux de leur haut fait et de l'amende qu'ils avaient réussi à extorquer, les bergers retournaient au camp.

— Si nous passions chez les « Madjakane », suggéra l'un d'eux.

On appelle de ce nom, au Transvaal, les chrétiens indigènes. Leur village était en effet tout près, droit au pied de la colline. Ils avaient bâti cinq ou six maisons carrées en briques et une jolie chapelle, et vivaient là paisiblement sous la direction de leur évangéliste Bartimée. Un quart d'heure plus loin, du côté de la plaine, sur le flanc d'une colline assez abrupte, se trouvait la station proprement dite où demeurait le missionnaire blanc.

Bartimée n'était pas un homme du pays. Il avait accompagné son missionnaire au Bokhaha quand, sur la demande expresse des conseillers de Dabouka, il avait décidé de s'établir parmi eux. Bartimée était grand, maigre, toujours proprement vêtu. C'était un beau type de chrétien noir, sérieux et zélé, passablement autoritaire, mais ayant fort à cœur la conversion des deux tribus, des Ba-Nkouna comme des Ba-Pédi. Bien qu'il se fût spécialement voué à l'évangélisation de ces derniers, il était de race Thonga. C'était là sa nationalité ; il était donc du même groupe ethnologique que les Ba-Nkouna, et avait acquis déjà un certain empire sur Dabouka, le jeune chef nkouna qui avait même commencé à suivre son école. Se tenant très droit, dans la chaire modeste de sa chapelle, avec un regard vif, une parole colorée, très vivante, il attirait beaucoup d'auditeurs le dimanche et d[illegible] [illegible]e petite congrégation de six familles s'était formée autour de lui.

Lorsque la troupe des bergers déboucha sur la place de son village, les chrétiens étaient réunis dans leur église pour la prière du soir. On entendait leur chant retentir. C'était sur l'air du cantique : « Reste avec nous. »

> Demeure avec nous, Seigneur, car le soleil s'est couché,
> Tout passe ici-bas, les hommes et les choses !
> Toi seul tu restes à toujours, demeure avec nous !

Ils sortirent au moment même, et ce fut pour voir le village envahi par les ombres noires. Les blanches avaient fui au « soungui », déjà, afin de n'être vues de personne. Les bergers passablement montés se livrèrent alors à une de leurs manifestations accoutumées, insultant les femmes, dansant et criant, cela d'autant plus qu'ils savaient les Madjakane très opposés au Ngoma.

— Partez d'ici, cria Bartimée, dont le tempérament très vif s'enflammait et qui avait totalement oublié le cantique mystique. Les bergers redoublèrent de cris et d'injures. N'avaient-ils pas raison? N'était-ce pas la loi du Ngoma?

— « Fils de Satan ! » leur répondait l'évangéliste.

Enfin la horde sauvage et vraiment satanique partit. On les entendit qui escaladaient la pente de la montagne en hurlant encore leurs refrains bruyants.

Bartimée n'hésita pas. Il déposa ses livres de prières, prit sa canne et se rendit tout droit chez le chef Dabouka pour se plaindre.

— C'est une honte ! disait-il. Si les païens veulent paganiser, qu'ils paganisent entre eux. Mais envahir ainsi le village de la prière et nous horrifier avec leurs chants et leurs propos infernaux, je ne puis l'admettre !

— Tu as raison et ils ont tort, je les gronderai.

En effet, dès le lendemain, Dabouka envoyait chercher Mankélou et le priait d'aller au Ngôma de sa part et de défendre qu'on ennuyât de nouveau les chrétiens. Il savait ce qu'il faisait en choisissant Mankélou. Celui-ci, tout en étant un païen convaincu, avait été l'un des premiers à opiner qu'il fallait recevoir les missionnaires dans le pays. Plusieurs raisons politiques et autres l'avaient poussé à favoriser l'établissement du prédicant blanc au sein de la tribu. Il était donc tout désigné pour prendre la défense des chrétiens. C'est ce qu'il fit avec sagesse et modération.

Cependant l'expédition des bergers devait avoir une autre conséquence bien plus grave. Parmi les fidèles qui étaient sortis de la chapelle ce soir-là, la « mère des circoncis » crut reconnaître un sien parent, un homme d'âge mûr, nommé Jacob. Ce Jacob avait toujours eu pour l'école de la circoncision une répugnance extraordinaire. Aussi avait-il eu soin de filer par la tangente toutes les fois que le rite devait être pratiqué. D'abord, comme jeune garçon, il s'était joint à une caravane qui était allée faire un tour au Bilène, dans la plaine du Bas-Limpopo pour acheter des peaux de civettes et de léopards. Puis, régulièrement, il partait en février, au temps du « bokagne » (bière faite avec des fruits qui mûrissent en janvier), il allait en ville et s'y engageait pour quelques mois. Ignorant l'existence du Ngoma, il venait de rentrer chez lui, s'étant d'ailleurs converti à Prétoria dans l'église d'un pasteur indigène nommé Kanyana. Quand il avait appris que l'école de la circoncision battait son plein, il avait négligé de s'éclipser de nouveau, pensant qu'on l'avait oublié, croyant qu'il y avait en quelque sorte péremption pour lui.... Mais on se souvenait parfaitement de lui, et, en l'apercevant, le vieux s'éta. d : « On va te tenir ! »

Il en parla secrètement à Malao, qui fit surveiller le village des chrétiens. Les espions déclarèrent qu'en effet c'était Jacob, le peureux, qu'il demeurait dans la maison même de Bartimée et qu'il consacrait toutes les après-midi à labourer le jardin potager de l'évangéliste. Il faut dire que celui-ci avait de superbes cultures. Grâce à un canal creusé sous la direction du missionnaire, l'eau du Moudi arrivait en abondance dans son village, et il avait planté un énorme carré de bananiers entre lesquels il cultivait force choux, laitues, oignons, qu'il vendait aux mineurs du pays à des prix très rémunérateurs. Jacob était son jardinier. Il payait ainsi sa pension.

Le plan de Malao et consorts fut vite arrêté : On enverrait dès le lendemain une vingtaine de bergers dans le jardin de Bartimée; ils y « cueilleraient » Jacob aussi aisément que Jacob y cueillait ses légumes. Ainsi fut fait. Le village était désert. Bartimée était justement allé à la station pour parler au missionnaire d'affaires de paroisse. Nul ne fut sur les lieux pour s'opposer à cet enlèvement. Et alors, avec des cris de triomphe, les bergers introduisirent le pauvre homme dans la cour des mystères. L'on dépêcha une estafette à l'un des Hommes-Lions pour qu'il vînt sans tarder circoncire le peureux. Quant à celui-ci, il tremblait de tous ses membres. Il se voyait déjà mort et recommandait son âme à Dieu.

Bartimée, lorsqu'il revint de la station à son village, apprit en route que les bergers avaient été chez lui. L'idée de ce qui s'était passé lui traversa l'esprit. Il pressa le pas, il appela Jacob. Pas de Jacob ! Alors, sans perdre une minute, il prit un paquet de feuilles de tabac et se dirigea vers le Ngoma. Il était cinq heures du soir. Les circoncis venaient de rentrer de la chasse en jetant aux échos leurs Ma-fé-é-é-é retentissants. Bartimée qui les suivait de près sentait son cœur s'émouvoir. Craignait-il ? Non, après tout ! Il connaissait à fond toutes les coutumes de cette détestable école et allait jouer d'audace.

A la porte de l'enceinte, il s'arrêta. Aussitôt plusieurs initiés vinrent lui poser les questions d'usage :

— La bête qu'on dépèce par derrière?

— Le Crocodile, répondit Bartimée, car ses entrailles retombent en dedans.

— La grande formule de Manengouana? Et l'évangéliste leur débita le : *Manengou, bentchilé, bentcha, tiroula, foula ngoma,* etc., etc., avec une assurance telle qu'on ne pouvait douter qu'il eût été initié. Mais lorsque les jeunes garçons se furent retirés, Bartimée, sagement, s'assit sur ses talons, posa à terre le paquet de tabac et envoya l'un des circoncis chercher un des vieux qu'il connaissait. Il ne savait pas quelle était la loi de pénétration dans le Ngoma de ce pays-ci, car elle diffère suivant les tribus. Il y avait bien six paires de perches, mais de quelle manière fallait-il les contourner? Le vieux étant arrivé salua l'évangéliste. Celui-ci tendit sa petite provision de tabac en le priant de l'introduire. Le mode de procéder était en effet très compliqué. Il s'agissait, au lieu de prendre la route droite entre les perches, d'entrer à gauche de la première paire, puis de traverser la route, de contourner ensuite la seconde paire, puis la troisième, de s'avancer ainsi en faisant des lacets afin de déboucher sur la place de l'Eléphant à droite, à l'endroit qu'on appelle la porte des hommes, et non à gauche, du côté de la baraque des circoncis. S'il se fût trompé, dans cette périlleuse entrée, Bartimée aurait été hué. Grâce à sa prudence, il fut fort loué et reçu avec considération par les surveillants.

— Je viens pour affaires, dit-il.

On le fit asseoir et, sans préambule, contrairement à l'usage cette fois, il exposa le but de sa visite.

— Vous avez enlevé mon homme, un chrétien. Il lui est interdit de se faire circoncire, car il est converti. Je viens le reprendre.

Et, sans attendre de réponse, sans consentir à discuter, il alla à la recherche de Jacob qu'il trouva affaissé dans un coin de la baraque des circoncis, gardé par deux ou trois bergers.

— Lève-toi, dit Bartimée rudement. Allons! Sors d'ici!

Et Jacob, tout étonné, comme les apôtres lorsque l'ange les réveilla dans la prison, se leva et partit. Les assistants, tout le camp de la circoncision étaient plongés dans un étonnement voisin de la stupeur. Ils virent leur prisonnier sortir, leur échapper et ils ne purent dire un seul mot. L'évangéliste les salua poliment et partit avec son converti. L'audace lui avait réussi.

— Maintenant, va au plus vite vers Monéri [1], dit-il à Jacob. Raconte-lui l'histoire et enfuis-toi ce soir même pour la ville. Sinon tu es un homme perdu!

Jacob, comme en un rêve, se dirigea vers la station où le missionnaire confirma l'ordre de Bartimée. Il prit des chemins détournés et s'en fut chez les blancs pour échapper aux noirs.

Cependant, au camp de la circoncision, la honte égalait l'indignation. Lorsque les vieux se furent remis de leur stupeur, ils n'eurent tous qu'une idée : Aller reprendre de force celui que Bartimée leur avait si audacieusement enlevé. Que faire? User de violence serait dangereux. Mankélou n'était-il pas venu la veille ordonner la modération et le respect vis-à-vis des chrétiens? Punir l'évangéliste, c'était d'ailleurs un palliatif. On sentait bien que son courage extraordinaire, à lui, un noir, lui venait de la présence du missionnaire. Oh! ces blancs, qui avaient pris le pays!... Le conseil des surveillants décida d'opérer une descente chez Bartimée, mais avec la résolution expresse d'aller jusqu'à Monéri afin de réclamer l'incirconcis

[1] Nom générique donné aux missionnaires blancs, au nord du Transvaal.

qui avait osé esquiver la loi par six fois, mais qu'il s'agissait de faire passer bon gré mal gré par l'épreuve.

Quand ils arrivèrent chez l'évangéliste, — c'était tout le ban et l'arrière-ban des grands païens, — celui-ci les reçut poliment, avec quelque froideur cependant, et leur dit :

— Cette affaire ne me regarde pas. Jacob est chez Monéri. Allez discuter avec celui-ci.

Ils s'attendaient à cette réponse, les vieux. Mornes, sombres, ils partirent pour la station.

Les voici qui débouchent par derrière la colline sur le replat où fut construite la jolie maison missionnaire, abritée par son large toit d'herbe contre les ardeurs du climat africain. D'ici la vue s'élargit tout à coup et se fait très belle. La colline domine la plaine qui s'étend au nord, moins vaste que du côté de l'est et bornée à une distance de huit kilomètres par les charmantes montagnes pointues du Murchison. Il semble qu'au point de vue moral aussi, un nouvel horizon s'ouvre ici. Ce n'est plus la vallée resserrée, c'est le plein jour, l'espace, la liberté.

Droit au pied de la véranda que supporte un mur de quelques pieds, s'élève un arbre magnifique, un de ces figuiers-nkouna au tronc jaune vert, à la ramure robuste, antique. Dans la fine herbe qui croît au pied de ce géant, les conseillers vont s'asseoir en rond, sans mot dire, et ils restent là, le dos courbé, la tête au-dessus des genoux.

Malao avec ses peaux de léopards, Molondjo et dix autres avec leurs couronnes de cire noire, leurs bâtons, l'un d'eux avec un monumental couteau de l [illegible] er, attendent. Rien ne bouge dans la maison.

Le missionnaire les a vus venir ; il s'attendait à leur visite, mais il les laisse s'annoncer. Enfin ils avisent un petit cuisinier qui revient du canal où il a puisé un seau d'eau et lui disent d'aller chercher Monéri. Celui-ci les invite à venir s'asseoir sous la véranda où un long banc scié dans un arbre de la montagne a été disposé contre la barrière extérieure, pas trop près du mur, à l'usage des indigènes. Mais ils refusent. Ce grand toit les mettrait mal à l'aise. Ils seraient trop à la merci du blanc, sous cette charpente qui tient on ne sait comment. Ils prient Monéri de venir leur parler sous le figuier. Alors le missionnaire, prenant dans ses mains une chaise pliante, descend les degrés de la véranda et va s'asseoir au milieu d'eux, dans la prairie du figuier. Son cœur tremble bien un peu, les conseillers n'ont pas l'air doux. Ils ont considéré l'action de Bartimée comme une offense grave à la vie tribale, à la coutume sacrée. Que feront-ils? Que diront-ils? et comment leur répondre?

— Eh bien! Salut, mes pères! Comment allez-vous? leur dit-il.

— Salut, Monéri.

Et Malao auquel le missionnaire tend la main ne peut refuser de tendre aussi la sienne.

— Monéri, nous avons pris Jacob pour le circoncire. C'est la loi. Il est notre enfant. Il est le sujet du chef. Il doit faire ce que ses pères ont fait. Bartimée est venu, nous l'a enlevé. Nous n'avons pas employé la force pour l'en empêcher, parce que nous craignions de verser le sang. Mais il faut qu'il nous le rende tout de suite, sinon l'affaire sera mauvaise. D'ailleurs quand nous vous avons reçus dans notre pays, ce n'était pas pour que vous vinssiez porter atteinte à nos coutumes!

Ici le ton de Malao qui était d'abord timide, devient plus assuré, presque menaçant.

Et c'était vraiment une rencontre frappante et presque tragique que celle de ces vieux Nkouna accroupis et du missionnaire âgé qui leur faisait face. C'étaient deux esprits et deux lois, deux civilisations et deux idéals. La coutume païenne qui couche l'homme sous son joug de fer et la vérité chrétienne qui proclame la liberté individuelle et la nécessité de l'obéissance au devoir. Pour les uns, le bien, c'était tout ce système d'habitudes léguées par les ancêtres, bonnes ou mauvaises, peu importe ; il suffisait qu'elles fussent celles du passé pour être sacrées. Pour l'autre, le bien, c'était la conformité de la vie à une révélation divine d'une hauteur morale indiscutable. Faire comprendre à ces hommes leur égarement, leur démontrer la beauté de la vérité évangélique, tel était le suprême désir du vieux missionnaire, chez lequel vingt ans d'expériences d'Afrique n'avaient point éteint le feu sacré du chrétien convaincu. Mais comment s'entendre avec eux sur la question en litige ? D'ailleurs ils étaient fâchés.

— Mes amis, dit-il, vous avez bien fait de venir vers moi pour causer de cette affaire. C'est très vrai que notre pensée, en nous établissant parmi vous, n'a point été de vous ennuyer dans vos habitudes, mais bien plutôt de vous faire connaître une lumière de vérité que vous ignorez. Rendez-moi le témoignage que nous n'usons jamais de contrainte à votre égard et que notre seule arme est la parole de Dieu. Toutefois, quant à Jacob, laissez-moi vous dire que, malgré toutes vos prétentions, vous ne pouvez le forcer à faire ce qu'il envisage comme un péché. Il est chrétien ; par là il est libéré de votre paganisme. Il doit payer l'impôt, servir son chef, obéir aux conseillers dans toutes les questions de corvées, de devoirs civils. Mais le Ngoma, c'est autre chose. C'est une coutume mauvaise que la parole de Dieu condamne. Vous-mêmes vous trouveriez affreux, en temps ordinaire, les propos orduriers que vous y tenez. Comment pourriez-vous forcer celui qui se dit dégoûté par eux de les entendre et de les prononcer ?

Je croirais tuer l'âme de Jacob en vous le remettant....

La discussion ne pouvait aboutir. Malao devenait impertinent. Deux des vieux s'étaient levés et commençaient à parcourir la station, allant regarder aux fenêtres de la maison, persuadés que Jacob s'était caché chez le missionnaire. Celui-ci se leva avec dignité, replia lentement sa chaise et remonta sous la véranda. Les conseillers irrités gesticulaient, parlaient haut. L'un d'eux, celui qui portait un grand couteau, s'approcha de la cuisine.

— Donne-moi à boire, fit-il au petit cuisinier.

Celui-ci lui offrit un gobelet d'eau fraîche. Comprenant que la violence était inutile, toute la troupe partit.

Ce jour-là, un fait nouveau s'était produit en Bokhaha. Dans la robe rigide de la coutume toute-puissante, une déchirure avait été faite. A l'édifice séculaire, une lézarde avait paru. Et, vaincus pour la première fois, les conseillers du Ngoma remontèrent mélancoliquement vers la cour des mystères.

— Oh ! ces blancs ! Ils gâtent le pays ! Grâce à eux les mœurs pourrissent, disait Malao.

— Que veux-tu ? Ils sont plus forts que nous, répondait le vieux Mandwai, une manière de philosophe.

— Cependant, ajoutait Molondjo, remarque que Monéri n'est pas un blanc comme un autre. Quand, il y a deux ans, les Bœrs sont venus détruire la tribu de Mamatolla, c'est lui qui s'est fait notre conseiller. Il a été vraiment notre bouclier. Sans lui où en serions-nous aujourd'hui ! Il est notre ami. S'il dit que chacun est libre de venir ou de ne pas venir au Ngoma, il faut croire qu'il a raison.

Malao ne répondit rien. L'argument de Molondjo était fondé. Et cependant, s'il avait eu l'esprit assez ouvert, le vieux païen se fût surtout désolé de voir l'un de ses camarades, un noir et non plus un blanc, admettre les principes de la tolérance et mettre en question la légitimité d'une coercition séculaire.

Chose curieuse, le soir de ce jour, quand les vieux furent rentrés, sombres et de très vilaine humeur, Zidji tint des propos très analogues à son nouveau voisin qui se trouvait être Malembé.

Il avait admiré de tout son cœur l'acte courageux de Bartimée et il dit à son cousin : « Après tout, si Jacob ne veut pas se faire circoncire, a-t-on le droit de l'y forcer ? » Gouanazi, qui passait à cet instant, lui demanda avec un mauvais regard :

— Qu'est-ce que tu dis, toi ?

— Cela ne te regarde pas, fit Zidji qui s'esquiva. Il n'aimait pas le lait de chèvre !

VII

TROUBLES AU NGOMA

L'école de la circoncision durait depuis deux mois déjà.

Un beau matin, comme il se rendait avec les autres bergers à l'appel des femmes apportant leurs marmites de polenta, Gouanazi fut agréablement surpris d'apercevoir parmi elles Saboulana. Saboulan é t son amie ; c'était une grande jeune fille aux lèvres épaisses, aux cheveux crépus très longs et emmêlés. Elle portait ce jour-là un collier de perles blanches, bleues et rouges qui, au-dessus de sa poitrine, formait des carrés bariolés d'un joli effet. Mais elle avait le verbe haut et ne ressemblait nullement à Fazana la modeste.

Comme tous ses camarades, Gouanazi avait voulu posséder sa belle et il avait choisi Saboulana, les autres filles n'ayant pas voulu de lui. Entre jeunes gens et jeunes filles thonga, les mœurs sont très libres.

Donc la vue de Saboulana, qui apportait la pitance du frère cadet à la place de sa mère, causa à Gouanazi une heureuse surprise et lui inspira un désir d'autant plus violent de s'entretenir avec elle qu'il y avait longtemps qu'il avait été privé de sa compagnie. N'osant la retenir, il lui dit à voix basse : « Ce soir, près du gué du Moudi, sous les grands arbres. » Elle lui fit signe que oui et repartit avec ses compagnes.

Cependant l'une des femmes restait en arrière; c'était Masiya, la mère de Zidji. Molondjo, son beau-frère, avait été la voir au village et lui avait dit seulement : « Le petit a l'ennui des bonnes sauces de sa maman ! » Alors elle avait préparé un petit régal de feuilles de concombres sauvages et d'arachides et maintenant Molondjo la rejoignait sur le sentier du retour et lui montrait un taillis où elle pouvait cacher l'ustensile contenant la sauce parfumée. Dans l'après-midi, au retour de la chasse, Zidji viendrait là et se régalerait ! C'était défendu, car, au Ngoma, le circoncis ne boit pas d'eau, ne mange pas d'assaisonnement. Mais tromper l'Etat n'est pas une faute. Seulement il ne faut pas se laisser prendre ! Zidji était assez malin pour cela.

Le soir, pendant la seconde danse de l'Eléphant, Gouanazi s'esquiva sans mot dire, et, s'engageant dans des chemins peu fréquentés, il gagna la brousse où des roseaux de trois mètres de haut le dérobaient à la vue. Il atteignit ainsi le ruisseau du Moudi qui coule lentement entre des arbres toujours verts, baignant des fougères au passage et formant de petits étangs de distance en distance. Les berges assez abruptes s'abaissent à un certain endroit, et c'est là que passe le sentier des natifs. Un superbe groupe d'arbres géants se trouve à vingt mètres plus bas. Saboulana y attendait Gouanazi.

Elle était de belle humeur, mais toujours fort loquace et fort osée.

Après avoir tiré les tresses-cornes de son amoureux et lui avoir permis de la prendre par la taille, elle lui dit tout d'un coup :

— Qu'est-ce que les garçons du Ngoma font d'être ainsi tout blancs ? Cette blancheur nous effraye et nous déconcerte ! On dit que c'est un grand mystère, cela !

— Oui, dit Gouanazi, c'est un grand mystère.

— Eh bien, si tu ne me dis pas pourquoi ils sont ainsi tout blancs, tu n'auras rien de moi !

— Mais, c'est défendu, dit le jeune homme.

Gouanazi prit entre ses doigts les atours de la jeune fille : deux lames d'acier qui pendaient à son cou et qui lui servaient de mouchoir de poche lorsque la sueur perlait sur son front. Il joua avec un curieux objet circulaire qu'elle portait aussi à son collier, disque noir incrusté de triangles concentriques. C'est la graine d'une grosse fleur blanche qui s'épanouit sur un arbuste de la montagne, l'arbre à sucre des Bœrs, le Protea des botanistes. Comme ces incrustations ressemblent un peu aux créneaux lumineux que l'on aperçoit lorsqu'on a la migraine, cet objet est devenu la grande médecine pour les étourdissements, les vertiges des anémiques. Saboulana, sans connaître le [illegible] principe thérapeutique *similia similibus curantur*, portait toujours à son cou cette pittoresque amulette.

Elle l'arracha à Gouanazi et, s'éloignant d'un pas, avec un mouvement d'humeur, elle dit :

— Est-ce que j'irai le dire à personne ? Voyons !

Comme elle insistait, il lui dit :

— C'est le khédi !

— Mais qu'est-ce que c'est que le khédi ? Ce mot-là, je ne le connais pas.

— C'est le khédi, que veux-tu de plus?

— Si tu ne m'expliques pas ce que c'est, c'est que tu ne m'aimes pas. Eh bien ! Adieu ! Je retourne à la maison !

— Ecoute, fit Gouanazi, comme elle faisait mine de s'en aller. Le khédi, c'est de la chaux tout simplement ! C'est nous qui allons la chercher dans la montagne et ils s'en enduisent tous les jours, car ils n'osent pas se laver, ni boire, ni manger d'assaisonnement.

— Bon, dit-elle, je sais maintenant !

Et c'est ainsi qu'en révélant les mystères de l'école de la circoncision, Gouanazi obtint les faveurs de Saboulana.

Dans les grands arbres toujours verts, le vent du soir fraîchissait. Et, à ce moment même, un oiseau vint se poser sur l'un d'eux et poussa un cri étrange, moqueur : Aa-ha-ha ! faisait-il aux deux amoureux, comme en ricanant. Gouanazi se sentit soudain mal à l'aise : « J'ai dévoilé le Ngoma, » se dit-il, saisi de crainte.

— Promets-moi de ne répéter à personne ce que je t'ai raconté, dit-il à Saboulana, et surtout ne va pas expliquer à une autre femme le mot khédi. Il pourrait nous arriver malheur.

Puis il s'enfuit en courant, laissant la belle toute surprise rentrer chez elle. Il réussit à gagner sa couchette sans être aperçu. Seul, un des vieux qui avait la fièvre et ne dormait pas, l'oncle de Zidji, demanda :

— Qui va là ?

— C'est moi qui reviens de la brousse, dit Gouanazi.

Et il alla dormir.

Dans les champs moissonnés, Fazana se promenait, cueillant des petits concombres, de charmants petits concombres pointus. Les plantes qui les portent escaladent les tiges cassées de maïs et de millet, couvrant les roseaux morts et gris d'une frondaison gracieuse et d'une blanche floraison. Et, dans son panier rond et plat dit « ntéouane », Fazana, diligente, récoltait les concombres sauvages pour la sauce du soir.

Des pas se firent entendre sur le sentier bordant le champ et Saboulana parut, un fagot de bois sec sur la tête, marchant avec précaution.

C'était le lendemain du jour où son amant lui avait révélé les secrets de la circoncision et, curieuse et intrigante comme elle l'était, elle avait des démangeaisons continuelles d'aller faire part à quelqu'un de sa nouvelle et précieuse science. Tout le matin s'était passé sans qu'elle en causât, et, vraiment, il était impossible que ce silence se prolongeât !

A la vue de Fazana, elle ne put se retenir plus longtemps de parler. Posant à terre son fagot, elle lui dit :

— Le soleil se couche.

— Oui, vraiment, il se couche, répondit l'autre distraitement.

— On entend les circoncis qui rentrent de leur chasse.

— Sans doute; comme tous les jours !

— Fazana, moi, je sais ! Ce qui les rend ainsi blancs, c'est khédi ! Mais khédi c'est tout bonnement de la chaux. Ils l'appellent de la graisse de brebis. Chaque jour les garçons s'en oignent !

— Que dis-tu ? Ne sais-tu pas que de pareilles conversations sont interdites ? Il n'est pas même permis de les voir passer !

— Allons donc ! Tout cela, ce ne sont que des balivernes ; demande seulement aux hommes, chez vous, ils te diront bien que j'ai raison ! J'ai une furieuse envie de les regarder une fois de près, ces mal blanchis ; et peut-être reconnaîtrai-je Zidji ?

Elle continua sa route, toute fière d'avoir des choses si neuves, si inédites à raconter. Fazana, très impressionnée, se demandait si c'était vrai.... Ainsi cette blancheur surnaturelle ne serait due qu'à de la vulgaire chaux? Elle en aurait le cœur net le soir même.

Elle abrégea sa cueillette et rentra au village, où l'on entendait les rires rauques du sieur Ngomane. Mankélou était debout près du kraal, inspectant ses bestiaux avec deux ou trois amis et parlant avec le ton d'un connaisseur.

— Père, dit Fazana en prenant un air très innocent, est-il vrai que khédi cela veut dire chaux?

— Quoi ? Que dis-tu ? s'écria le vieux conseiller, son œil rouge s'éclairant soudain d'une flamme, tandis que ses compagnons le regardaient, abasourdis, consternés. Qui t'a dit cela ?

La jeune fille se tut, embarrassée.

— Dépêche-toi de me dire qui t'a appris ce mot-là, ajouta-t-il menaçant, d'autant plus irrité que ces deux hommes avaient entendu la question souverainement inconvenante de sa fille.

— Oh, dit-elle, c'est Saboulana qui m'a dit cela aux champs et je voulais savoir si c'est vrai.

— Saboulana ? Et qui lui a parlé de cela ?

— Je ne sais.

— Quel est son amant ?

— C'est Gouanazi, celui qui laisse pousser ses cheveux en cornes sur le front.

— Gouanazi ?... Ecoute, Fazana, tu m'as l'air d'une innocente. Je veux croire que tu l'es. De ta vie et de tes jours ne prononce plus ce mot, ne t'inquiète plus du Ngoma, sinon tu mourras. Quant à celui qui va dévoiler aux filles les expressions sacrées, gare à lui....

En disant cela, Mankélou eut l'air d'un taureau qui se prépare à fondre sur un ennemi. Il grinça des dents et, se tournant du côté de la termitière, il s'y rendit d'un pas lourd en murmurant des imprécations.

Le lendemain, à l'aube, il partit pour le camp de la circoncision. On était en train de tuer l'Eléphant. Il se mêla un instant à la danse.

Quand le cri des femmes retentit : « Nous brûlons ! », il suivit Gouanazi qui allait avec tous ses confrères bergers recevoir les marmites et il remarqua fort bien qu'il se dirigeait vers Saboulana, reconnaissable de loin à sa haute taille et à ses cheveux mal peignés. Il les vit causer un instant, puis se séparer. « Bon ! se dit-il, je les tiens ! » Puis il revint au « soungui » et alla saluer Zidji.

— Comment vas-tu, mon fils?

— Bien, père, et ce serait tout plaisir s'il n'y avait ici un persécuteur que je ne puis rosser malgré l'envie furibonde que j'en ai !

— Qui donc?

— Tu le sais, père, c'est Gouanazi ! Dès le premier jour, il se délecte à me battre, profitant de sa position de berger. Ce matin encore, durant la danse, il m'a frappé les côtes plusieurs fois, tandis que je transperçais l'Eléphant de toutes mes forces. Mais gare plus tard !

— Mon garçon, tu seras bientôt vengé. Je viens aujourd'hui à cause de lui ; il doit avoir dé[illegible]il[illegible] les secrets du Ngoma à son amante !

— Vraiment, père, à Saboulana ?

— Oui ! A-t-on remarqué son absence au camp dernièrement ?

— Pas que je sache. Seulement, avant-hier, l'oncle

m'a dit qu'il était rentré très tard ; mais l'oncle avait la fièvre et n'a pu se rendre compte d'où il venait.

— Tchigi ngoma !... entendit-on retentir soudain, et Zidji, se séparant brusquement de son père se précipita vers les tables avec un rugissement de bête féroce.

La farine non assaisonnée ne lui répugnait plus. Cette vie dure avait développé chez lui un appétit formidable. D'ailleurs il s'agissait de se bien garnir l'estomac, ce jour-là, car tout le gibier des environs avait été détruit, les vieux n'avaient plus de viande à manger et Malao avait décidé une expédition lointaine qui devait être des plus fructueuses. Il ne s'agissait de rien moins que d'entourer l'immense Mamotsuiri d'une ligne de chasseurs et de le gravir de toutes parts en refoulant le gibier vers le sommet, ainsi qu'on l'avait fait souvent à la colline du Kouédji. Pour cela, toute la population jeune et valide devait partir : nouveaux circoncis, bergers et même hommes d'âge mûr. Seuls les vieux à cheveux blancs resteraient au camp. Informés la veille de ce plan, les initiés y avaient applaudi. N'étaient-ils pas presque guéris, maintenant ? N'étaient-ils pas surtout entièrement aguerris après six semaines d'entraînement sans relâche ?... On les libéra des chants et des formules et le soleil n'était pas très haut quand les deux cent cinquante jeunes gens et hommes s'élancèrent à l'assaut du colosse.

Cinq colonnes, de près de cinquante chasseurs chacune, se divisèrent les voies d'accès. Bientôt les « hallaloo » retentissaient de toutes parts. L'un des contingents avait découvert un terrier de sanglier, aux flancs d'une vallée humide pleine d'immenses fougères arborescentes et d'épilobes violets. Les chiens avaient flairé la bête et un combat se livrait entre eux et l'animal redoutable qui en avait déjà éventré deux. « Elargissez l'ouverture, » cria le chef de troupe, et tous les circoncis de travailler autour du terrier avec leurs sagaies, leurs bâtons, leurs mains. Enfin le sanglier voulut sortir avec un grognement de rage, mais dix, vingt lances l'attendaient, et, avec des cris féroces, il fut tué.

Ceci se passait encore sur l'un des contreforts de la montagne. Bientôt les diverses bandes atteignirent le pied de la pyramide des rochers que sillonnent, de haut en bas, comme des rides longitudinales, trois ou quatre ravines creusées dans la roche friable par les ruisseaux de l'été. Dans ces parages tout en couloirs très rapides, en espaces herbeux, en parois verticales, demeure le peuple des marmottes et des lièvres de montagne. Il fallait poursuivre les marmottes dans leurs repaires, sous les blocs, dans les grottes, et, quant aux lièvres, les chasser devant soi jusqu'à ce petit cône régulier qui forme le chapeau du Mamotsuiri, et où on les tuerait le plus facilement du monde.

Tous les chasseurs s'éparpillèrent comme une ligne de tirailleurs et se mirent à gravir les couloirs. Mais nécessairement certains d'entre eux s'isolèrent de leurs camarades. Ce fut le cas de Zidji. A un moment donné, il se trouva seul, en avant, dans l'une de ces ravines précipitueuses qui montent droit vers le sommet. Le soleil était brûlant. Les rayons tombaient perpendiculairement sur les roches nues, brunies par la sécheresse de l'hiver. En arrivant dans le fond de la gorge, en pénétrant sous les arbres qui l'ombrageaient, le jeune homme poussa un soupir de surprise et de bien-être. C'était un endroit superbe.... un rêve de botaniste ! Des fougères découpées ressemblaient à des scolopendres, des orchidées dendrophiles tapissaient tous les troncs et grimpaient jusqu'aux branches d'où retombaient des lichens blancs. De grandes liliacées aux larges feuilles d'un vert brillant escaladaient les rochers moussus ; certaines d'entre elles étaient fleuries et portaient de grands pommeaux de corolles orangées, comme on en voit dans les serres. Une fraîcheur délicieuse régnait dans cet asile. Oubliant les lapins de montagne, le Ngoma, tout, Zidji, bien qu'il ne fût pas botaniste, huma l'air et s'engagea sous le feuillage. Tout au fond, entre deux pierres, il y avait une flaque d'eau. Une pluie d'hiver extraordinaire, tombée quelques jours auparavant, avait rempli ce bassin naturel. Zidji dont la gorge brûlait se précipita et but avidement. Comme il relevait la tête il aperçut au-dessus de lui, sur la roche qui surplombait le ravin, une figure humaine grimaçante avec deux cornes dirigées contre lui.

— Ah ! ah ! le petit circoncis ! Il paraît qu'on a beaucoup de goût pour le lait de chèvre ! C'est bien ! Nous t'en ferons servir une ration nouvelle ce soir !

Zidji bondit hors du ravin, grimpa comme un singe sur le rocher et, en un clin d'œil fut auprès de son ennemi. Des pensées en foule se croisaient dans son cerveau. « Le moment est venu ! Je vais me venger ! Je le précipiterai en bas la paroi de rocher. On croira qu'il a fait un faux pas ! Et je serai débarrassé de lui ! » Il allait se lancer sur lui, exécuter son sinistre dessein, quand la raison lui revint. C'est très rare qu'un noir en tue un autre de sang-froid. Il faut pour cela qu'il ait bu, qu'il soit à l'armée ou qu'il ait appris le crime dans les villes, en compagnie de brigands blancs ! Zidji s'arrêta net. D'ailleurs une idée nouvelle lui était venue et apportait le calme dans son esprit. « Le lait de chèvre ? Nous verrons bien qui de nous en boira le premier, vilain révélateur des secrets de la circoncision ! » Gouanazi pâlit autant qu'un nègre peut pâlir et il partit sans mot dire.

Cependant la chasse était superbe. De toutes parts, les lapins de montagne se levaient et couraient affolés vers le sommet. Deux antilopes brunes d'une grande espèce, celle qu'on appelle le « Nhlangou », le « reedbuck » des Africanders, bondissaient avec des sauts énormes entre les ravins et se dirigeaient, elles aussi, vers la cime. C'était aller à la mort, car la cime, ce petit cône herbeux, surplombait l'abîme du côté sud, tandis que du côté nord, la ligne des chasseurs avançait, se resserrant à chaque pas. Poussant des cris d'allégresse sauvage, ils transpercèrent gros et menu fretin et les vieux s'écriaient :

— Jamais on n'a fait une pareille hécatombe sur le Mamotsuiri !

Quand la troupe rentra au camp, au soleil couchant, chargée de quinze lièvres, d'autant de marmottes, du sanglier et des deux antilopes brunes, un réel enthousiasme éclata. Malao, flairant l'odeur de la viande, déclara qu'on faisait grâce aux circoncis de toutes les punitions arriérées et que le lendemain serait un jour de repos et de festoiements.

Durant cette mémorable journée, on avait fort discuté au camp de la circoncision. Mankélou avait fait savoir au père des initiés que les secrets avaient été dévoilés. Cette nouvelle avait produit un grand émoi parmi les vieux. Ils s'étaient rassemblés dans la Cour des formules, chacun apportant avec lui son travail commencé.... car on travaille assez activement, à l'école de la circoncision. L'un d'eux sculptait un pilon pour sa femme, le décorant à mi-hauteur de quelques triangles brûlés au feu ; un autre fabriquait de la ficelle à la mode indigène, c'est-à-dire que, ayant disposé transversalement sur sa jambe des fibres très solides d'une écorce spéciale, il les entortillai[illegible]n[illegible]mble en passant rapidement la main sur la cuisse ; un autre confectionnait l'un de ces charmants paniers coniques dont les ancêtres ont légué la forme et enseigné la fabrication à la génération actuelle. De temps en temps, quand la discussion devenait plus intéressante, ils lâchaient leur couteau, leurs fibres ou leurs bâtonnets pour mieux saisir ce qu'on disait et motiver leur avis. L'oncle de Zidji déclara qu'en effet, trois jours auparavant, Gouanazi était rentré tard. D'autres se rappelèrent qu'il n'avait pas paru au souper du soir, ce jour-là.

— Evidemment, dit Mankélou, cette bavarde de fille n'a pas pu garder pour elle plus d'un jour ce qu'il lui avait dit. Tout s'explique donc très bien.

Nul ne songea à défendre Gouanazi, lequel d'ailleurs était un étranger dont les manières effrontées ne plaisaient à personne.

Malao dit :

— Il faut lui attacher une corde au cou, lui arracher la langue et débarrasser le pays de ce mauvais sujet.

Bien qu'approuvant en principe ce jugement, les autres membres du tribunal craignaient d'en venir à une pareille extrémité : « Rappelle-toi, dirent-ils à Malao, que nous n'avons plus le droit de condamner à mort personne. Si les blancs l'apprenaient, ils ne nous pardonneraient pas, et qui sait si un traître quelconque n'irait pas nous dénoncer ! »

— C'est vrai, dit alors le père de la circoncision. Mais au moins qu'il soit puni d'importance et que ce soit une leçon inoubliable pour toute la jeunesse de l'école.

Et voilà pourquoi le lendemain de ce jour fut un jour de repos. Après la danse de l'Eléphant, toute l'école fut réunie dans la Cour des formules ; mais, au lieu de leur faire chanter une heure durant leur éternel « Matchobolo », l'oiseau de l'hiver, au lieu de leur répéter le « Manhengouane » et la glorification du Crocodile, Malao, l'air très grave, leur dit : « Asseyez-vous ! » Puis, appelant quatre bergers, il les envoya chercher Gouanazi. Celui-ci avait été lié la veille après un interrogatoire sommaire où ses dénégations mal assurées n'avaient ébranlé personne. Il arriva, le dos tout rond, le regard fuyant, ses deux cornes piteusement abaissées sur son front, et s'assit au milieu du vaste cercle.

— Regardez-le, dit Malao. Il a révélé les secrets du Ngoma à une fille. Il devrait être lié par le cou, traîné à travers tout le pays, sa langue arrachée, parce qu'elle a fait entendre aux oreilles d'une femme des mots qu'il est absolument interdit à son sexe de connaître. Périsse le misérable ! Nous avons eu pitié de lui et il a été condamné seulement à boire le lait de chèvre. Mais vous verrez comment il le boira !

Alors l'exécuteur des hautes œuvres s'approcha. Il lui plia les genoux, ramena ses talons contre son corps et lui attacha les chevilles. Puis il passa un gros bâton sous les genoux, lui prit les bras, abaissa les coudes à la hauteur des genoux, fit passer les avant-bras sous le bâton, les replia contre la poitrine. Il lia fortement les deux poignets ensemble, et lui fit dresser les doigts en vue du supplice. Ainsi ligoté, le malheureux était dans la position du jeu anglais bien connu nommé le combat de coqs (cock fighting). Si l'on tombe de côté, impossible de se relever : le bâton qui passe sous les genoux et sur les coudes, va se planter en terre et l'on demeure là, immobile, dans une attitude de parfaite incapacité.

Gouanazi avait entendu parler de cette manière de boire le lait de chèvre. Il laissa son bourreau passer trois bâtonnets de « mbouti-chèvre-feuille » entre ses doigts et le soulever six fois au-dessus de terre en broyant ses phalanges. Les larmes jaillirc ses paupières.

— Continue, dit Malao au géant.

La souffrance devint si intolérable que le malheureux se mit à pousser des cris de bête fauve, des hurlements rauques.

— Tais-toi, criait la foule, femme que tu es, divulgateur des secrets du Ngoma ! !

Enfin la nourrice qui administre le lait de chèvre le reposa à terre exténué. Il roula sur le côté, à l'immense joie des circoncis. Personne ne l'aimait. Nul ne le plaignit. Un de ses co-bergers le poussa même du pied et, pivotant sur son bâton, il fit une culbute complète et alla s'arrêter contre un des rameaux épineux de l'enceinte.

— Laissez-le, cria Malao avec une expression de dégoût.

Mais l'oncle de Zidji qui savait combien Gouanazi avait maltraité son neveu, ne put résister au plaisir de s'accorder une vengeance douce à son cœur. Il alla cueillir dans un fourré voisin une sorte de grand haricot, superbe à voir, qui croît sur une liane appelée le « mouléda ». Cette gousse est d'une belle couleur mordorée; mais ce mordoré est dû à un duvet de poils très courts qui, lorsqu'ils s'enfoncent dans la peau humaine, y causent une démangeaison insupportable, pire que celle des orties. Quand ces graines sont mûres et que leurs poils, emportés par un vent violent, se répandent par le pays, chacun va se cacher. Et avec quelles précautions on se faufile dans les taillis où croît le mouléda! Or, le vieux madré cueillit doucement la graine maligne et il vint en frotter délicatement les épaules, les côtés, les cuisses du malheureux, accroupi plus mort que vif, contre le mur d'épines.

— Voilà qui t'apprendra à vivre! lui dit-il.

Gouanazi resta jusqu'à midi exposé à l'ardeur du soleil, dans la posture ridicule d'un coq sur le flanc. Il geignait. « Je vais mourir! » disait-il. Alors Malao coupa les ficelles à ses chevilles et à ses poignets et le bâton tomba à terre de dessous ses genoux. Mais il demeura couché, incapable d'étendre ses membres courbaturés et il s'écoula un bon moment avant qu'il pût se traîner à l'ombre d'un arbre.

— Qui m'a trahi ? se disait-il. Ce doit être les gens de Mankélou, car Zidji paraissait savoir tout et m'a prédit que je boirais le lait de chèvre. Maudite Saboulana ! Engeance de femme ! Serpent ! Mais je me vengerai bien !

Et il caressait longuement ses doigts enflés, endoloris.

Cependant, la troupe des circoncis avait été lâchée pour le reste du jour et les jeunes garçons s'étaient dispersés dans le bois impénétrable dans lequel tombe la roche du Marovougne. Les uns creusaient des terriers de taupes et en poursuivaient les habitantes jusqu'en leurs dernières retraites. C'est la règle, au Ngoma, que les taupes sont la propriété de ceux qui les attrapent. Les vieux leur abandonnent cette viande-là. D'autres, Zidji en tête, s'en allèrent tuer certains petits oiseaux que l'on trouve dans le pâturage rocailleux au haut de la paroi rocheuse et que l'on appelle les « matsiyane » parce qu'ils poussent de petits cris comme qui dirait : tsi-tsi-tsi ! Cet oiseau est fort apprécié au camp de la circoncision. Le jeune garçon qui réussit à s'en procurer un a le droit de l'enfermer dans une botte d'herbe qu'il attache ensuite au moyen de liens très nombreux, avec des nœuds très savants, très compliqués, et il l'apporte aux vieux. Ceux-ci doivent dénouer ces ficelles avec leurs doigts seulement. S'ils n'y parviennent pas, c'est un bon point pour le circoncis ; il ne sera pas battu. Or, ce jour-là, ils tuèrent dix matsiyane. Malembé, Zidji, plusieurs de leurs compagnons revinrent glorieux avec leur oiseau dans sa gerbe ; mais les nœuds de Malembé n'étaient pas solides et Malao, auquel il avait remis le produit de sa chasse, envoya l'un des bergers le rouer de coups au repas du soir.

Deux jours s'écoulèrent et l'Ecole tirait à sa fin. C'est alors qu'il se passa une chose extraordinaire, inouïe dans les annales de la tribu et peu s'en fallut que le Ngoma ne sombrât dans la confusion et la honte.

Excessivement mortifié, Gouanazi cherchait dans sa tête ce qu'il pourrait bien faire pour se venger. Les marmites apportées par les femmes étaient toutes là dans la hutte des vieux, leur contenu ayant été absorbé dans le repas précédent. Il reconnut celle de Masiya, la mère de Zidji et, profitant d'un moment où personne ne le regardait, il tira son couteau et fit une profonde entaille au vase de terre cuite. Le soir on entendit l'appel coutumier : « Ha tsôô ! Nous brûlons. » Toutes les cruches vides furent alors reportées par les bergers aux femmes en échange de celles qui contenaient la pitance du soir. Quand Masiya reprit l'ustensile, elle poussa un cri : elle avait aperçu l'entaille ! Elle se rappelait, la pauvre femme, comment cette entaille de malheur lui avait annoncé la mort de son fils aîné. Et maintenant Zidji, lui aussi, n'était plus ! Etouffant ses sanglots, elle courut en hâte au village.

Au village, c'était jour de liesse. On avait reçu la visite d'un parent venant du Bilène, de la grande plaine du Bas-Limpopo d'où les Ba-Nkouna sont originaires. C'était un curieux individu, trapu, la tête large, toute ronde, grand chanteur, causeur étonnant, qui était en train de raconter les nouveaux du Bilène. Il s'appelait Pikinini, mais il s'était surnommé lui-même Fabalène, et ce nom avait une histoire. Un jour sa cervelle de philosophe avait imaginé l'aphorisme suivant : « Ba fa ba nga lele, ba lela kù endja », c'est-à-dire : « On se dit au revoir quand on part en voyage, on ne se dit pas au revoir quand on meurt. » Cette phrase plastique avait eu du succès et il en avait extrait un nom nouveau qu'il s'était orgueilleusement appliqué : Vanité d'orateur, de littérateur, que sais-je? Ce jour-là, il exposait à Mankélou et consorts les merveilles de la magie telle qu'on la pratique dans son pays.

— Nous autres, nous savons fort bien découvrir les voleurs. Nous prenons un caméléon, nous le frottons avec une certaine poudre blanche. Alors celui qui a volé, fût-il très éloigné, se sent mal. Il change de couleur comme le caméléon. Il vire le blanc, lui aussi, et s'il n'avoue pas immédiatement, c'est un homme mort! Ou bien on traite l'endroit où le vol a eu lieu avec certains charmes. Aussitôt le coupable sent ses doigts lui faire mal. Il les saisit en criant et, s'il persiste à garder le bien d'autrui, il lui sortira un sixième doigt au côté de la main!!!

Puis Pikinini, se voyant écouté, racontait les bruits qui courent au sujet des blancs au Bilène.

— Les vrais blancs, dit-on, sont des poissons. Ils mangent la chair des noirs. Quand ils nous font prisonniers, ils nous mettent dans un bateau à vapeur et nous conduisent très loin jusque dans leur pays, là où ils demeurent. Les soldats blancs seuls ont des jambes. Leurs chefs, là-bas, ont une grande queue à la place. Leur pays, c'est un rocher entouré d'eau de tous côtés. Quand arrive un convoi de noirs, les soldats l'annoncent par des coups de fusil. On choisit un de nous, on lui fait une entaille au petit doigt pour voir si la graisse suinte. S'il est assez gras, on le conduit sur le rocher, on l'étend dans une marmite rouge aussi longue que lui et on le cuit pour les seigneurs blancs. Sinon on l'enferme dans un grand panier plein d'arachides et il doit s'en nourrir tout le jour jusqu'à ce qu'il ait atteint l'embonpoint voulu....

— Pas possible, s'exclamaient les amis de Mankélou.

— C'est parfaitement certain, répliquait Pikinini. Un des nôtres, ayant eu en route une éruption de boutons qui dégoûtaient les blancs, a été rapatrié et nous a raconté tout cela.

Comme il disait ces mots, Masiya fit irruption dans le groupe sur la termitière et jeta sur les genoux de son mari la marmite de Zidji. Puis, avec un long cri funèbre, elle alla s'enfermer dans la hutte. Les hommes examinèrent l'ustensile.

— Il y a une entaille!!

— Comment! Zidji serait-il mort au camp de la circoncision?

Il alla causer un instant avec sa femme, qui sanglotait, la bouche dans ses mains, étendue dans un coin de la case.

— Ecoute, Masiya, c'est bien extraordinaire, ceci, j'ai vu le garçon avant-hier. Il était en parfaite santé. Ne dis rien. Tais-toi. Je vais de ce pas voir ce qui en est.

Il partit immédiatement, suivi de ses fidèles. L'anxiété gonflait son cœur, mais elle était toute prête à se changer en une colère terrible. Ils firent irruption dans le Ngoma.

— Où est Zidji, cria-t-il de cette voix mâle avec laquelle il avait envoyé au combat les bandes des Ba-Nkouna lors de leur dernière bataille avec les Souazis, là-bas dans la plaine.

— Me voici, père, répondit le jeune homme qui venait de rentrer de la chasse.

— Bien! Vous, Mulao, vous les vieux, venez avec moi.

Il les entraîne à part et exhiba la marmite entaillée.

— Qu'est-ce que cela veut dire? Vous vous conjurez donc contre moi et ma famille?

— Mais quoi? Nous ne savons rien de cela! C'est un accident arrivé à la marmite, sans doute!

— Comment ? un accident ! ! Est-ce qu'on ne voit pas que l'entaille est faite au couteau ? Me prenez-vous pour un nouveau-né ? Et quelqu'un aurait-il pu faire cette entaille sans votre connaissance ?

Mankélou s'irritait de plus en plus ; il se promenait d'un bout à l'autre de la cour, ses longs bras ballants, parfois brandissant son bâton, ses yeux lançant des éclairs.

— Votre Ngoma de malheur est plein de jeteurs de sorts. Il est une malédiction pour le pays. J'y vais mettre fin, vous verrez !

Et, sans rien entendre, il sortit avec ses compagnons, hors de lui, poussant des cris terribles, lançant des provocations comme en temps de guerre. Abasourdis, tous les vieux se regardaient. Le plan de Mankélou était clair. Il allait réunir tous ses gens, l'une des « portes » de la tribu, c'est-à-dire l'un des principaux clans, et mettre le feu à tout l'établissement de la circoncision. Ce terrible malheur s'était produit déjà une fois, il y avait très longtemps. Chacun savait qu'il ne se laisserait arrêter par rien, car sa colère était implacable.

Malao dit :

— Allons, vite, vous, Rinono, Chibodzé, vous qui êtes de la capitale, descendez chez le chef et dites-lui d'intervenir, sinon il y aura du sang versé !

Les deux conseillers partirent en hâte, laissant le camp dans la consternation. La danse de l'Eléphant manqua de vie, ce soir-là. Dabouka manda Mankélou la nuit même. Sombre, déterminé, celui-ci se rendit à la capitale. Il fallut toute l'autorité du chef, ses supplications même, pour détourner le général de l'armée nkouna de son dessein. Enfin il y renonça et repartit en maugréant. Mais il ne remit plus le pied au Ngoma.

VIII

LES DERNIÈRES ÉPREUVES

L'hiver sévissait, le bel hiver clair et frais du sud de l'Afrique. La nuit le thermomètre descend jusqu'à 7° au-dessus de zéro. Mais, dans les contrées du soleil, cette température-là fait frissonner blancs et noirs.

Aussi les nuits étaient-elles pénibles, au Ngoma, et l'on entendait souvent des soupirs et des dents qui claquaient dans la baraque des circoncis.

Une nuit que Zidji avait été réveillé par le froid, deux ou trois heures avant le lever du soleil, il crut ouïr un bruit de voix étouffées dans la Cour des chants et des formules.

— Allons ! Y es-tu ? disait quelqu'un.

— Non ! ne levez pas ! Vous allez me tuer !

— Eh bien, cette fois ?

— Essayez, mais allez doucement !...

Alors on entendit des : Haé, haé, haé gutturaux, comme les noirs en poussent lorsqu'ils portent ensemble un fardeau très lourd. Evidemment on accomplissait une manœuvre très compliquée dans la cour. Qu'est-ce que cela pouvait bien être ?

Au bout d'un instant, les bergers firent irruption dans la baraque et, bien qu'il fût encore très tôt, qu'il fît extrêmement froid, ils réveillèrent les circoncis à coups de verges et leur dirent : Attention ! venez saluer le grand-père !

On les conduisit à la file indienne tout autour de la cour et, lorsqu'ils eurent fait le cercle, ils reçurent l'ordre de s'étendre sur leur dos avec la tête regardant vers le centre.

— Et maintenant, criez : Bonjour, grand-père ! Bonjour, grand-père !

Tous d'obéir, et les « Bonjour grand-père ! » de retentir de toutes parts.

Alors une voix qui paraissait venir des nuages répondit :

— Salut, mes petits enfants !

Ils élevèrent les yeux et virent un très long objet blanc dressé au milieu de la cour, une manière de géant dont ils apercevaient très haut la ceinture de queues et une barbe blanche au sommet. C'était le « moulagarou ».

Le moulagarou est une immense perche que l'on apporte en grand secret au camp de la circoncision lorsque l'école est près de sa fin. Pendant la nuit, vieux et bergers creusent pour elle un trou profond au centre de la cour, un gaillard déterminé s'accroche à son extrémité, et on dresse perche et gaillard, ce dernier caché dans une forêt de poils blancs qui représentent la barbe de l'ancêtre. Tous les matins jusqu'à la conclusion du Ngoma, ce manège sera recommencé. Les circoncis auront même le droit de présenter leurs plaintes au grand-père : « Nous mourons de froid ici, sur notre dos, car l'hiver nous tue. Permets-nous de retourner chez nous et d'aller revoir la mère, au village ! »

Que signifie ce rite étrange ? Pour les circoncis il veut dire que le temps des épreuves arrive à son terme ; aussi le moulagarou est-il accueilli avec enthousiasme, encore qu'il expose les initiés à des souffrances nouvelles, celles du froid, considérées comme les plus difficiles à supporter. Mais le philosophe qui cherche dans les coutumes des peuples enfants les idées à la fois inconscientes et profondes qui ont donné naissance aux rites, ne saurait se contenter de l'explication courante. Evidemment cette cérémonie représente l'admission des circoncis à la vie commune de la tribu. Ils communient en un sens avec l'ancêtre qui leur répond du haut de la perche dans l'obscurité mystérieuse du matin. Ils vont devenir, par la souffrance et dans l'humilité, les membres nouveaux de la collectivité.

Ce jour-là s'appelle aussi le « jour du retournement » (kou houndjoulela). Lorsque, transis par leur sieste prolongée sur le dos, les circoncis vinrent transpercer l'Éléphant, Malembé qui les conduisait s'assit au coin du feu de manière à chauffer sa jambe droite, au lieu de la gauche et ses camarades en firent autant. Il en fut ainsi tous les jours et jusqu'à la fin. L'Ecole est mûre. Il reste trois cérémonies à accomplir avant la destruction du Ngoma.

La première, c'est *l'administration de la médecine purificatrice.* Le « Manyabé » est mandé au camp. Ce grand personnage possède les recettes pour la composition de tous les charmes de la tribu : il se fait préparer de la bière en quantité. Il y verse une poudre mystérieuse, celle qui enlève les souillures, qui prévient les malheurs, qui chasse la mort, et les circoncis en boivent une gorgée à leur repas du matin. C'est la première fois depuis trois mois qu'ils avalent un liquide en bonne conscience !

La seconde cérémonie, c'est la *perception de l'impôt sur la circoncision,* car ce n'est pas assez que tant de coups et de mauvais traitements aient été infligés aux initiés : il faut encore payer pour les avoir reçus ! La finance exigée de chaque circoncis actuellement, c'est cinq shellings. Autrefois c'était une pioche par tête ou par deux têtes, à supposer que ce fussent celles de deux frères. On peut aussi acquitter cette dette au moyen d'une chèvre. A qui va cet argent ? Au chef, car cette école est celle du chef. Il remettra dix shellings au « père de la circoncision », dix autres à la « mère », deux livres sterling au Manyabé qui, par ses charmes souverains, a empêché les mauvais sorts de franchir la barrière de la Cour des mystères. Le reste est pour lui et cela fera une somme rondelette. Cent circoncis rapportent vingt-cinq livres sterling. Sur ce total, le chef en gardera au moins vingt pour lui; et voilà sans doute pourquoi Daboukà, devenu chrétien, ne se hâte pas de supprimer l'école de la circoncision. Il y met à peine les pieds lui-même; il laisse à Malao toute la direction des opérations, mais ne voit pas d'objection à percevoir cet impôt.

La troisième et la plus curieuse de ces cérémonies de clôture, c'est la *grande danse des Mayiwayiwana*, la danse des masques. Elle est préparée longuement des deux côtés à la fois, soit dans les villages, soit au camp, car elle est le prélude du retour des initiés à la vie ordinaire du kraal.

Dans les villages, les femmes ont reçu l'ordre de brasser une quantité de bière. C'est un ouvrage énorme qui dure neuf jours. Il s'agit de préparer d'abord le levain avec du millet trempé. Cela prend quatre à cinq jours. Puis les pilons écrasent des quantités de maïs; on fait de la farine qu'on mélangera avec le levain et qu'on cuira deux fois dans de l'eau. On passera la bière ainsi obtenue à travers des filtres de feuilles de palmiers. Quatre autres jours de travail opiniâtre y seront consacrés.

Tandis que les pilons frappaient dans les mortiers de bois, au camp aussi l'on travaillait ferme. Durant la nuit, les bergers avaient été couper des branches de palmiers-dattiers avec lesquels on fabrique les masques de Mayiwayiwana. Ces masques sont énormes. C'est une sorte de casque et d'armure tout à la fois, qui se prolonge en avant du visage en forme de bec d'oiseau et qui repose sur les épaules et même sur les reins, laissant en avant de la figure des trous par lesquels les yeux voient. Cet engin très lourd, nommé « gondjolo », est d'ailleurs fort habilement tressé. En outre, les membres sont tous couverts de cylindres allongés, brassières et jambières de paille qui se rejoignent aux articulations, et une petite jupe d'herbe ajoute à l'effet de ce costume jaunâtre qui brille au soleil.... L'œuvre des tailleurs étant complétée, on passa à celle des poètes ! Il s'agissait maintenant d'enseigner aux circoncis le chant de la grande journée qui s'approchait, afin qu'ils fissent preuve de vaillance et l'exécutassent à la perfection devant le public qui les contemplerait.

Tout étant dûment préparé des deux côtés, les marmites de bière affluèrent au camp. Un endroit plat à proximité des villages fut choisi, les marmites déposées là et la troupe des circoncis, dans ses atours de Mayiwayiwana, fut conduite par les vieux et par les bergers en bon ordre jusqu'au bout de la place. A l'autre extrémité, on voyait les femmes arriver, très curieuses, très causantes, passablement craintives. « Ah ! on les verra aujourd'hui, disaient-elles. Réussirons-nous à les reconnaître ? »

Quand toute la foule fut réunie, la danse commença. Les bergers s'élancèrent dans le cercle, et, avec les gestes lourds des bras et des jambes qui caractérisent la chorégraphie indigène, sorte de balancement lent, ils chantaient :

Il va danser, le petit circoncis, car il a épuisé les greniers de sa mère.

Alors les deux premiers masques furent introduits dans l'espace circulaire. Ils durent donner le spectacle de leur force en se balançant, puis en sautant, en bondissant, tandis que la foule les encourageait en chantant sur un air semblable au précédent :

Attache le vêtement de dattier, Mayiwayiwana !
Les voilà qui viennent, les crabes, les crabes de la circoncision !

Quand l'un des danseurs avait fait un bond surprenant, extraordinaire, les acclamations partaient des rangs des spectateurs. Et les femmes de crier : « Débarrasse-toi un peu de ce qui te cache, que l'on te voie ! » Mais c'était justement là le piquant de la situation. La danse des Mayiwayiwana est purement impersonnelle. Les circoncis sont encore à l'état d'interdit chez les femmes. Celles-ci ne doivent pas savoir qui est là et qui n'y est pas. Des initiés sont-ils morts durant le service ? Cela ne les regarde pas. Il dansera autant de masques qu'il est entré de garçons à l'école et, pour remplacer ceux qui ont succombé à la morsure du Crocodile, on introduira un ou deux bergers ou bien l'un des plus vigoureux dansera deux fois.

Cependant, lorsque trois ou quatre paires eurent passé par l'épreuve de la danse, il en arriva une nouvelle composée de deux tout petits garçons. Ils firent de leur mieux pour sauter, mais on voyait qu'ils craignaient beaucoup. A l'un d'eux, les jambières se détachèrent ; le casque oscilla et risqua de tomber. Aussitôt des bergers se jetèrent sur lui, le précipitèrent sur le sol et le couvrirent de branches.

— Eh ! ils tombent, dirent les femmes. Ce ne sont pas des hommes, ce sont des petits garçons !

— Taisez-vous, répondaient les vieux. Ils ne sont pas tombés. Le circoncis ne tombe plus. S'il tombe, il meurt !

Deux autres entrèrent dans la lice. Ils étaient de taille courte, eux aussi. L'un des deux semblait presque paralysé. Au grand étonnement de tout le monde, au lieu de danser, il se mit à aboyer comme un chien, et il allait de ci de là, furetant partout.

— Allons, danse, petit circoncis, criait la foule.

BIBLIOTHÈQUE NATIONALE R.F.

Alors il s'élança, mais embarrassé dans tous ces anneaux et par ce lourd casque, il vacilla et tomba de côté. Un cri d'épouvante retentit.

— Oui, il est tombé, dit Malao au milieu du silence qui s'était fait. Il mourra donc. Venez demain à cette place et vous y verrez du sang!

Gofana restait immobile. Un tas de branches le recouvrit.

Deux nouveaux danseurs apparurent. C'était Malembé et Zidji. Ils évoluèrent d'abord lentement, puis peu à peu ils s'excitèrent. Les félicitations éclataient de toutes parts. Grisés par leur succès, ils faisaient des bonds phénoménaux.... des surhommes, vraiment, dans leur cuirasse brillante. Les femmes poussaient de petits cris de terreur. Malao était fier : « Voilà, se disait-il, des élèves qui me font honneur ! » Et quand ils rentrèrent dans les rangs de leurs camarades et que, ruisselants de sueur, ils eurent ôté leur masque, on leur apporta une cruche de bière.

Lorsque tous les circoncis se furent exécutés, les femmes crièrent : « Allons, montrez-vous ! Qui êtes-vous? » Un des bergers s'en fut alors parmi elles, prit un tout petit enfant sur le dos de sa mère : le petit enfant est innocent, il peut tout voir. Puis il revint auprès des initiés en le portant sur ses bras. Le petit, tout joyeux d'entendre et de voir tant de choses nouvelles, partait en clairs éclats de rire et se laissa faire de la meilleure grâce du monde. Il pénétra au milieu de la troupe et là, les jeunes gens, ôtant leurs masques, lui sourirent et quelques-uns le prirent dans leurs bras.

Cependant Gofana ne fut pas tué. Mais un des bergers partit en toute hâte pour le pays voisin, pour Thabina, et alla acheter une poule dans un village éloigné. Elle fut occise durant la nuit et son sang répandu sur les branches d'où le petit avait été exhumé plus mort que vif. Le lendemain, les femmes qui vinrent examiner les lieux virent les taches rouges et dirent :

— C'est vrai ! Les circoncis ne peuvent tomber. S'ils tombent, ils meurent !

Lorsque les masques furent rentrés au camp, le soir, Malau leur dit :

— L'école de la circoncision est mûre. Dès aujourd'hui, vous avez le droit de boire de l'eau et vous allez rentrer dans vos foyers. Il ne reste plus que cinq jours.

Et, en effet, la veille de ce cinquième et dernier jour, les Hommes-Lions et le Grand-Médecin de la circoncision étaient réunis dans la Cour des mystères. Ils allaient préparer en secret la suprême et dernière purification, la purification par le feu.

Une partie de chasse fut organisée afin d'éloigner les circoncis pendant toute la journée. Les médecins ramassèrent alors tout ce qu'ils purent trouver des restes de leur opération symbolique, sur la place du Crocodile, entre les huit pierres. Le « Manyabé » en fit une poudre noire dont il enduisit la grande perche. Quand la troupe blanche revint le soir, le camp avait subi une grande transformation : les costumes des Mayiwayiwana, les nattes, tous les objets d'une certaine grandeur avaient été jetés pêle-mêle sur le toit des baraques. Le tas d'ordures où l'on jette chaque jour les miettes du repas avait été désinfecté, dispersé dans toutes les directions et recouvert de terre. Après le repas habituel du soir, on alla transpercer l'Éléphant comme de coutume. Une heure se passa. Les circoncis, fatigués par leur journée de chasse, montraient des signes de lassitude. Mais la danse continuait, les semelles de fer frappant le sol plus vigoureusement que jamais. Un des jeunes garçons cessa de gesticuler, vaincu par la fatigue. Un coup de verge le réveilla.

— Allons ! pas de sommeil aujourd'hui. Vous ne dormirez pas de toute la nuit. Veillez ! C'est le dernier jour. Montrez votre vaillance jusqu'au matin.

« Eléphant, tais-toi ! Eléphant, tais-toi ! » disaient-ils en brandissant leurs bâtons, menaçants. Et les vieux et les bergers, profitant de la dernière occasion de frapper des dos nus impunément, chantaient à tue-tête leur sauvage mélopée : « La vache noire rue ! Elle donne des coups de pieds et renverse le bol de lait des babouins ! Gare, petit circoncis ! Ne va pas dévoiler le Ngoma ! »

Puis, comme décidément les pauvres garçons n'en pouvaient plus, — il était près de minuit, — Malao cria :

— Sur vos pieds ! Allez dans la Cour des formules !

Tous s'y rendirent et répétèrent longtemps les paroles accoutumées. Aucun effort intellectuel n'était plus nécessaire pour redire par cœur la leçon que trois mois de pratique journalière avaient gravée pour jamais dans leur mémoire. Machinalement, ils redisaient :

Manengouana, bentsha tirula, foula ngoma...,

— Le sommeil, dit le père des circoncis, c'est un ennemi qu'il faut vaincre ! Son nom c'est le Lion, le Lion qui vient se poster derrière la termitière du village et qui guette les enfants pour s'emparer d'eux. Aujourd'hui, soyez des hommes et remportez la victoire sur le sommeil ! Retournez à l'Eléphant.

Encouragés par ces exhortations, sentant qu'il s'agissait d'une dernière épreuve, d'une suprême veillée d'armes, ils s'accroupirent de nouveau auprès des charbons, y chauffant leur hanche droite, et jouèrent avec un zèle nouveau leur puérile comédie.

Cependant le jour commençait à poindre. Une légère lueur paraissait là-bas à l'est. Dans la plaine plongée dans l'ombre se dessinait plus clairement la silhouette du Kadjaléra, la montagne en forme de sphinx qui s'élève toute seule, avant-mont isolé du Drakensberg. Avec quelle impatience le soleil fut attendu, ce jour-là !

Il parut ! Car quelles que soient la longueur et l'obscurité de nos nuits, il revient toujours, le soleil impassible. Alors tous les habitants de la Cour des mystères furent réunis, les circoncis placés au milieu, les bergers et les vieux les entourant de tous côtés.

— Attention ! Vous aurez à courir droit devant vous jusqu'au petit bois au bord de l'étang et surtout que pas un de vous ne s'avise de regarder derrière soi. Si vous le faites, sachez que vos yeux seront transpercés par ce que vous verrez et que vous en perdrez la vue à tout jamais !

Et alors s'accomplit l'exode des circoncis hors des épreuves, vers la vie nouvelle.

Derrière eux, les médecins mirent le feu au camp de la circoncision. Une flamme s'éleva de la baraque des vieux, une autre de celle des circoncis et, dans cette conflagration, la perche moulagarou avec sa poudre symbolique brûla aussi. Tout le passé, l'enfance niaise, l'innocence bête, la faiblesse et l'ignorance du premier âge, tout cela était devenu la proie des flammes et, à travers le feu purificateur, le jeune garçon s'était évadé. Il entrait maintenant dans la virilité et la sagesse. Il devenait un homme.

Ainsi, sans rien regretter du passé misérable, sans regarder en arrière, les initiés arrivèrent au bois. Ils en firent le tour plusieurs fois en courant; puis les bergers les dirigèrent vers l'étang et les y firent entrer : « Lavez-vous, dirent-ils. Enlevez la chaux qui vous recouvre. » Durant trois mois, ils ne s'étaient pas baignés une seule fois. Aussi l'eau leur parut excessivement froide. Mais leurs surveillants entouraient le petit lac et les empêchaient d'en sortir. Ils tremblaient de froid, les petits.

— Sortez, leur dit-on enfin.... et ils allèrent s'établir au bord du bois.

— Bien, dit Malao. Vous n'êtes plus des candidats à la virilité, vous êtes des hommes, maintenant ! Venez qu'on vous fasse beaux, et ne regardez plus du côté du camp !

Leurs corps furent alors frottés avec de la vraie graisse — non plus celle de brebis.... Leurs membres luisants de la tête aux pieds, furent enduits de la belle terre d'ocre qu'on trouve sur le coteau voisin. Puis les vieux les tondirent au rasoir, de manière à enlever les cheveux à certains endroits seulement, sur deux ou trois lignes au-dessus des oreilles, sur les tempes. Un bout d'étoffe leur fut donné à chacun pour s'entourer les reins et ils se regardèrent les uns les autres avec satisfaction. Ils étaient beaux, beaux de cette beauté qu'apprécient les noirs. Le régime de l'école de la circoncision avait engraissé démesurément ceux qu'il n'avait pas tués et, vraiment, durant ces trois mois, ils avaient énormément changé.

La toilette terminée, Malao prononça son dernier grand discours :

— Vous êtes des hommes désormais, vous n'êtes plus des enfants. Soyez courageux ! Quand le chef vous appellera aux armes, soyez prêts ; défendez-le. N'êtes-vous pas ses guerriers ? C'est à vous aussi à faire son travail, à bâtir ses maisons, à couper ses perches. Apprenez aussi à bien vous conduire. Vous n'êtes plus des « choubourou ». Il n'est plus de votre dignité de voler du maïs dans les champs, ou de déterrer les patates des gens. De plus, sachez que dès aujourd'hui les chants que vous avez appris sont interdits pour quatre ans. On ne doit plus parler de tout cela. Le Ngoma est fermé. Les formules sont sacrées et doivent demeurer secrètes. Quiconque les révélerait à âme qui vive serait conduit au chef, la corde au cou, et étranglé pour qu'il ne puisse plus dire ce qui est interdit (lesi yilaka) !

Un bruit de voix se fit entendre : « Ha tsôô ! » Vite les circoncis se cachèrent dans le bois. C'étaient les femmes qui apportaient la nourriture du jour. On leur avait dit : « Allez déposer vos marmites près du bois. Ne grimpez plus au camp. » Les bergers reçurent de leurs mains les marmites pleines, mais sans ajouter un seul mot d'insulte. Le temps des propos licencieux avait passé. On était revenu à la morale ordinaire.

A leur immense satisfaction, les initiés mangèrent dans la marmite la polenta bien assaisonnée.

Et maintenant, disposés en file indienne, les jeunes gens se dirigèrent vers la capitale pour être réintégrés dans la vie civile. Un des vieux marchait en tête du cortège. Toutes les filles du pays les attendaient chez le chef. Il était tard déjà. L'entrée fut solennelle. D'un bout à l'autre de la place, depuis la porte du village, en passant sous l'immense figuier, jusqu'à la maison du chef, le sol était couvert de nattes ajoutées bout à bout qui faisaient une voie vraiment royale. Marchant très lentement, un long bâton crochu à leurs mains, le dos courbé vers la terre, cachant leur visage pour n'être pas reconnus, les initiés, tout brillants d'ocre, mettaient leurs pieds l'un après l'autre sur la première natte. Ils imitaient la démarche du caméléon : repliant une jambe, l'étendant par saccades jusqu'à ce qu'elle fût parvenue à la natte, puis immédiatement repliant l'autre et accomplissant le même manège. Le cortège avançait très lentement et, tout le temps, les jeunes filles excessivement intéressées chantaient le refrain de Mayiwayiwana :

Ils se dandinent, les petits circoncis ; ils ont vidé le grenier de leur mère !

— Regarde, disait Saboulana à Fazana en montrant l'un des garçons, je crois bien que je le reconnais....

Et c'était une scène à voir, sur ces nattes jaunes resplendissantes, que ce défilé lent, solennel, silencieux, d'Hommes-Caméléons sous le grand arbre toujours vert. Les pieds des purifiés ne devaient plus être souillés par la poussière des chemins.

Ils allèrent dormir dans les huttes du chef, cette nuit-là; l'homme appartient à la tribu avant d'appartenir à son propre village. Bien qu'ils fussent empilés les uns sur les autres, ils goûtèrent un repos bien mérité, car ils étaient harassés. D'ailleurs il fallait se préparer aux émotions de la fête du lendemain.

A l'aube, de partout, on afflua à la capitale, les femmes surtout. Bientôt, sous l'arbre au tronc jaune, toute la tribu était réunie. C'était une foule causante, bruyante, contente, les femmes accroupies à la périphérie, des colliers de perles au cou, de lourds bracelets de laiton aux chevilles et aux poignets. Beaucoup d'entre elles étaient ocrées et portaient un nourrisson sur leurs épaules, dans une peau d'antilope.

Les nattes furent étendues de nouveau pour la procession et bientôt le cortège des circoncis parut, descendant de la maison du chef sur la grande place. Quelques bergers étaient occupés à ramasser les nattes derrière afin de les replacer devant.

Il se dandine, le petit circoncis,

chantaient les femmes en frappant des mains et en regardant toutes ces formes brunes, brillantes d'ocre, s'avançant lentement, courbées vers le sol, imitant le caméléon : des hommes réfléchis et non plus des enfants. Et des exclamations s'élevaient de toutes parts, du sein de la masse grouillante des femmes et des enfants, chacun s'efforçant de découvrir qui son fils, qui son frère, qui son petit-fils.

Lorsque le cortège eut fait plusieurs fois le tour de la place, les hommes assis au pied du figuier s'écartèrent et, les nattes ayant été étalées en cet endroit, les circoncis vinrent s'y asseoir, la tête toujours penchée vers le sol. Ils attendaient, leurs bâtons crochus en main.... Le moment psychologique était venu. Chaque mère, chaque sœur, chaque aïeule devait venir reconnaître son parent et apprendre de lui son nouveau nom en lui remettant un présent : de préférence quelques bracelets de crin entourés de fil de fer très fin, comme les Malemba ont enseigné aux gens du pays à en fabriquer, ou bien un shelling ou tel autre objet précieux. Les hommes, faisant face aux initiés de l'autre côté de la place, prenaient un intérêt extrême à cette série de reconnaissances, car il arrive souvent que les femmes, trompées par l'embonpoint extraordinaire des circoncis, tombent à faux. Alors ce sont des explosions de rires et de moqueries.

Masiya et Fazana s'approchaient, un peu émues, se courbant très bas pour dévisager l'un après l'autre tous les garçons. Elles arrivèrent auprès de Zidji. Alors Masiya s'agenouilla devant lui, l'embrassa sur la joue et lui tendit deux bracelets. Il prit son bâton, le lui posa délicatement sur le dos et dit :

— Machão !

Fazana vint ensuite et fit comme sa mère ; mais, en lui criant son nouveau nom, Zidji lui administra un bon coup de bâton et il ajouta :

— Ma sœur, prends garde de ne plus m'appeler jamais incirconcis.

Ce coup asséné, c'est la règle. Mais, pour les mères et les grand'mères, on l'adoucit en caresse. Alors toutes deux se retirèrent et se mirent à danser devant Zidji, à chanter ses louanges en disant :

Oh ! notre fils ! fils de grâce ! fils de grande famille !

Et elles émaillaient leur chant de cris particuliers, cris qu'on ne pousse que dans les grandes souffrances ou au sein de l'allégresse et qui se nomment les « mékouloungouana ». C'est une sorte de trémolo perçant produit au moyen de la langue qui, en se mouvant très rapidement d'une joue à l'autre, module le son de cette étrange façon. Et l'on voyait, tout autour du grand figuier, des mères, de vieilles grand'mères même, danser ainsi, glorifier leur rejeton devenu homme et se laisser battre par lui !

Plus d'un, parmi les vieux surveillants, suivait curieusement des yeux la mère de Gofana. Celle-ci reconnut son fils, le baisa, s'agenouilla sans qu'il bougeât. Puis, comme elle lui tendait les bracelets, il sauta sur ses jambes, se mit à aboyer et voulut mordre l'auteur de ses jours en criant : « Nouambyana, fils du chien ! » Un rassemblement se produisit aussitôt. La mère effrayée n'osait pas danser et le glorifier comme les autres femmes en disant :

Fils de grâce ! Fils de grande famille !

Malao, qui se trouvait là, allongea une taloche à Gofana et lui dit :

— Tais-toi !

Il lui parlait vraiment comme à un chien. Comme d'autres hommes exprimaient leur étonnement à la conduite étrange de ce garçon, le père des circoncis leur dit :

— Il a voulu s'enfuir. C'est sa punition. Il n'est plus un homme ; il est fou.

Plus loin, on voyait une autre femme circuler parmi les groupes, examiner tous les visages avec une expression d'intense découragement. Une lueur d'espoir brillait cependant encore dans ses yeux noirs qui avaient beaucoup pleuré. C'était la mère de Latane. Elle se berçait encore un peu de l'illusion qu'elle retrouverait son petit parmi ses camarades. Enfin Marema, son frère, vint lui dire :

— Va-t'en donc à la maison ! Ne vois-tu pas qu'il n'est pas là. Tu sais bien qu'il n'est plus !

Alors, la pauvre créature toute défaillante, statue de la douleur, s'éloigna lentement par le sentier, la poitrine soulevée par des gémissements qu'elle n'osait laisser entendre. Puis, lorsqu'elle eut passé le ruisseau, le petit bois de térébinthes et fut arrivée dans les champs solitaires, s'étendant à perte de vue, elle poussa des cris sauvages et déchirants. Nul écho n'y répondit. Nulle oreille ne les ouït....

O terre d'Afrique, que de larmes t'ont abreuvée déjà ! Et la terre d'Afrique but ces larmes comme elle a bu déjà les larmes de milliers de mères. Et la terre d'Afrique resta sèche, plus sèche que jamais !

Dans les marmites de fonte de la capitale, la viande cuisait. Et une odeur de réjouissance s'élevait de tous les feux et caressait toutes les narines. Dabouka avait tué un bœuf. Il y avait de quoi régaler tout le pays. Et quelques vieux, ayant accroché des morceaux de tripes en contrebande, les faisaient frire sur des charbons avec une expression béate. On fit bombance pour célébrer le retour des initiés au milieu des leurs. Les cœurs étaient tout à la joie.

La fête continua durant les huit jours qui suivirent. Tous les grands villages, ceux des conseillers, ceux des parents du chef, se disputaient l'honneur de recevoir les nouveaux circoncis. Partout ils exécutaient sur des nattes propres la danse ou le défilé des caméléons. Et partout on les régalait de viande. Le soir, ils revenaient à la capitale où leurs mères apportaient leur nourriture. Le matin, ils sortaient en troupe pour aller se laver et s'enduire d'une couche nouvelle d'ocre.

Quelques épreuves leur furent encore proposées durant cette dernière semaine, entre autres celle de la corde tendue à une hauteur considérable et par-dessus laquelle il faut sauter. Et si l'un d'eux n'y réussissait pas, l'un des vieux, tout vieux, leur disait : « Imbéciles ! Voyez comme on fait ! » Il prenait son élan, les deux compères tenant les bouts de la ficelle l'abaissaient soudain et, avec un petit saut, le vieillard dépassait la corde sans la toucher. Alors toute l'assemblée de rire, de rire ! ! Ou bien, c'était l'épreuve du lion. Deux individus à la forte poitrine et qui savaient imiter le roi des animaux à la perfection étaient envoyés des deux côtés d'une vallée. Lorsqu'un rugissement éclatait, toute la bande des initiés était expédiée à la recherche du lion. Mais, tandis qu'ils battaient les buissons, un autre rugissement partait de l'autre côté du ravin. Tous se précipitaient dans cette direction et ainsi de suite, jusqu'à ce qu'ils revinssent exténués. Ou bien encore, c'était l'épreuve du « billon » dans l'étang. Quelques jours auparavant, les bergers avaient coupé le tronc d'un arbre nommé « mousendjé » et l'avaient jeté dans le petit lac formé par le Moudi. Or, les fibres de ce mousendjé ont la propriété de se gonfler dans l'eau et le tronc double sa taille et quadruple son poids. Il s'agissait de le sortir de l'étang. Quels efforts et quels rires ! Car ces dernières épreuves ne sont pas sérieuses, comme celles de la Cour des mystères !

Enfin le jour de la dernière cérémonie arriva. Après s'être promenés à sa guise par tout le pays, la troupe des circoncis fut convoquée un certain matin à la capitale, et, officiellement, l'ocre qui les recouvrait fut solennellement lavée. C'était fini. Malembé retourna chez Dabouka, Zidji chez Mankélou.

Lorsqu'il rentra au village de son père, Zidji avait la tête haute. Chacun s'empressa à sa rencontre et Fazana le contempla avec un regard de fierté. Lui sentait son cœur se gonfler d'orgueil dans sa poitrine. Il était un homme vraiment, et, devant lui, la vie s'ouvrait lumineuse et pleine de promesses. Certes il serait digne de son père, digne de son chef. Et, pour un instant, se rappelant l'Étoile du matin qu'il avait vue, cette certaine nuit, globe d'or suspendu au-dessus du Kadjalèra, il songea qu'elle avait dit vrai. Oui, le jour pointait et le soleil allait paraître pour lui. Mais, comme il s'avançait heureux vers le kraal afin d'examiner le troupeau et surtout les deux veaux nés pendant son absence, il aperçut Ngomane, rieur comme d'habitude, un peu intimidé par ce grand frère qui avait tant grossi. Chez ce gamin incorrigible, la gouaillerie ne tarda pas à l'emporter sur la timidité et, avec sa grosse voix enrouée, il dit à Zidji :

— Hé ! Qu'as-tu donc mangé tout ce temps pour être devenu si gras ?

— Choubourou ! répondit Zidji avec une moue de dédain et en lui allongeant une tape avec son bâton.

A L'ÉCOLE DE LA STATION

I

POINT DE BŒUFS, POINT DE FEMME!

L'année qui suivit le retour de Zidji au village fut une année de réjouissances chez Mankélou.

Fazana, la jolie Fazana avait grandi.

Un beau jour, deux jeunes gens débouchèrent sur la place du village revêtus de leurs plus beaux atours. L'un d'eux s'appelait Vondo. Il portait sur ses épaules une superbe peau de léopard. Son compagnon, moins grand, moins beau, le suivait de près. Un homme d'âge mûr les accompagnait. Ils venaient s'informer s'il y avait « de l'eau » chez Mankélou. C'est une manière polie de s'enquérir s'il y a des filles à marier. La discussion s'établit aussitôt par l'intermédiaire de l'homme âgé qui était le porte-parole attitré des jeunes gens. Comme on se convenait de part et d'autre, comme les familles se connaissaient et s'estimaient réciproquement, les fiançailles se conclurent facilement. Le prix du douaire, du « lobola » comme on dit au Sud de l'Afrique, fut fixé à quinze bœufs. Le père de Vondo eut quelque peine à les réunir; comme Mankélou refusait absolument de livrer la jeune fille avant la remise totale, les affaires traînèrent un peu en longueur. Néanmoins ce fut une période des plus joyeuses. Zidji s'amusa énormément cette année-là.

Pour lui, du reste, le mariage de sa sœur avait une importance toute spéciale. Les quinze bœufs de Vondo lui serviraient à acheter sa femme à lui ; car dans l'intention du législateur anonyme qui a établi ces règles, le douaire n'est pas donné au père ; il n'est point une propriété dont il puisse disposer à son gré ; il est payé à la famille entière et doit être employé pour acquérir une épouse pour l'un des fils.

Mais un malheur épouvantable, l'un des plus graves qu'un noir puisse imaginer, tomba sur le village de Mankélou. Peu après son mariage Fazana fut prise de maux de tête violents. D'abord on crut à un accès de fièvre ordinaire, mais elle perdit bientôt conscience et mourut sans doute d'une intoxication malarienne du cerveau. Cet événement absolument inattendu bouleversa tout le monde. Une catastrophe pareille devait avoir une cause. On recourut au jeteur d'osselets et celui-ci déclara que la mort était le résultat d'un sort jeté. Mais qui avait ensorcelé Fazana ? C'était la question capitale. Si c'était le mari ou un parent du mari, la faute du décès retombait sur sa famille ; il n'avait dorénavant pas le droit de réclamer les bœufs du douaire. Par contre, si le coupable était un parent de la défunte ou un étranger, les bœufs devaient être restitués au veuf. Or les osselets désignèrent Gouanazi, l'ennemi de Zidji, et l'ordalie qui suivit, c'est-à-dire l'administration du philtre enchanté confirma les révélations du devin : Gouanazi, ayant bu cette mystérieuse boisson fut pris de l'ivresse caractéristique des jeteurs de sorts. La preuve était faite désormais : c'est lui qui avait « mangé Fazana ». Criminel à ce point, il eût été pendu ou assommé si l'on avait encore osé appliquer la règle du tribunal noir dans un pays soumis aux blancs, il profita du désarroi pour filer à travers la brousse et se réfugier en ville, où il alla prendre du service. D'autre part Vondo et son père, forts du résultat du procès de sorcellerie, vinrent un beau matin chez Mankélou et, après un long préambule un peu embarrassé, le vieux lui dit :

— Mon ami ! un grand malheur t'a frappé ! Notre épouse est morte, morte sans laisser d'enfants. As-tu une autre femme à donner à notre fils pour relever sa hutte en ruine ?

— Non, dit-il. Elle était la seule fille à marier au village.

— Alors il faudra que nous reprenions nos bœufs ?

— Très bien, dit Mankélou, en baissant les yeux. Ils sont dans le kraal. Prenez-les tout de suite. Hé ! Zidji !

Zidji accourut.

— Va avec ces hommes et choisis leurs bœufs dans le troupeau.

Ce fut durant un quart d'heure une série de savantes manœuvres pour faire sortir par la porte de l'enclos les quinze bêtes du douaire et retenir les cinq ou six qui devaient rester. Enfin le triage fut accompli.

— Restez ! Adieu, dirent les deux hommes.

— Partez ! C'est bien, répondirent Mankélou et Zidji.

Et les visiteurs chassant les bestiaux devant eux s'engagèrent dans le chemin de la brousse....

Longtemps Mankélou et son fils restèrent debout, le premier, sa grande taille plus voûtée qu'à l'ordinaire, le second campé très droit sur ses jambes, regardant tous deux le sentier, écoutant les mugissements tristes des bœufs qui s'éloignaient. Plongés dans leurs réflexions, ils tendaient l'oreille encore.... Enfin le bruit se tut.... Mankélou regarda son fils et, d'une voix presque affectueuse, il dit :

— Voilà tes bœufs partis, mon pauvre garçon. C'est un grand malheur pour toi.

Soudain Zidji comprit. Jusqu'ici la pensée de son avenir ne l'avait guère troublé. Il vivait comme un enfant, au jour le jour; mais à la vue de ce troupeau qui partait pour ne plus revenir, à l'ouïe de la réflexion paternelle, une épée lui transperça l'âme. Fazana était morte, morte dans les plus tristes circonstances, morte pour ainsi dire sans compensation, puisqu'elle n'avait pas laissé de fille représentant la valeur des bœufs payés pour elle. C'était fini ! Dès sa tendre enfance, dès qu'il avait été en âge de penser, il avait su, cru, admis que sa sœur Fazana lui procurerait le douaire sans lequel il ne pourrait se marier lui-même. Et maintenant, ce douaire était parti, et tout son vague plan d'avenir s'écroulait. Son visage se contracta; mais par un violent effort sur lui-même, il reprit son air impassible et répondit à son père :

— Khombo ! C'est un malheur en vérité !

Rien n'eût pu ébranler plus profondément l'âme de Zidji. Et cependant il serait vite retombé dans l'indifférence nonchalante de la soumission fataliste du noir, si deux incidents ne se fussent produits qui fécondèrent cette émotion passagère et transformèrent le cours de sa vie.

Le lendemain du départ des bœufs, tandis que son père cherchait dans une grande cruche de bière l'oubli de son malheur, il alla faire visite à son oncle Molondjo. Il causait tranquillement avec quelques camarades, en réparant une avarie qu'avait subie son bâton-crécelle quand une détonation retentit dans l'une des huttes du village. Tout le monde se précipita de ce côté, et, dans l'ombre de la case, on vit un spectacle horrible. Baigné dans son sang, un homme était étendu sur le sol. Près de lui, une jeune femme très jolie malgré la dureté de son visage paraissait terrifiée !... L'homme essaya de balbutier quelques paroles. Zidji saisit les suivantes :

« C'est ta faute.... Je t'aimais ! Tu m'as trompé...., Il vaut mieux que je meure. »

Evidemment on était en présence d'un drame passionnel bien caractérisé. Cet homme, le frère cadet de Molondjo, vivait depuis longtemps en mésintelligence avec son épouse. Il lui était très attaché, car c'était une fort séduisante créature ; mais elle était légère et elle se laissait courtiser par un certain voisin. Le matin même, son mari l'avait suivie, tandis qu'elle s'en allait, son amphore gracieusement posée sur la tête, puiser de l'eau au ruisseau. Caché derrière les buissons il avait vu l'amant sortir de la brousse sur l'autre bord.... La femme l'avait accueilli avec un sourire et tous deux s'étaient dirigés loin du sentier vers les taillis. La mort dans l'âme, il s'était approché et avait pu constater que son épouse aimée, celle qu'il avait payée quinze bœufs, lui était infidèle. Alors, s'esquivant sans mot dire, il était rentré, avait chargé son fusil et, au retour de la coupable, l'avait amèrement reprise. Elle, d'une voix indifférente, l'avait engagé à ne pas se mêler de ses affaires et alors, saisissant l'arme, le malheureux s'était tiré un coup de fusil dans la bouche....

Molondjo prit un mouchoir, le trempa dans l'eau et chercha à arrêter le sang. Un médecin noir demeurant dans le village voisin arriva sur les lieux. Les hommes de l'art, en Afrique, sont l'exact opposé de leurs collègues européens. Tant qu'il ne s'agit que de maladies intérieures à traiter par des tisanes, des bains de vapeur, des pratiques superstitieuses, ils sont superbes d'aplomb, admirables de confiance en eux-mêmes. Mais en présence des cas de chirurgie, quand le sang du patient a coulé, leur sang à eux se glace dans leurs veines et ils sont impuissants. Aussi, comme l'hémorragie ne paraissait nullement s'arrêter, Molondjo dit : « Il faut aller appeler Monèri. »

Zidji et deux de ses compagnons volèrent vers la station que l'on apercevait là-bas, le toit de tôle de l'église brillant au soleil sur la petite colline en avant du rocher énorme du Marovougne. Le missionnaire, en effet, faisait tous les métiers utiles à la population noire : dresseur de plans de maisons, prêteur d'outils, donneur de conseils sages en politique, arracheur de dents et médecin des corps et des âmes. Un jour il avait dû amputer un membre en se servant de son couteau à découper la viande et de sa scie de menuisier. Mais pour le seconder dans cette œuvre médicale qui prenait beaucoup de temps, il avait avec lui une demoiselle qui avait passé par les hôpitaux, suivi un cours de sage-femme et qui s'entendait très bien aux traitements à suivre en cas de fièvre, de dyssenterie et d'autres maladies tropicales. Mlle Clara, Miss tout court, comme on l'appelait par le pays, était une personnalité sympathique. Elle aimait les noirs de tout son cœur et pourtant elle n'était pas tendre avec eux et savait leur dire leurs vérités. Aussi la craignaient-ils un peu, tout en sachant reconnaître son extrême dévouement et son affection profonde pour eux. C'est elle que Monèri pria d'aller examiner le malade. Les garçons de la station attelèrent le vieux cheval et la mule boiteuse qui formaient l'équipage missionnaire et, montant dans une petite carriole à deux roues, elle partit aussi vite que ces deux descendants dégénérés de Pégase voulurent bien y consentir....

A son arrivée, l'homme râlait déjà. Elle désinfecta la plaie, la sonda, constata qu'une balle était logée à la base du cerveau. Il n'y avait absolument rien à faire. Les quelques questions qu'elle posa lui dévoilèrent la raison du suicide. Un suicide ! C'est rare parmi les noirs, et cependant ces primitifs, à la vie soi-disant si douce et si innocente, y recourent plus souvent qu'on ne le croirait. Le mois précédent, un nommé Mayakayaka s'était pendu pour avoir été désigné comme sorcier. Aussi Miss, convaincue qu'il fallait exhorter en temps et hors de temps, estimant que cette fois-ci c'était tout à fait « en temps », réunit-elle tous les habitants du village sous le coup de la mort imminente du suicidé et leur adressa-t-elle quelques paroles aussi énergiques que bien pensées :

« Quelle honte ! Voilà où vous mènent vos mœurs déréglées de païens ! Quand donc abandonnerez-vous vos ténèbres ? Faudra-t-il que le grand Esprit du Ciel vous abatte tous jusqu'au dernier pour que vous sortiez de vos péchés et veniez à sa lumière ? »

Zidji absolument ahuri regardait, avec de grands yeux, cette blanche qui parlait si bien sa langue. Il avait déjà entendu quelques blancs lui adresser la parole à la factorerie voisine, quand il allait vendre son miel et acheter des perles pour Fazana. Ces marchands estropiaient les mots de si étrange façon, ils causaient avec une ignorance si profonde des éléments de la grammaire bantou que leur langage en était absolument ridicule. Zidji leur eût ri au nez s'il l'avait osé. Mais Miss, elle, parlait avec aisance et correction; on comprenait tous les mots. Mais qu'est-ce qu'elle disait ? Abandonner les ténèbres ? Venir à la lumière du grand Esprit du ciel ?... Qu'est-ce que ce grand Esprit ? Les esprits des morts auxquels on offre des sacrifices sont dans la terre à moins qu'ils n'en sortent sous forme de serpents....

Cependant on entendit un cri rauque.... Le malade eut un spasme convulsif des jambes et il mourut. Aussitôt tous les assistants s'enfuirent, la jolie femme aussi, bouleversée, criant. Le tonnerre grondait derrière le Drakensberg; Miss, craignant l'orage, remonta dans sa voiture et Zidji courut à la maison où il raconta toute l'affaire à ses parents.

Il en rêva la nuit suivante. Un cauchemar horrible le tourmenta. Des détonations, des cris de blessés se mélangeaient au bruit d'une voiture de grandeur surnaturelle; une grande lumière comme un éclair paraissait soudain au sein d'une obscurité profonde. Il se réveilla oppressé et une longue insomnie commença pour lui. Il attendait le jour. Le jour ne venait pas. Alors une inquiétude extrême, une angoisse indicible s'emparèrent de Zidji. Il se dit que le soleil ne reparaîtrait plus. C'en était fini pour la lumière du jour. La nuit ne se dissiperait plus jamais, jamais! Il poussa un cri de terreur. Ngomane qui couchait près de lui se retourna sur sa natte et grogna. Ce bruit d'un être vivant rassura Zidji.... Il sortit de la hutte et vit l'aurore qui rougissait l'orient. Alors il se dit : « Que je suis bête! » Et il se recoucha.

Le dimanche suivant il faisait une chaleur extrême. Les pluies avaient cessé pour quelques jours, mais personne n'était allé aux champs par crainte d'insolation. A deux heures de l'après-midi, au moment le plus chaud de la journée, une trompette retentit dans la brousse, un cor aux notes claires qui jouait un cantique. « Hé! dit Mankélou, voici les « Madjakane » qui viennent nous exhorter. » Ayant bu de la bière et se sentant de mauvaise humeur, il eût volontiers filé par la tangente. Mais un certain sens de dignité et sa réputation d'ami des chrétiens le firent rester paisiblement sur sa termitière et il attendit de pied ferme les visiteurs. Quelques jeunes gens habillés à la blanche et faisant le moulinet avec leurs bâtons parurent à l'entrée du village. Puis le vieux cheval monté par Miss et enfin une mule maigre, qui avait désappris dès longtemps l'art du galop et sur laquelle trônait

Monéri, coiffé d'un casque blanc colonial, son bon sourire éclairant son visage jauni par le climat du pays des fièvres, sa grande barbe grisonnante lui donnant un air presque majestueux.

« Tiens ! le « nkouloukoumba » (le grand) est aussi venu, » se dit Mankélou, et il s'empressa à sa rencontre. Zidji prit les brides des montures et l'on se dirigea vers le grand arbre dont le noir feuillage maintenait un semblant de fraîcheur dans le village. Le joueur de cornet à piston, l'instituteur de la station, Gédéon, recommença à souffler dans son instrument en regardant tour à tour vers les quatre points cardinaux et bientôt un auditoire de païens se forma : les femmes en jupes bariolées, des hommes tenant encore le bâton qu'ils étaient en train de sculpter.... Pour mieux tirer le filet, plusieurs garçons étaient allés relancer les gens jusque dans leurs huttes pratiquant avec une rare insistance le *coge intrare*.... ou *exire* évangélique (force-les d'entrer.... ou de sortir). Un cantique gai retentit, et Monéri prit la parole. Devant lui, à droite, assises par terre, étaient les femmes, les fillettes, plusieurs avec des bébés sur le dos, à gauche les hommes, graves, indifférents, tandis que derrière l'orateur se pressaient les chrétiens : jeunes gens et hommes qui avaient tous attrapé qui un morceau de bois, qui un mortier, qui une pierre à moudre pour s'asseoir dessus et les jeunes filles en robes simples et claires, la tête gracieusement ceinte d'un mouchoir rouge ou blanc en forme de couronne.... « C'est en souvenir de la couronne de Christ, » avait dit un jour l'évangéliste Zébédée.

Le missionnaire prit la parole. Il se leva, lut quelques versets et, dans une langue simple, apporta à Mankélou ses condoléances pour le grand deuil de Fazana et ses réflexions sur le suicide du frère de Molondjo.

« Ah ! Mankélou ! dit-il dans sa péroraison. Toi qui nous as appelés pour instruire la tribu, toi, notre ami, toi le conseiller de Dabouka, toi que tous nous apprécions pour ta sagesse et ta bonté, ces malheurs ne te décideront-ils pas enfin à te donner? Vois ce que te vaut le paganisme ! Et d'autres malheurs s'apprêtent à fondre sur toi ! Crois au Dieu vivant ! Rejette la bière, les osselets, la polygamie et tu seras heureux et tu pourras te réjouir du salut et de la vie éternelle. »

Le général de l'armée nkouna, baissant la tête comme un condamné auquel son juge s'adresse, regardait fixement le sol devant lui. A quoi pensait-il ? Qui sait ? Et Monéri se rassit avec l'impression que l'eau ne coule pas plus allègrement sur les plumes d'un canard que ses paroles sur ce vieux cœur de païen. Enfin Mankélou répondit : « Ah ! oui, c'est beau, c'est bien vrai ! Mais nous, les vieux, nous ne pouvons pas. Ce sera pour nos enfants. »

Bartimée essaya à son tour d'atteindre cette conscience fermée. Il eut des comparaisons ingénieuses, des mots frappants pour démontrer l'absurdité du culte des ancêtres, la vanité des biens terrestres et, pour finir, il parla de Jésus, de Noël qui était proche et invita tous les auditeurs à assister au grand culte qui aurait lieu ce jour-là sur la station....

Mais au milieu du recueillement général, un petit incident se produisit qui eût irrémédiablement rompu le charme, s'il se fût agi d'un auditoire européen.... Sortant du kraal des bœufs où ils s'étaient lourdement abattus, trois gros coléoptères noirs se disposaient à traverser la place du village, poussant devant eux une boule de fumier de cinq ou six centimètres de diamètre. Ils étaient excessivement affairés lorsqu'ils débouchèrent derrière une touffe d'herbe sur l'espace qui séparait l'assemblée chrétienne de la païenne, à quelques mètres de Monéri exhortant. Entendant du bruit, percevant du danger, l'un d'eux cessa de pousser la boule et grimpa dessus, comme s'il voulait aller examiner le paysage du haut de ce poste d'observation. Et en effet, s'appuyant sur son abdomen, dressant sa tête et son corselet, il remua fébrilement ses antennes, paraissant inspecter l'horizon, en proie à une vive agitation. Soudain, patatra, la boule roule en avant. Il perd l'équilibre et tombe les quatre.... les six fers en l'air. (C'est un hexapode.) Et il reste sur le dos un instant comme abasourdi, stupéfait de l'aventure inattendue; puis il brandit ses tarses et ses fémurs pour appeler à l'aide. Cependant ses camarades moins nerveux continuent leur manège. Leurs pattes de derrière appliquées contre la boule, celles de devant contre le sol, ils marchent à reculons, poussant toujours la précieuse sphère, cherchant un trou propice où ils l'enfouiront. Ils y ont sans doute déposé un œuf, un œuf qui donnera naissance à une larve et cette larve se nourrira du fumier, elle grandira, elle deviendra insecte parfait et elle perpétuera l'étrange race des bousiers. Par un mouvement brusque, sieur Copris réussit à se mettre sur pied et, rejoignant ses compagnons, il s'apprêtait à leur prêter son aide pour la besogne commune quand un épouvantable coup du ciel réduisit la boule en poussière, dispersa les trois travailleurs, projetant leurs carcasses bien loin du côté du kraal.... C'était Zidji qui, avec un sentiment particulier de l'honneur de son village, avait frappé le groupe ambulant de son bâton et mis fin à cette promenade grotesque. Au reste personne n'avait souri à la vue de l'intéressante scène de mœurs entomologiques tant de fois contemplée. Seule Miss ne pouvait conserver son sérieux et elle manqua éclater de rire malgré la gravité du moment quand Zidji provoqua le dénouement. Tant il est vrai que le sens du ridicule chez les blancs et les noirs diffère grandement.

L'assemblée indifférente aux bousiers fut invitée à se joindre au dernier cantique : « Viens à Jésus, il t'appelle. » Et vraiment ces bonnes mères chargées de famille qui fixaient des yeux Monéri battant la mesure se donnaient une peine touchante pour suivre le mouvement. Elles chantèrent avec conviction le dernier verset qui se compose uniquement des deux expressions hébraïques : Alléluya ! Amen ! dont elles parurent vraiment comprendre la beauté. Puis on dit : « Prions. » Les chrétiens se prosternèrent face contre terre, quelques-uns plus paresseux restèrent assis, mais tous se couvrirent la figure de leurs mains. « Fermez les yeux, » dit à haute voix Gédéon aux païens.... Et tous d'essayer en riant, en causant.... Chut ! s'écria Mankélou qui était habitué déjà aux coutumes du culte chrétien. Ce que ces enfants de la nature comprirent de la prière, je ne sais. Quand l'amen final retentit et qu'elles entendirent du bruit, quelques femmes se hasardèrent à retirer leurs mains de dessus leurs yeux et voyant les chrétiens revenus à leur posture normale, crièrent : « Eh ! il fait jour ! Réveillez-vous, vous autres. » Sur quoi tous les dos bruns de se relever et tous les yeux de se rouvrir à la lumière avec force exclamations de rire comme si c'était la fin d'une bonne farce ! Et vraiment, on ne saurait leur en vouloir de troubler ainsi l'acte sacré. Plus tard, elles comprendront.

Lorsque Monéri eut pris congé de Mankélou en lui serrant amicalement la main, Zidji lui ramena son mulet.

— C'est ton fils? demanda le missionnaire au vieux conseiller, en admirant l'œil calme et intelligent du jeune garçon.

— Oui, dit le père.

Monéri ajouta :

— Ne veux-tu pas nous montrer le chemin pour les

chevaux jusque chez Molondjo; la route habituelle passe par un mauvais gué, impraticable pour les montures.

— Oh ! répondit Zidji, il y a une autre route plus bas avec un bon gué. Je te conduirai.

Et la troupe repartit.... En route Bartimée s'approcha de Zidji :

— Salut, mon garçon ! Ne vas-tu pas venir à l'école, toi ! A quoi cela te sert-il de rester assis là au village sans rien apprendre ! Allons, décide-toi....

Il baissa les yeux et répondit :

— Est-ce qu'ils me permettraient à la maison ?

— Mais oui ! Ton père n'a-t-il pas déclaré que c'était à ses fils à apprendre. Viens seulement....

Si Zidji n'avait pas été ébranlé déjà par les événements récents, mort de Fazana, perte des bœufs, suicide du frère de Molondjo, il eût refusé catégoriquement ! Mais aujourd'hui, pensif, il se tut.

II

L'ÉTOILE DU MATIN

Quelques jours plus tard, c'était Noël; Noël, la grande fête des blancs que tous les indigènes connaissent maintenant et qu'ils appellent Kisimousi, corruption évidente du mot anglais Christmas. Or deux attractions de nature fort différente s'exercent ce jour-là sur les noirs du district et s'offrent à leur choix. L'une, c'est la danse à la boutique voisine, l'autre, le culte sur la station. La plupart cèdent à la première. Habillés de leurs plus belles ceintures de queues, leur petit bouclier de peau en main, brandissant trois ou quatre bâtons sculptés ou décorés de fil de cuivre tressé, les hommes vont exécuter leurs danses païennes sous l'œil paterne des marchands d'étoffes. Le magasin est une vaste construction de fer galvanisé où l'on étouffe. Sous la véranda basse qui domine la place, s'élevant à un pied et demi au-dessus d'elle, ces messieurs en coutil blanc cherchent un peu de fraîcheur tout en contemplant les hauts faits chorégraphiques de leurs visiteurs. Ceux-ci disposés en demi-cercle sur la vaste place qu'ombragent deux ou trois conifères, poussent des cris sauvages qu'ils appellent de la musique et brandissent leurs bâtons avec des gestes lourds tandis que les femmes, ayant revêtu leurs jupes d'étoffes claires à grandes bandes rouges et bleues, sont assises dans un coin et les encouragent en frappant des mains en cadence.... Le spectacle est pittoresque et quand les danseurs, couverts de sueur, se soulagent en passant sur leurs fronts et leurs joues une palette d'os qu'ils piquent ensuite dans leurs tignasses crépues, le propriétaire de la factorerie va quérir quelques bouteilles de whisky de qualité inférieure [1] et leur en verse à chacun un petit verre. Excités par l'alcool, les danseurs reprennent leur stupide danse cafre avec un renouveau de courage....

Zidji connaissait le « *Kisimousi* » du magasin pour y avoir pris part l'année précédente et il se souvenait de la brûlure qu'il avait ressentie en avalant la bière forte des blancs.... L'impression avait été si violente et si inattendue qu'il avait tremblé de tous ses membres à la grande joie des marchands qui se pâmaient de rire et aux sarcasmes des gros païens qui l'avaient appelé bébé, petit garçon. Aussi n'y voulut-il pas retourner et se décida-t-il à se rendre plutôt à la sta-

[1] Depuis quelques années, la vente de l'alcool aux indigènes a été prohibée au Transvaal.

tion pour le culte. Il passa au village de Dabouka où il engagea son cousin Malembé à se joindre à lui. Là-haut, sur le coteau qui domine la plaine, la cloche tintait. Elle tintait claire et gaie comme si elle avait conscience du message de joie qu'elle jetait à tous les vents. De nombreux groupes de femmes ocrées, d'hommes à demi habillés sortaient des villages de la plaine et se rendaient à travers les sentiers tortueux vers la colline, tandis que les chrétiens des annexes éloignées arrivaient par la route à chars. Zidji et son compagnon atteignirent la station au moment où la troupe endimanchée s'en approchait.... Ils assistèrent alors à une scène de mœurs digne du christianisme primitif. Un jeune garçon posté au pied d'un arbre, attendait les visiteurs de l'annexe; à cent mètres du village, il les pria de s'arrêter là et courut annoncer leur arrivée à l'instituteur de la station. Alors, en bon ordre, les chrétiens du village, hommes bien habillés, jeunes filles en robes claires se dirigèrent à leur rencontre. Parvenus à une distance de dix mètres d'eux, ils entonnèrent un chant de Noël à quatre voix. Puis ils se turent et les autres leur répondirent par un cantique lent et solennel où toutes les notes diézées étaient bravement ramenées à leur son naturel. La cacophonie était parfois très grande et Yéfro qui surveillait la scène de la véranda de la maison missionnaire, presque au sommet de la colline, se bouchait les oreilles. Mais les exécutants ne la voyaient pas; leur conscience musicale n'était nullement troublée et ils achevèrent leur choral avec brio et une évidente satisfaction. Sur quoi les premiers recommencèrent un nouveau chant de six strophes au moins et alors seulement les deux troupes s'abordèrent; on se serra les mains, on s'embrassa même et tous se dirigèrent vers l'église.

Zidji et Malembé trouvaient ce manège très amusant. Ils avaient décidément des coutumes très drôles ces « Madjakane » ! La cloche silencieuse durant la cérémonie de réception, recommença à tinter et l'on entra. Les deux jeunes païens vêtus de leurs queues de chèvres un peu maigres, se sentaient quelque peu dépaysés au milieu de tout ce beau monde. Quelques-uns de ces chrétiens étaient en effet irréprochables dans leurs complets foncés, leurs chemises repassées, leurs cols blancs très hauts emprisonnant leur menton et une belle ceinture de soie noire autour de leur taille. Aussi nos deux petits païens se faufilèrent-ils dans l'église après tous les autres. On y pénétrait par un petit porche qui donnait accès dans l'édifice par une ouverture voûtée sans porte. En entrant pour la première fois dans la vaste salle, Zidji, par un mouvement instinctif, rentra la tête dans les épaules comme s'il s'attendait à ce què quelque chose lui tombât dessus.... Il avait aperçu la charpente compliquée, les chevrons énormes soutenant le toit de zinc suspendus là-haut on ne sait trop comment et prêts sans doute à écraser quiconque aurait l'audace de s'engager sous eux.... Mais il réprima très vite ce mouvement de crainte et alla s'asseoir tout au fond, sur un banc de briques qui courait autour de l'église. Alors, rassuré à la vue de l'assemblée qui n'avait pas l'air de croire sa dernière heure venue, il éleva les yeux, vit que les chevrons reposaient sur de solides murs de briques. Puis, promenant lentement son regard calme de tous côtés, il admira la bordure verte qui suivait le soubassement brun, grimpant au-dessus des fenêtres carrées qu'elle encadrait, formant au-dessus de la chaire, là-bas, au fond, une voûte correspondant à celle de la porte. Cette chaire était simplement une tribune aux piliers ajourés posée sur une plateforme qui occupait tout le fond de l'église. D'un côté de la chaire se tenaient les blancs, Yéfro, Miss et un visiteur inconnu; de l'autre, serrés les uns contre les autres, c'étaient les anciens et les instituteurs : Bartimée avec sa bonne expression intelligente et ses yeux brillants, Gédéon, le père Shelling qui avait beaucoup de bœufs, beaucoup de maïs et qui le vendait aux païens en temps de famine, le père Mouki avec sa tignasse blanche, ses traits fortement accentués et ses yeux mobiles qui ne regardaient personne en face. Devant la chaire, d'un côté, c'étaient les bancs des hommes et l'on voyait, tranchant sur les habits foncés, les quelques cols blancs serrant les occiputs ; de l'autre les femmes et les filles, ces dernières ayant piqué dans leurs cheveux, par devant leurs turbans, des lys roses ou des marguerites rouges....

Soudain un mouvement se produisit dans l'assemblée : Dabouka venait d'entrer. Se tenant très droit dans sa veste de drap bleu avec galons blancs, cadeau que le Gouvernement bœr faisait à tous les chefs, il avait vraiment quelque chose d'imposant, Dabouka, et Zidji se sentit rempli d'un sentiment de respect qui enveloppait son chef, l'église, Monéri dans la chaire, les anciens sur la plateforme et jusqu'au père Mouki.

Le service commença. Il y avait des chants de circonstance célébrant l'enfant. Puis Monéri raconta l'histoire de Noël et décrivit des « messagers [1] » qui avaient paru dans le ciel. Il levait les yeux en haut, montrait quelque chose et Zidji lui aussi regarda et crut qu'il allait voir ces personnages vêtus de blanc. Après quoi on chanta le cantique qu'ils avaient chanté et Monéri adressa des exhortations à l'assemblée. Zidji remarqua que le père Mouki s'endormait et il jeta les yeux autour de lui pour voir si d'autres auditeurs se livraient au sommeil ; peut-être était-ce une coutume à laquelle il devrait se soumettre lui aussi. Mais non !

[1] Le mot « ntchoumi » par lequel nous traduisons « ange » signifie proprement messager.

Tout le monde avait l'air d'écouter sauf des gamins qui s'amusaient avec un crayon. D'ailleurs Monéri ayant vu les paupières du père Mouki se fermer cria très fort : « Eh ! ne dormez pas ! » et l'instituteur Gédéon donna au coupable une grosse bourrade dans le côté pour le réveiller.... Tout cela était vraiment très curieux et, quant au sujet dont on causait, Zidji n'y entendait pas grand'chose, plus occupé à regarder les gens qu'à rechercher le sens des paroles de Monéri.

Bartimée lui aussi prit la parole. Il était orateur et bien vite il eut captivé l'auditoire. Il raconta de nouveau la naissance de cet enfant dans un pays très éloigné ;... puis, à la fin, il s'adressa aux païens dans l'assemblée et leur dit à peu près ceci : « Pauvres compatriotes qui ne savez rien ! A quoi vous amusez-vous ? A quoi vous servent vos pratiques de ténèbres ? Vous allez à la circoncision.... parce que vos pères y ont été. Vous dites : C'est l'Etoile du matin ! Quelle Etoile du matin ? C'est la nuit et rien de plus. L'Etoile du matin, c'est Jésus. C'est lui qui vous conduira à la lumière, à la joie de l'existence, à la vie éternelle ! Croyez en Jésus, je ne vous dis rien de plus. »

Ces paroles remuèrent profondément Zidji. Il lui sembla que Bartimée le fixait tout le temps de ses yeux clairs. Il revit cette nuit mémorable où il avait été circoncis. Il se rappela l'émotion étrange d'orgueil, d'espoir qu'il avait ressentie en voyant Mahlahlane, l'Etoile du matin, paraître au-dessus du Kadjaléra, aux confins de la grande plaine, annonciatrice de l'aube, messagère du soleil qui vient, initiatrice à la vie nouvelle. Puis, repassant dans son souvenir les événements des derniers mois, la mort de Fazana, le suicide du frère de Molondjo, la perte des bœufs, triste bilan d'espérances disparues, de déceptions cruelles, il se demanda vaguement avec un tressaillement d'âme : « Serait-il vrai que Malao a tort et que les « Madja-

PHOT LENOIR

La maison de Monéri et le grand figuier.

kane » ont raison ? L'Etoile du matin dont ils parlent serait-elle la véritable ? » Et il résolut d'examiner la question pour lui-même et sans s'inquiéter de ce que Mankélou dirait.

III

CHEZ MONÉRI

Le plan de Zidji fut vite arrêté. Un soir, après avoir partagé le repas avec les hommes du village, — car il était admis maintenant dans le groupe de la termitière, — il dit à son père : « Je crois que je vais aller chercher du travail. » Mankélou n'y fit pas d'objection. Les garçons étaient nombreux au village. Il serait facile de remplacer le berger des bœufs. Par contre les filles manquaient. Zidji serait probablement forcé de gagner un « lobola » pour se marier. Le plus tôt serait le mieux.

A l'aube Zidji partit pour la montagne avec deux ou trois calebasses que sa mère lui prêta. Il connaissait un couloir où le miel ne manquait jamais. Sorti de la région des hautes herbes qui rendent la marche fort difficile au fond de la vallée, il atteignit les roches grises du Mamotsuiri et se dirigea vers une fissure où croissaient quelques arbres rabougris. Il se hissa comme un singe, des mains et des jambes, véritable exercice de « varape » qui n'était pour lui que jeu d'enfant et arriva enfin à l'orifice de la ruche sauvage qu'il avait découverte trois ans auparavant et qu'il venait consciencieusement vider de temps en temps. Tenant à la main gauche une touffe d'herbes à moitié sèches qu'il avait allumée et avec laquelle il écartait les abeilles, il détacha avec rapidité quelques rayons bruns, les introduisit dans ses calebasses, sans trop s'inquiéter des piqûres dont les ouvrières le gratifiaient. Puis il redescendit en hâte, tria les couvains d'avec les cellules à miel. Des premiers il se régala car c'est de la « viande » ; quant au miel, il le recueillit dans un ustensile propre et alla le vendre à la factorerie. Le placide Suédois qui se tenait derrière le long comptoir, vendant les étoffes voyantes, les perles, les tabatières en forme de cartouches que les noirs passent dans leurs oreilles percées, était toujours prêt à échanger ses marchandises contre le miel un peu âcre des abeilles de la montagne. Si la qualité n'en était pas supérieure, il coûtait cependant moins que celui d'Angleterre qu'on achète dans des boîtes de conserves. D'autant plus que, pour le traitant africain, le bénéfice est double : il fait son profit sur le prix d'achat des produits indigènes et, comme il paye en nature, il gagne sur la marchandise d'échange. Avec sa cruche pleine, Zidji s'acheta une jolie blouse en calicot blanc garnie de lacets rouges à l'encolure et au bas des manches et un pantalon de même couleur descendant jusqu'aux genoux....

De retour à la maison il ôta sa ceinture de queues et se revêtit de son costume. Les mères s'extasiaient. Les hommes fronçaient un peu les sourcils. Mais nul ne fit opposition. On sait bien que chacun doit aller faire son tour chez les blancs pour y gagner de l'argent, cet argent qui maintenant constitue la richesse, plus encore que les chèvres, plus encore que les bœufs.

Et le lendemain, Zidji gravissait avec des sentiments divers le sentier de la station. Il passait sous les grands bananiers qui ombragent le ruisseau ; il escaladait légèrement le chemin rocailleux du jardin et débouchait sous le grand figuier, devant la maison de

Monéri. Shilote était en train de nettoyer les marmites au pied d'un laurier rose, au coin de la cuisine.

Shilote c'était le marmiton de Monéri, un malin qui aimait mieux tuer des cailles que laver les poêles de Yéfro.

— Le soleil est levé, dit Zidji.

— Il est levé, répondit Shilote. Que veux-tu ici ?

— Je viens chercher de l'ouvrage.

— Ah ! tiens. D'où viens-tu ?

— De chez Mankélou, mon père.

— Bien, je le dirai à Monéri.

Au reste Monéri apparut bientôt lui-même. Il n'avait pas oublié le beau garçon aux yeux tranquilles qui lui avait montré le gué quelques mois auparavant. Mais il eut quelque peine à le reconnaître dans ce nouvel accoutrement. Cependant ce joli costume blanc lui plut, quelque peu pratique qu'en fût la couleur dans un pays où la terre est brune. Car, quand le noir commence à s'habiller, c'est un signe qu'il mord à la civilisation.

— Salut, mon fils, lui dit-il. Que désires-tu ?

— C'est bien, dit Zidji. Je voudrais du travail.

On avait justement décidé de bâtir une nouvelle maison en briques sur la station et il fallait un gamin pour conduire le tombereau.

— Est-ce que tu t'y entends en fait de bœufs ?

— Oui.

— Sais-tu les atteler ?

— Je ne l'ai jamais fait, mais ce n'est pas pour me dépasser [1], car je suis habitué à eux. Je ne crains pas leurs cornes.

— Eh bien, nous t'engagerons à l'essai pour un mois.

— Quelle sera ma paye ?

[1] Expression indigène pour dire : ce n'est pas au delà de mes forces.

— Dix shellings.

— C'est bien.

Et c'est ainsi que Zidji devint un des garçons de Monéri.

Il fallut d'abord réunir les pierres des fondations. A travers la colline sèche courait un filon de superbe quartz blanc, laiteux comme du marbre. Il s'agissait de creuser au-dessous et au-dessus et, avec la barre à mine, de séparer les blocs carrés de silice brillante. Puis on roulait les pierres jusqu'au bas de la pente et là les bœufs les transportaient sur la *cheléc* jusqu'au bâtiment en construction. La chelée, c'est le véhicule le plus primitif qui existe : une branche d'arbre qui se divise en deux et que les bœufs traînent avec une chaîne de fer sur le sol dur....

L'exploitation du banc de quartz allait son train. Les blocs se succédaient dans une admirable régularité, sur une centaine de mètres de longueur. Cela donna des inquiétudes à Zidji. Un soir il vint dire à Monéri : « Je crois que nous sommes en train de défaire un ancien mur que les Bœrs ont peut-être construit autrefois. » Monéri sourit et lui dit que ce n'étaient pas les Bœrs mais bien Dieu qui avait disposé ces grandes pierres sur le flanc de la colline.

Dieu? Chikouembo? Mais c'est le nom qu'on donne aux esprits des ancêtres ! On n'a jamais entendu dire que les esprits construisent des murs....

A la prière du soir, Zidji commença à prêter un peu plus d'attention à ce qu'on disait. Il trouvait les cantiques étranges mais non sans charme et répétait déjà quelques refrains. Mais Shilote se moquait de lui quand il se trompait et Zidji, croyant fort supérieur à lui ce garçon fluet, rusé, fils de chrétien, baptisé dès son enfance et qui suivait l'école depuis plusieurs années, Zidji, dis-je, se taisait.

Au bout du mois, Monéri fut si content de son nouveau domestique qu'il lui proposa de rester jusqu'à l'achèvement de la nouvelle maison. Ainsi Zidji aida à former les briques que l'on fabriquait là-bas, au bord du canal, en mélangeant l'argile d'une termitière avec la terre sablonneuse. Il pétrit la bonne pâte grise que deux hommes habiles jetaient dans des moules à trois briques, les passant à des jeunes garçons qui allaient les vider sur la place bien propre en longues lignées de soixante ou soixante-dix. Le soir Monèri venait examiner l'ouvrage, comptait les briques du jour. Cinq ou six hommes et garçons en fabriquaient environ mille de huit heures du matin à trois heures du soir.

Puis il fallut les entasser, faire le four à briques, deux tas de dix mille chacun accolés l'un à l'autre, laissant au milieu un espace voûté pour le bois. Le jour où l'on alluma le four, ce fut émotionnant.

Le feu fut mis des deux côtés. L'une des flammes, poussée par le courant d'air à l'intérieur du long couloir plein de troncs secs, fit son chemin rapidement et rejoignit l'autre qui avançait plus lentement. Lorsque la jonction fut opérée, on ferma les orifices. Mais il fallut veiller toute la nuit pour renouveler la provision de bois quand les premiers troncs eurent été consumés. Zidji s'offrit à tenir compagnie à l'homme de confiance qui avait le soin de la cuisson. Cette nuit blanche, se disait-il, ne serait jamais aussi pénible que celle de l'école de la circoncision, où il avait fallu transpercer l'Eléphant jusqu'au matin. De grandes étincelles jaillissaient, toutes les fois que, par une manœuvre bien calculée, les deux ouvriers lançaient une bûche au milieu de la fournaise.

Les vingt mille briques furent cuites en trois jours. Monèri qui vint heurter du doigt contre le four sourit en entendant le bruit sec de la terre bien cuite et, après quelques jours durant lesquels elles se refroidirent, on se mit à les transporter sur la station pour édifier les murs. Zidji qui s'intéressait vivement à cette construction aurait bien aimé poser quelques briques. Mais les trois ou quatre chrétiens qui avaient été chargés de ce travail bien payé se prenaient pour des maçons expérimentés et n'eussent pas volontiers laissé leur gloire à d'autres. Ils savaient se servir du niveau, mais étaient moins habiles dans l'usage du fil à plomb. Il fallut que Monéri, un beau jour, défît un grand bout, car un des angles avait été mal dressé et le sieur Dick qui avait commis la faute en fut fort mortifié,... d'autant plus que Monéri dut prendre la truelle lui-même et réparer le coin manqué !...

« Je voudrais me construire une maison carrée comme celle-là, se disait Zidji en voyant les murs s'élever.... Ça ne paraît pas si difficile.... »

Il changea quelque peu d'avis quand on en vint à la toiture. Les scieurs de long avaient taillé des poutres superbes dans un grand tronc de bois de teck, au bord du Moudi et Zidji vit Monéri les mesurer avec son mètre, tracer des lignes au crayon, scier, ajuster, dresser des chevrons.... Quelle émotion lorsqu'il fallut mettre en place la lourde charpente ! Zidji aidait d'en bas à tirer une corde qui, par le moyen d'une poulie fixée à une très longue perche élevait peu à peu dans les airs le premier chevron.

— Nous allons être assommés, se disait-il effrayé. Mais il vit à côté de lui Monéri qui dirigeait calmement la manœuvre et tout se passa sans aucun accident. « Les blancs sont vraiment bien intelligents, pensait-il. Nous n'avons jamais su rien faire de semblable. C'est à peine si en réunissant tous les hommes du pays nous pouvons transporter le toit d'une hutte et ici, entre cinq ou six, nous élevons cette énorme charpente. »

Aussi, quand la maison eut été terminée, qu'on l'eut

recouverte d'une épaisse couche de chaume doré, plâtré les murs avec la terre de termitières, blanchie avec la chaux bien connue des circoncis, Zidji désira prolonger son séjour sur la station. Il avait gagné trois livres sterling, les avait soigneusement conservées pour acheter sa future femme. Mais il comprenait qu'une chose vaut mieux que l'argent, voire même mieux qu'une femme : L'instruction.

Il demanda donc à Monéri de rester chez lui dans les mêmes conditions que Shilote, c'est-à-dire qu'il irait à l'école le matin et travaillerait entre temps pour sa nourriture. Le missionnaire qui avait une affection toute spéciale pour ce beau garçon si réfléchi et entreprenant, y consentit avec plaisir et Zidji vint demeurer dès lors avec les domestiques de la station.

Il alla chercher sa natte et sa vieille couverture (car jusqu'alors il retournait tous les soirs dormir au village) et s'établit dans le hangar qui sert de chambre à coucher aux garçons de Monéri.

L'école ! Le livre ! Les lettres ! L'instituteur ! Une ardoise ! Un crayon d'ardoise ! Si l'on pouvait savoir quelles émotions profondes tout cela cause à un jeune païen qui vient peu à peu à la lumière ! Sur le visage de Zidji rien n'en parut. Car il est de bon ton de demeurer impassible. Mais il mordait à la science. Et ses progrès furent extrêmement rapides. Il apprit à lire en six mois et au bout d'un an il faisait des multiplications. Il rattrapa bientôt ce cancre de Shilote qui ne préparait jamais ses devoirs d'écolier et avait tout le temps sa pensée occupée par des farces à faire et des larcins à commettre. La présence de ce garçon était le seul ennui de Zidji. Il lui gâtait la vie. Tantôt, lorsque c'était son tour de cuire la polenta des garçons, Shilote tardait jusqu'au coucher du soleil et alors la farine à moitié crue n'était pas mangeable. Ou bien il l'insultait en lui disant : « Espèce de païen de Nkouna ! » Shilote venait d'une autre tribu thonga. Son père, un brave homme, évangéliste pendant un temps, puis suspendu pour cause de boisson, était fixé aux Spelonken. Il avait un front bombé, deux petits yeux très distants l'un de l'autre et une barbe vénérable. Sa mère était la plus grande batailleuse des Eglises du district et toute la nombreuse famille de leurs descendants se distinguait par ces yeux très écartés qu'elle tenait du père et cette irrépressible bavarderie qu'elle avait héritée de la mère. Shilote réunissait en lui, à leur plus haut degré, toutes ces particularités de la race. Il était surtout voleur par goût, par tempérament.

Yéfro, la femme de Monéri, qui tenait fort bien sa cuisine, avait dit aux domestiques : « Quand vous entendrez une poule crier, c'est qu'elle a fait un œuf. Courez ! Le premier qui apportera l'œuf aura une banane. »

Shilote, intéressé comme il l'était, trouva l'idée bonne et il mangea force bananes les jours suivants. Yéfro était enchantée de son invention. Subitement plus d'œufs.

— Qu'y a-t-il ? dit Yéfro à ses garçons.

— Oh ! la saison est passée, dit Shilote d'un air détaché.

— Comment donc ! puisqu'on vient m'en offrir tous les jours du village des chrétiens.

— Je ne sais pas, répondit Shilote.

Mais Yéfro parla à Monéri de cette soudaine disparition des œufs de son poulailler.

— Et pourtant, ajouta-t-elle, c'est encore la saison ; tous les trois jours, Wilhelm, un garçon du village, m'en apporte une douzaine à vendre !

— Wilhelm ?

— Oui, Wilhelm, ce grand maigre aux airs sournois !...

— Comment est-ce possible? Je sais que chez ses parents il n'y a pas plus de trois ou quatre volailles.

— Cependant le fait est là et je paye deux fois par semaine un shelling pour des œufs tandis que nos poules ne nous en donnent plus aucun.

Monéri fut frappé de la coïncidence et résolut de trouver le mot de l'énigme. Il examina le poulailler, il constata qu'il était l'heureux propriétaire de trente volailles tandis que Wilhelm n'avait qu'un vieux coq, deux poulettes et deux poules avec poussins. Alors il prêta l'oreille et quand retentit le cri de triomphe et d'épouvante tout à la fois que poussent les gallinacées qui font l'œuf, il se leva et regarda. Shilote qui était occupé à fendre du bois derrière la maison se leva et se dirigea très calmement vers la cachette. Il revint bientôt, toujours aussi digne, et se remit au travail comme si cette interruption était l'effet de la cause la plus naturelle du monde.

— Shilote, viens ici, dit Monéri au bout d'un moment.

Le garçon arriva avec un air de superbe assurance. Plongeant sa main dans la poche de Shilote, Monéri en retira un œuf.

— Oh! fit le malin, j'allais justement le porter à Yéfro.

— Non, mon ami! Tu es pincé!

Une petite enquête fit découvrir le pot aux roses. Shilote et Wilhelm avaient tout bonnement organisé une compagnie pour l'exploitation des œufs du missionnaire à leur propre compte. Ils avaient tâché d'obtenir la collaboration de Zidji. Mais celui-ci, le païen nkouna, avait répondu au chrétien, fils de chrétien: « Moi, je n'ai jamais pu voler et je ne vais pas commencer pour te faire plaisir. »

La conséquence de tout ceci, c'est que Monéri prit une verge et administra une correction soignée au fils de l'évangéliste. Puis il descendit à l'école du village, arrêta l'instituteur qui donnait une leçon d'anglais et raconta aux enfants la vilenie de leurs deux camarades.

— Je suis profondément honteux, dit-il, de voir que deux garçons chrétiens, baptisés, ont pu donner un pareil exemple aux autres. Sachez que leur christianisme n'est que mensonge. Ils sont païens et pire que des païens. Et je suis navré de me dire que, par des scandales pareils, ils empêchent peut-être les païens de l'école de se convertir.... Mais ne les imitez pas. Recherchez la justice, la droiture que Christ nous a enseignée et croyez à sa parole.

Shilote et Wilhelm furent expulsés de l'école et du catéchisme du mardi auquel ils avaient été admis et Shilote n'osa plus dire à Zidji : « Païen de Nkouna qui n'es pas même inscrit au catéchisme ! »

Cette punition remit les choses au point. Le païen au cœur droit qui, guidé par la lumière naturelle de sa conscience, disait : « Il m'est impossible de voler » n'eût certes jamais désiré entrer dans l'assemblée des convertis, s'il n'avait eu pour l'attirer vers la religion nouvelle qu'un chrétien aussi peu authentique que Shilote.

Durant les mois qui suivirent il lui fut donné, heureusement, un exemple convaincant de la puissance de la foi vraie et une démonstration frappante de l'horreur du paganisme.

IV

LE TRIOMPHE DE LA FOI

Septembre était revenu et le « burwa » avait soufflé. On appelle *burwa* un vent étrange, sorte de fœhn africain, qui ne souffle qu'une ou deux fois l'an, se précipitant du haut du Drakensberg en rafales dangereuses et en effluves desséchants. Il tarit les sources et, lorsqu'après six mois sans pluie, la chaleur torride de l'été revient, la sécheresse est extrême. Si elle se prolonge trop longtemps, si, après une pluie trompeuse, elle recommence de plus belle, l'année est bien compromise. Les semences ont germé; mais les petites tiges de maïs se flétrissent. Alors on jette les osselets pour savoir ce qu'il faut faire et plus d'un sujet de Mogwane va sortir de sa cachette, dans un tronc d'arbre, derrière le village, une corne mystérieuse pleine de poudre noire magique avec laquelle on fait pleuvoir....

Zidji était parti une après-midi avec les bœufs et le wagon pour aller chercher de grands troncs secs que l'on avait coupés pas loin du Moudi, le ruisseau du Bokhaha, pour servir de combustible à la cuisine de Yéfro. Comme il avait terminé son chargement et se disposait à remonter avec son attelage du côté de la station, il entendit un bruit dans un taillis tout près de l'eau.... Un chien en sortit avec quelque chose dans la gueule. En même temps il perçut une odeur de corruption qui le repoussa d'abord; mais il voulut en avoir le cœur net et s'approcha. Quelle ne fut pas son épouvante en apercevant un corps humain, un corps d'enfant absolument défiguré. L'un des pieds avait été arraché et l'on voyait un bout de tibia qui sortait des broussailles. Il ramena son véhicule en hâte et courut avertir Monéri. Celui-ci l'envoya sur-le-champ auprès de Mogwane, le chef pédi, et Mogwane, très effrayé, envoya l'un de ses principaux conseillers, nommé Chougoudou, prendre des informations. Chougoudou était l'homme de confiance du chef dans toutes les affaires concernant les blancs. Très maigre, très long, les traits de son visage profondément burinés, c'était un homme intelligent qui avait passé plusieurs années aux mines de Kimberley et de Johannesbourg et qui réussissait toujours à se tirer d'affaire. Il savait le hollandais et un peu d'anglais. Bien qu'il ne fût pas converti, il allait chaque dimanche au culte. Aussi, connaissant l'aversion des païens pour les cadavres, c'est à Bartimée et à quelques chrétiens de son village qu'il s'adressa pour l'accompagner dans sa funèbre enquête. Zidji alla leur montrer l'endroit où il avait fait sa découverte.... Les hommes s'étaient munis de haches et de pelles. Ils coupèrent les buissons tout autour et constatèrent que c'était là le corps d'un enfant dans un état de décomposition avancée. Ils creusèrent une fosse, enterrèrent ces restes informes et revinrent à la capitale. Mogwane et ses conseillers allèrent alors trouver Monéri pour voir ce qu'il y avait à faire. On discuta longtemps. Comment expliquer cette étonnante histoire? Pas un enfant ne manquait dans les villages. Quel étranger avait bien pu venir mourir là sur le territoire du Bokhaha? Les uns opinaient que c'était des voyageurs qui avaient perdu un enfant et l'avaient jeté là craignant d'avoir à payer pour sa sépulture. Car c'est une loi chez les noirs que, si l'on meurt dans un pays étranger, on doit acheter la terre du tombeau. D'autres murmuraient à voix basse une autre explication : C'étaient peut-être des magiciens, faiseurs de pluie, qui, voyant la sécheresse se perpétuer, avaient tué un enfant pour préparer des charmes avec ses os ; car nul n'ignore que, dans la composition de la poudre magique qui fait pleuvoir, il entre de la chair humaine carbonisée et pulvérisée....

En tous les cas il fallait avertir l'autorité, car un poste de police existait à Leydsdorp, la capitale administrative du Bas-Pays. Il y avait dans cette minuscule cité un juge de paix et un docteur. On envoya un exprès muni d'une lettre où Monéri racontait ce qui s'était passé.

Bartimée retourna chez lui songeur. Comme nous l'avons dit plus haut, il était l'évangéliste des Ba-Pédi de Mogwane et avait son village et son église tout près de la capitale de ce dernier, plus haut dans la vallée, tandis que Monéri, établi sur un avant-mont au-dessus de la plaine, s'occupait spécialement des Ba-Nkouna chrétiens, dont les cabanes formaient deux rues transversales au pied de la colline. De la véranda de Bartimée, on apercevait encore du côté S.-E. la succession des pics du Drakensberg et les croupes brunies qui leur servent de contrefort. La cime dominante à trois ou quatre lieues au S.-E. ressemblait assez à la Dent du Midi. On l'appelait la montagne de Sikororo, car, à ses pieds, vivait un extraordinaire vieux chef pédi de ce nom, un homme qui était au moins centenaire et qui vivait tout seul dans la solitude de l'Alpe africaine, laissant sa tribu entre les mains d'un régent appelé Rios. Bartimée s'assit sur le banc de terre de sa véranda, regarda la dent de Sikororo, très préoccupé par l'événement du jour. Léa, sa femme, vint s'asseoir auprès de lui, le salua avec le sourire exquis qui illuminait toujours son visage très doux. Elle était remarquablement belle, Léa. Et l'on voit rarement sur une face noire cette expression de spiritualité calme qui rendait Léa immédiatement sympathique.... Bartimée n'avait que peu de secrets pour celle qui était son bras droit dans son ministère. Il lui raconta tout : « Etrange ! » fit Léa en secouant la tête.

A ce moment on vit s'approcher entre les maisons du village une petite vieille. Elle gravit les deux marches plus ou moins solides de quartz blanc par lesquelles on ascendait à la véranda et s'assit aux pieds de l'évangéliste.

— Je voudrais te parler, dit-elle.

Léa se leva, s'éloigna, et Bartimée fit entrer la vieille dans un appentis qui lui servait de bureau. Cette femme s'appelait Macoba. Elle était venue récemment demeurer chez sa fille, Mamorakô, laquelle était l'épouse d'un des chrétiens du village nommé Maloupi, un individu assez louche qui buvait, disait-on, et avait eu déjà deux ou trois crises de délirium tremens.... La vieille Macoba, depuis quelques jours, venait chaque après-midi dire à l'évangéliste qu'elle désirait se convertir. Bartimée l'avait interrogée avec intérêt, mais s'était vite aperçu qu'elle n'avait aucune notion de rien. Elle connaissait à peine le nom de Jésus et même elle n'était pas encore arrivée à distinguer le Dieu qui est au ciel (en pédi : Modimo) des dieux qui sont dans la terre (Badimo). Mais l'évangéliste qui avait des dons de psychologue avait remarqué que cette femme tremblait; elle avait quelque chose de hagard; ses yeux paraissaient de temps en temps s'épouvanter. Ce jour-là, Macoba recommença sa confession inintelligible, disant qu'elle désirait « croire » et, comme la veille, Bartimée lui dit de continuer à s'instruire, qu'on verrait....

Quand elle fut partie et eut disparu au coin d'une maison, toute bossue, comme si elle voulait se dérober aux regards, Bartimée appela sa femme.

— Depuis quand Macoba est-elle au village ?

— Depuis deux ou trois mois.... Mais elle a fait une absence. Elle a été soigner une fille malade au gué de la Thabina.... On dit que cette fille est morte en couches. Macoba est revenue ensuite, mais elle est drôle. On se demande si elle n'a pas perdu la tête. Elle n'a parlé à personne au village de ce qui s'est passé à Thabina. On sait qu'ils ont eu de grands malheurs, là-bas. La fille défunte avait déjà perdu plusieurs enfants. Il paraît qu'elle avait eu des jumeaux. Je crois qu'il lui restait encore une fillette, mais on ne sait ce que cette dernière est devenue à la mort de sa mère. On dit aussi que cette fillette a percé ses dents supérieures les premières....

Un trait de lumière se fit dans l'esprit de Bartimée.

— Où est cette fillette ?

— Je ne sais pas.

— Il faut peut-être interroger Maloupi et Mamoraké....

Bartimée se leva et alla tout droit chez eux. Maloupi était en train d'assouplir une peau de brebis et sa femme cuisait dehors une galette de farine de blé dans la marmite.

— Le soleil est couché.

— Il est couché.

— Vous allez bien ?

— Oui.... Un peu de toux.... On « se promène avec.... » Il fait encore beau temps.

— Où est Macoba ?

— Elle n'est pas rentrée.

— A-t-elle vraiment été à Thabina dernièrement ?

— Oui; elle a été soigner sa fille qui était mariée là-bas et qui est morte.

— Cette fille avait-elle des enfants ?

— Oui, une fillette.

— Qu'est devenue celle-ci à la mort de la mère ?

Maloupi fut embarrassé.

— Hé ! femme, dit-il, pourrais-tu répondre à notre

père Bartimée? Il demande ce qu'est devenu l'enfant de celle qui est morte à Thabina, tu sais.... ta sœur?

— Je n'en sais rien, fit Mamoraké d'une voix aigre-douce, sans quitter la marmite où elle roussissait avec un soin particulier sa galette de farine de blé.

Elle n'était pas une aimable femme, Mamoraké. Bartimée la connaissait. Elle était l'une de ses croix au village des chrétiens. Il était évident, d'après le ton de sa réponse, qu'elle savait parfaitement ce qui en était, mais elle avait ses raisons pour ne pas parler. Cela devenait très louche.

Bartimée s'informa exactement du jour auquel la vieille était revenue de Thabina. Il alla porter tous ces renseignements à Mogwane et à Monéri sur-le-champ, et on décida de faire venir le veuf, le père de la fillette disparue, dès le lendemain.

C'était un vieux païen à moitié chauve, à l'air rusé. En voyant ce crâne lisse et ces yeux qui luisaient comme ceux d'un tigre, on se disait : « Quelle profondeur de dissimulation peut se cacher sous ces arcades sourcilières! » Il arriva, accompagné de Mogwane, de Chougoudou, de Bartimée qui amenait aussi Macoba chez Monéri. Celui-ci dirigea l'instruction de l'affaire.

Les faits suivants furent établis sans peine : La vieille avait soigné sa fille huit jours. Celle-ci était morte. Le père avait remis la fillette à Macoba et celle-ci était partie avec l'enfant pour le village des chrétiens. Or la grand'mère y était arrivée seule, le soir. Mais une des femmes du village nkouna avait vu Macoba et sa petite fille passer dans les champs le jour du retour, suivant un sentier qui menait au ruisseau et non pas au village.

— Pourquoi, demanda Monéri, ne t'es-tu pas dirigée immédiatement vers ton domicile avec la petite?

— Oh! je voulais passer par mon champ pour y prendre une pioche que j'y avais laissée.

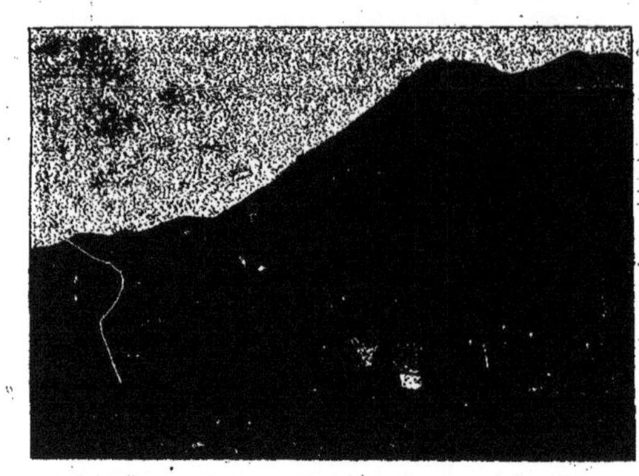

PHOT. SUNOD

Bartimée et sa famille.

— Et l'enfant, où est-elle ?

— Elle était très fatiguée, je ne sais ce qu'elle est devenue.

— Comment cela ?

Les hommes se jetèrent un regard d'intelligence, tandis que le vieux chauve considérait intensément le visage des juges.... Evidemment on était en présence d'un cas de meurtre, d'un meurtre dicté non par la haine, mais par l'horrible superstition païenne. Cette fillette, ayant percé d'abord ses dents supérieures, était un être interdit et maudit. C'était elle qui avait causé la mort de sa mère, tous les malheurs de sa famille. Qu'on la laissât vivre et ce serait l'annihilation de ses proches et la malédiction du pays. Il fallait la tuer.... la tuer dans l'eau pour que son corps reposât en un lieu humide, comme les jumeaux, comme les enfants nés avant terme qu'on enterre dans le marais. Car, si on les laissait dans la terre sèche, alors le ciel lui aussi resterait sec. La pluie qui fertilise ne tomberait plus. Ce serait la famine, la ruine....

Et pour obéir à la loi antique et terrible que dictèrent ces étranges conceptions de l'animisme bantou, cette vieille avait été plonger dans l'eau du Moudi l'enfant de malheur qui avait résisté, lutté, crié, jusqu'à ce que, maintenue sous l'eau dans l'étang du ruisseau, elle fût morte, noyée.... Les chiens affamés qui rôdent dans la campagne avaient sorti son corps de la flaque d'eau et Zidji l'avait découvert par cette journée brûlante de novembre où le ciel africain, un ciel de plomb, pesait sur la terre comme s'il réclamait encore d'autres victimes....

Les quatre noirs du tribunal baissaient la tête, contrits mais pas très étonnés. Ils connaissaient leur peuple.... Quant à Monéri, un frisson d'indignation le saisit. Il se leva, et se dirigeant vers Macoba, toute ratatinée et qui clignait de ses petits yeux comme une guenon, il lui enleva de dessus la tête le mouchoir des femmes chrétiennes dont elle s'était ceinte déjà par anticipation et lui dit : « Tu ne souilleras pas ce symbole sacré. »

Lorsque le docteur de Leydsdorp arriva, envoyé par la police pour procéder à l'instruction officielle du cas, il fit l'autopsie du corps, ayant eu soin d'emprunter d'abord au missionnaire un vieux gant pour cette besogne peu ragoûtante. Il ne découvrit pas d'indices de mutilation et n'eut qu'à accepter l'explication du crime. Jamais des autorités judiciaires blanches ne l'eussent trouvée par elles-mêmes, cette explication ! Il envoya son rapport à Pietersbourg et l'on n'entendit plus parler de rien.

Plusieurs semaines s'écoulèrent et l'on put croire que l'affaire Macoba avait été abandonnée par le tribunal faute de preuves. Mais un certain jeudi, une sommation écrite à comparaître devant le juge fut adressée à la vieille accusée, au chef Mogwane, à Bartimée et à sa femme, et à la femme de Maloupi. L'audience devait se tenir sur une montagne voisine où la cour se réunissait chaque mois, le quatrième samedi du mois. Car la cour ne descend jamais dans le Bas-Pays : elle craint la malaria. Prévenue et témoins devaient partir le vendredi après-midi pour être à la disposition du juge toute la journée du lendemain.

Or voilà que le jeudi après-midi le petit Adolphe, fils cadet de Bartimée, un charmant enfant de deux ans, très vif, très intelligent, gras et potelé, tomba malade de la fièvre malarienne. Les attaques de ce mal sont si fréquentes dans le Bas-Pays qu'on y prend à peine garde. Tout au plus, si l'on est aux trois-quarts civilisé comme l'était Bartimée, envoie-t-on acheter un peu de quinine à la station et Miss Clara, après s'être informée de la marche de l'accès, indique avec précision l'heure où le précieux fébrifuge doit être pris. L'enfant résiste. Il n'aime pas le goût de la quinine.... On le force à l'avaler malgré son amertume et tout est dit. Mais vers le soir, l'attaque prenait une tournure inaccoutumée et inquiétante. Bien que le thermomètre n'indiquât que 39°,5, l'enfant était si profondément abattu que l'on sentait sa vitalité atteinte. Mandée par Bartimée, Miss se rendit à l'annexe à pied malgré la chaleur étouffante à peine atténuée par la nuit qui s'approchait. Des éclairs lointains illuminaient les nuages. Un orage grondait là-bas au Sud, bien loin derrière la dent de Sikororo perdue là-haut dans les brouillards.

La maison du prédicant noir avait trois pièces. Celle du milieu où l'on entrait d'abord lorsqu'on avait traversé la véranda était la salle à manger. Une grande table, deux bancs rustiques en constituaient tout l'ameublement. Il y avait quelques gravures au mur. Cette pièce donnait accès des deux côtés aux chambres à coucher. Celle du père et de la mère était à droite, celle des enfants à gauche. Il faisait sombre dans l'appartement. La garde dévouée pénétra dans la chambre de droite. Il y avait là deux lits, simples cadres de bois avec des lanières tendues en treillis et recouverts de paillasses de feuilles de maïs. L'enfant haletait, geignant faiblement. Il était brûlant. Miss Clara appliqua le thermomètre, lut 40 degrés, hocha la tête et dit : « Il faut absolument faire tomber cette fièvre. Nous lutterons avec elle et nous la vaincrons. »

Elle prit un grand drap, le plia en huit, le trempa dans l'eau, et, lorsqu'elle l'eut serré pour ne conserver que l'humidité nécessaire, elle l'étala, y mit l'enfant, l'emmaillota rapidement et ramena les couvertures par-dessus lui. Puis elle lui administra une demi-pastille de phénacétine pour le faire transpirer. Une transpiration abondante, dans la malaria, est le meilleur symptôme, l'annonce que l'accès va finir. Après cela Miss s'en retourna à la station.

L'enfant se calma. Les enveloppements sont véritablement un remède souverain. Il but un peu de lait. Mais vers minuit l'agitation revint, une agitation terrible bientôt accompagnée de délire. Cette petite bouche, si souriante la veille, était contractée et il prononçait des paroles incompréhensibles, des moitiés de mots se suivant avec rapidité, sans ordre. Léa qui était restée éveillée toute la nuit, accroupie sur son lit, couvant du regard à travers l'obscurité son petit favori, Léa poussa un cri : « O Dieu, dit-elle, si tu veux le reprendre, que ta volonté soit faite ! »

Epuisée par l'effort moral qu'elle venait d'accomplir, elle se laissa retomber en arrière.

— Qu'as-tu, ma femme ? dit Bartimée qui sommeillait légèrement. Qu'y a-t-il ?

— Petit Adolphe est bien malade !

L'évangéliste alluma la lampe à pétrole fumeuse, et regarda son fils. Il le contempla longtemps, le bel enfant, un bambino de Raphaël en noir, son orgueil, son espoir, et se tut, livré à une profonde méditation.

— Femme, dit-il enfin, les voies de Dieu sont insondables, prions !

Et d'une voix chaude et lente, solennelle, insistante, il dit :

— Seigneur, deux voies sont devant toi ; ou bien tu nous laisseras l'enfant ou bien tu nous le prendras. A toi de choisir ; pas à nous. Notre chair te dit : Laisse-le-nous. Mais nous ne marchions pas par la chair. Ce que tu feras nous l'accepterons.

Puis, tous deux ayant été fortifiés et calmés par la prière de la foi, la vieille prière de Gethsémané, celle qui fait perler au front les gouttes de sang, mais qui répand dans l'âme le baume puissant de la soumission, tous deux se turent un instant.

— Je vais appeler Miss, dit Bartimée.

Et dans la nuit, à travers la pluie qui tombait fine, chaude, sans vent, les moustiques sonnant à son oreille leurs petites trompettes hostiles, menaçantes, il alla frapper à la porte de l'aide compatissante, son seul refuge terrestre. « Les blancs sont si puissants ! pensait-il. Leurs médecines accomplissent des miracles. Monèri ne dit-il pas qu'on les expérimente sur des lapins, sur des petits cochons avant de les administrer aux humains ? »

Miss s'habilla, accompagna le pauvre homme chez lui. Elle l'encourageait, lui faisait des promesses :

— On emploiera le bain sinapisé s'il le faut ! Il y aura bien moyen de couper cette fièvre !

Le lendemain vers deux heures de l'après-midi l'enfant allait mieux et Bartimée estima qu'il pouvait en bonne conscience se rendre à l'appel du juge. Mogwane le prit dans sa voiture tirée par deux mules. Les autres témoins partirent à pied. Mais la femme de Maloupi, cette petite sécheronne aux traits anguleux, au caractère querelleur, dit : « La pluie menace; allez-y, moi je reste ! »

— Prends garde, lui dit Bartimée, on ne joue pas avec les blancs, avec les chefs surtout.

— Laissez-moi, dit-elle.

Cependant le mieux ne fut que momentané. Bientôt la fièvre remontait à 40°. Toute la nuit elle se maintint à cette hauteur. L'enfant, le joli bébé aux joues arrondies, aux bras potelés, dormait à demi, en proie à l'agitation d'un sommeil malsain. Ses yeux s'étaient enfoncés dans leurs orbites et s'étaient cerclés d'un noir très sombre. La malaria, la reine incontestée de la plaine africaine, la tigresse aux yeux rouges, aux dents cruelles, rongeait le sein du bel enfant noir et tarissait en lui les sources de la vie. Quand Miss revint le samedi matin, il était dans un tel état de prostration qu'elle perdit tout espoir. Quelques cuillerées de cognac étendu d'eau ne réussirent pas même à le ranimer. Le thermomètre marquait 41°,4. Il mourut à neuf heures dans les bras de Léa. Celle-ci, les yeux secs, un nuage sombre sur le front, les muscles du visage contractés par la douleur, mais calme et ne criant point comme les païennes qui n'ont point de foi, l'habilla une dernière fois de sa robe du dimanche, cadeau de Yéfro, souvenir de Noël, de l'arbre illuminé auquel le petit avait souri. Elle l'étendit sur le grabat et, s'agenouillant près de lui, elle resta longtemps dans cette attitude, priant parfois et laissant errer son esprit à travers l'immense plaine de la souffrance, à travers les espaces déserts, infinis de la nuit de l'âme.

Cependant Zidji était accouru. Hier déjà, apprenant qu'il y avait une maladie grave au foyer de son maître préféré, il était venu plusieurs fois aux nouvelles et ce matin, anxieux, il rôdait autour de la maisonnette. Miss sortit les yeux gonflés de larmes, et le jeune homme comprit.

— Je vais courir à Mamatola, dit-il à la garde-malade, pour avertir le père.

Et, bien qu'il n'eût rien mangé encore, il partit en hâte, le cœur navré, et parcourut en trois heures la distance de vingt-trois kilomètres qui sépare la station de la maison du gouvernement. Là-bas, Bartimée n'y tenait plus. La cour qui siégeait dès le matin ne s'était occupée encore que de petites affaires. L'absence de la femme de Maloupi, laquelle était attendue anxieusement pour témoigner sur certains points douteux, avait fortement ennuyé le juge : « Elle paiera cent francs d'amende, » avait-il dit, irrité, en apprenant qu'elle avait désobéi, et il avait conservé l'affaire de

Macoba pour la fin, espérant encore que cette sotte de Mamoraké se repentirait et apporterait son témoignage.

Il était midi. Bartimée pria la cour de le licencier. Il le fit en quelques paroles émues et fermes et, comme il était très estimé des blancs du pays qui reconnaissaient en lui un homme vraiment supérieur, sa demande lui fut immédiatement accordée.

Oh! le long retour par le chemin pierreux, à travers les rivières, les ravins sans nombre qui descendent de la montagne à la plaine! Il passa le Letsitélé ayant de l'eau jusqu'aux genoux, la Thabina en sautant d'une pierre à l'autre, le Masétane, le petit ruisseau de la station gonflé par les orages des jours derniers, et il arriva enfin, le cœur plus gonflé que les rivières à la saison des pluies, il arriva auprès de sa femme bien-aimée, auprès du petit cadavre reposant tout paisible sur le lit. Alors il éclata en sanglots, l'homme fort; mais maîtrisant sa douleur, il dit à Léa: « L'Eternel a choisi. Il a bien choisi. Nous aimions notre enfant. Il l'aime plus encore. Que son nom soit béni! »

Mikéa, l'un des anciens, avait préparé une petite bière. On envoya chercher le missionnaire pour l'enterrement: car en Afrique on n'aime pas laisser le cadavre passer la nuit sur terre.... Et le cortège funèbre se mit en route. Deux évangélistes, collègues de Bartimée, emportèrent le petit cercueil. Sous la véranda, à la porte, était assise Léa. Voyant paraître la caissette allongée, couverte d'un linge noir, elle tressaillit.... Son esprit perdu dans les sombres rêveries de la douleur maternelle se réveilla. Elle reprit conscience. Elle eut un rictus d'amère souffrance au coin de la bouche, voulut se lever, se rassit. Et toutes les femmes qui étaient accroupies le long du mur, silencieuses depuis des heures, la regardaient anxieusement.

— Mère, ne veux-tu pas venir? dit Bartimée.

Alors elle fit un effort suprême et, les hommes ayant pris les devants, chapeau bas, Léa et les femmes suivirent.

Le sentier du cimetière serpente à travers les hautes herbes, les mimosas aux épines blanches, les arbustes fleuris d'étoiles violettes. Il monte, il s'engage dans un vallon latéral. Il débouche dans un espace propre où deux lignées de tombes couvertes de grandes pierres se font face l'une à l'autre. Celle de l'enfant est déjà préparée. Elle est creusée à quatre pieds de profondeur dans une terre brunie sous laquelle s'étend une argile jaune, tendre, sans pierres. Le missionnaire lit la Parole. Il exhorte, il console les femmes assises aux confins du cimetière, les hommes debout autour des tombes. Il dit à Bartimée : « Aujourd'hui, nous sommes unis dans une même douleur. Comme moi, tu es venu dans ce pays qui n'était point le tien, afin d'y annoncer le salut et ton maître t'appelle à y souffrir, à y creuser des tombes, comme il m'y a appelé moi-même. Courage, mon frère! Tu fondais de grandes espérances sur ce doux petit enfant. Quand tu parlais à l'église, il ouvrait parfois ses bras tout grands et semblait gesticuler avec toi. Tu pensais qu'il serait un prédicateur, qu'il relèverait son peuple et tu l'avais nommé Adolphe en souvenir d'un grand missionnaire que tu aimes beaucoup.... Dieu a voulu que tu le sacrifies. Tu dois montrer à ce peuple que tu peux accepter cette épreuve par amour pour Lui. Voilà le témoignage qui t'est demandé. Sois fort et crois! »

Puis Bartimée prit lui-même la parole : « Nous avions dit, ma femme et moi, à l'Eternel : Il y a deux voies ouvertes devant toi : ou bien tu nous laisseras l'enfant chéri ou bien tu le reprendras, choisis! Il a choisi la seconde voie. Oh! c'est bien! Oh! c'est beau ! Oh ! c'est juste ! C'est assurément ce qui est de beaucoup le mieux puisqu'Il l'a voulu. La chair fait bien mal. La solitude, nous allons la sentir. Mais je remercie Dieu d'avoir appris à pouvoir dire merci à propos de tout ce qu'Il fait. »

Et tandis que Bartimée, dans son habit noir d'alpaca, parlait, l'œil humide, très bas, par petites phrases entrecoupées, avec cet accent de sincérité, ce timbre de douleur dans la voix, de l'autre côté du ravin, dans les villages païens dont les huttes rondes se dissimulaient dans le feuillage, un bruit sauvage retentit. L'école d'initiation des filles, le « balé » tirait à sa fin. On allait procéder à son licenciement. Pour cela des centaines de cruches de bière forte avaient afflué vers la capitale de toutes les parties du pays et, ce soir déjà, l'orgie commençait. Les fillettes, cent à cent cinquante, sur la place du village, dansaient. Ayant déposé les lanières d'herbes tressées qu'elles avaient portées durant les six mois de l'initiation autour du cou et en double bandoulière sur les côtés, elles s'étaient revêtues de petites jupes d'étoffe claire, de colliers de perles blanches, rouges, bleues qui leur tombaient jusque sur les hanches. Dans leurs cheveux elles avaient fixé des cocardes. Le grand tambour d'un mètre de diamètre était au milieu du cercle formé par elles; des mégères le frappaient à tour de bras, et le son se propageait sourdement au loin dans les airs en vagues puissantes. Derrière se dressait la cour de l'initiation dont l'accès est interdit aux hommes, enclos de roseaux dont les gerbes empilées les unes sur les autres étaient attachées à de très hautes perches, des perches de cinq, dix mètres de haut au sommet desquelles des antilopes, des oiseaux, des éléphants grossièrement sculptés considéraient les mystères de l'intérieur. Et la danse était joyeuse, interrompue de temps à autre par les claquements de toutes les petites mains. Tandis que l'on pleurait au cimetière des Madjakane, on dansait à la capitale des païens et, à cette mélodie des filles nubiles reprise cent fois avec animation, répondait le cantique paisible, lent, mélancolique du deuil.

Cependant, comme pour faire la synthèse, un autre chant se fit entendre, en dehors du village, celui des garçons de la « bohwira »[1]. Dans leurs étranges costumes ils dansaient, eux aussi, dans un espace circulaire, près de l'entrée de la capitale et ils répétaient sans fin un vieux refrain dont le sens est très mystérieux; ils ne savent vraiment pas quel est l'à-propos de ces paroles....

Qu'est-ce qui sent si mauvais ? C'est l'odeur de la mort....

Maintenant tous, chrétiens et païens, chantaient la mort à leur façon, ceux-ci dans l'inconscience grotesque de leur mascarade, ceux-là dans le calme raisonné de leur foi....

Le culte terminé, le missionnaire jeta sur la petite bière la première poignée de terre. Bartimée jeta la seconde en disant : « Dieu l'avait donné, Dieu l'a repris ; » puis les deux évangélistes prirent les pelles ; sans hâte, avec un grand soin, ils firent couler le long des parois de la fosse la lourde terre afin qu'elle heurtât le cercueil moins violemment. Puis lorsque la bière eut disparu, ils précipitèrent leur besogne; deux autres hommes leur prirent les pelles des mains et les

[1] La bohwira est la seconde école de la circoncision. Les Ba-Nkouna se contentent d'une. Mais pour les Ba-Pédi elle dure deux ans : les initiés qui ont passé par les épreuves que nous avons décrites dans la première partie doivent revenir pour quelques mois l'année suivante à la capitale. Ils se fabriquent des masques en herbe tressée qui ressemblent à ceux des « mayiwayiwane » dont nous avons parlé à propos des derniers rites de la première école. Les rites de cette seconde école sont d'ailleurs très différents de ceux de la première. Les jeunes gens demeurent tous dans une grande hutte circulaire à proximité de la capitale tandis que c'est au beau milieu de la place centrale du village du chef que se dresse l'enclos du « balé » où les filles reçoivent leur initiation.

relayèrent. Bientôt la fosse fut comblée et un tumulus ovale s'éleva au-dessus. Alors ils enfoncèrent quatre grosses pierres aux quatre coins de la tombe là où la terre était molle; ils entourèrent le tumulus d'une couronne de morceaux d'un quartz bleuâtre, d'un quartz aurifère peut-être précieux; bientôt toute la petite éminence en fut couverte.

Le soleil allait se coucher. Là, derrière la montagne, le ciel était d'un gris de plomb. Les arêtes du Mamotsuiri et des cimes voisines se dessinaient, éclairées d'une étrange lumière. Quelques nuages très blancs se promenaient sur ce fond ténébreux que des éclairs lointains déchiraient parfois. Les chants se turent, les hommes rentrèrent dans leurs demeures, les grandes montagnes impassibles envahies par le brouillard se cachèrent et, sous la terre, le bébé potelé, l'enfant raphaëlique aux yeux fermés, dormait loin de sa mère.

Le missionnaire retournait par la nuit à la montagne, car, durant la saison des fièvres, il passait quelques semaines sur le haut plateau du Marovougne. Pour y arriver, il suivait le chemin par lequel Maroupi s'était échappé de l'école de la circoncision quelques années auparavant. Monté sur sa vieille mule au pied sûr et lent, il escaladait les pentes rapides; puis il passa le col qui conduit dans la vallée de Thabina, entre les deux arbres immenses qui se dressent là comme une porte superbe séparant les deux vallées. L'obscurité était tout à fait venue. Il devait tenir son bâton devant son visage pour n'être pas déchiré par les branches, tandis que la mule fidèle, connaissant le chemin par cœur, s'avançait avec assurance à travers l'épaisse forêt. Il sortit bientôt du bois et entra dans le haut pâturage. Les montagnes de la partie ouest du Drakensberg parurent alors à ses yeux très faiblement éclairées par une dernière lueur crépusculaire. Le brouillard ne les avaient pas encore envahies. Quel panorama ! Là-haut c'étaient Malinwana et Mampoulwane, les deux cimes jumelles, puis les curieux sommets de Mamba et au bout de la chaîne, la haute roche du Wolksberg avec son profil de Dent de Vaulion.... Ces cimes dominaient des hauts plateaux en partie boisés qui tombaient abruptement vers les vallées plongées dans l'ombre. Trois Creux-du-Van successifs se dessinaient vaguement, cirques immenses dont le fond était garni de forêts avec une cascade se précipitant au beau milieu. Et vers la plaine descendaient des arêtes en plis innombrables, très doux, très arrondis.

O Nature ! Impassible, immobile au sein de nos douleurs.... Les générations se succèdent et meurent ainsi que les éphémères au printemps, comme ce nuage de termites ailés qui sortent en foule après la pluie, perdent leurs ailes sur le sol et disparaissent ainsi que des vers noirs dans la brousse où les oiseaux les dévorent.... Les tribus qui habitent ces vallées de temps immémorial ont aussi vécu et sont mortes ; l'histoire ne les a pas même connues. Elle n'a point conservé leur mémoire. La mort les a englouties.... La mort ! Il dit vrai le chant des circoncis : Partout se répand son odeur nauséabonde....

Mais voici qu'une lumière nouvelle a paru sur cette terre antique. O Dieu ! Inconnu si longtemps, et soudain révélé ! Quelle transformation ! Bartimée était admirable aujourd'hui ! Quelle assurance dans cette voix qui tremblait ; quel éclat doux et quelle sérénité dans ces yeux rougis de pleurs ! La foi a vaincu ! Dans ce cœur de noir aussi, elle a accompli ses merveilles, déposé son baume, allumé son flambeau, remporté sa victoire....

....La mule escalada avec peine le dernier crêt rocailleux et, arrivé sur le plateau où brillait la lumière fidèle du foyer, le missionnaire vit le Mamotsuiri dresser sa pyramide plus majestueuse encore dans un ciel tout à fait clair. Le brouillard s'était dissipé. Un vent frais et pur soufflait là-haut ; il semblait que l'odeur de la mort avait disparu.

Zidji là-bas dans la plaine, couché sur le sol, enveloppé dans sa couverture songea longtemps aussi. Il ne pensa pas à la Nature, à l'Histoire, à la Révélation.... mais à Fazána. Il songea au deuil de Mankélou. Il se rappela la haine horrible, sanguinaire qui réclamait une victime, le procès en sorcellerie, ce temps maudit de souffrance torturante.... Puis il revit aussi Macoba, la grande païenne qui pour obéir à ses superstitions avait tué son enfant.... Et à côté de son père criant vengeance, de Macoba infanticide, il mit Bartimée résigné, bénissant, priant.

Alors il se réjouit du triomphe de la foi.

V

SOLDAT DE CHRIST ET SOLDAT DE SON CHEF

« — Dis-moi, Zidji, mon fils, quand te décideras-tu? Quand te livreras-tu? » dit un jour le missionnaire à son domestique. Le jeune homme baissa la tête. Il désirait ardemment passer par cette crise qui s'appelle la conversion et sans laquelle un païen n'entre pas dans l'Eglise de Dieu. Shilote l'avait scandalisé, il est vrai et Shilote n'était pas le seul représentant du chrétien noir inconséquent sur la station. Mais, plus intelligent en cela que la plupart des colons africains, Zidji ne déclarait pas que la Mission fût un insuccès (a failure) parce que quelques soi-disant convertis deviennent de mauvais sujets. Il connaissait Bartimée. Il voyait sous ses yeux au village des chefs de famille pieux et moraux, d'anciens buveurs qui ne s'énivraient plus, des jeunes gens qui avaient abandonné les coutumes impures du « gangisa ». Et il avait raison de croire à la Mission, car à tout prendre, pour qui connaît la nature humaine, il est infiniment plus extraordinaire qu'il y ait un seul chrétien indigène conséquent que dix mille indignes....

Aussi Zidji désirait-il se convertir. Depuis longtemps il avait abandonné son idéal de jadis : gagner trente livres et acheter une femme. Il aspirait de toute son âme à devenir un de ces « Madjakane » dont les païens se moquaient, car il sentait qu'il serait meilleur alors et qu'il irait plus loin et plus haut. L'affaire de Macoba l'avait aussi remué. La vieille n'avait pas été condamnée, car le tribunal n'avait rien compris à ce crime; mais cette histoire avait révélé à Zidji les ténébreuses horreurs du paganisme et l'en avait dégoûté.

Aussi la question de Monéri lui retourna-t-elle dans le cœur l'épée qui le meurtrissait. Comment faire pour se convertir ? Zidji n'était pas une de ces natures nerveuses qui s'excitent dans le vide et se forcent à pleurer. C'était un tempérament calme, raisonnable, capable de profondes émotions, certes, mais d'émotions sincères seulement.

Le soir venu il demanda la permission d'aller « faire la causette » au village. Il passa tout le long de la rue où se succédaient les maisons carrées des néophytes ; il ne s'arrêta pas chez le père Mouki dont la nombreuse famille grouillait sur la véranda.... Mouki était un vieux chrétien passablement endormi, un ancien très convaincu de sa sagesse et ses fils étaient de grands gaillards assez grossiers. Zidji dépassa la case du père Shilling ; là il eût trouvé meilleur conseil, mais le père Shilling très brave, très consciencieux était plus occupé des légumes qu'il vendait aux blancs de la mine que du salut les âmes. Il continua jusqu'au bout de la rue et arriva chez Titus. Titus était un cousin de Zidji, l'un des premiers Nkouna convertis. Bien que jeune encore, il jouissait d'une grande considération, parce qu'il était lent à parler et qu'il parlait toujours sensément. Jamais on ne l'avait vu en colère. Il était seul dans sa cabane, en train de remplir la cartouche de laiton qui lui servait de tabatière, quand Zidji entra dans sa chambre éclairée d'un petit quinquet fumeux.

— Le soleil est couché, dit le visiteur.

— Il est couché, répondit Titus.

— Tout le monde va bien ?

— Oui, et chez Monéri aussi ?

— Oui.... J'ai quelque chose à te demander, mon frère.

— Et quoi donc ?

— Comment faut-il faire pour se convertir ?

Titus interrompit son travail et peu s'en fallut qu'il ne laissât tomber sa tabatière. Il leva les yeux sur le jeune garçon et voici, ses yeux étaient brillants de joie.... Car il aimait beaucoup son petit cousin. Il l'avait plus d'une fois encouragé d'un mot au bon moment et ce soir-là encore, il lui répéta le message évangélique, la grande histoire qui console le monde et le régénère. Il pria avec le jeune homme et lui dit pour finir : « Dieu n'est pas éloigné de toi. Il entend tes soupirs et connaît ton désir. Aie confiance. Il se fera voir à toi bientôt. »

Et en effet, Dieu ne tarda pas. Le mystérieux Aimant qui attire les cœurs à Lui, après avoir troublé la quiétude de cette âme droite, un beau soir se l'annexa soudain.

C'était le jour du Vendredi saint. Les deux églises s'étant réunies, celle de Bartimée et celle de Monéri, on avait entendu des discours très sérieux en souto et en thonga. Zidji qui savait les deux langues avait tout très bien compris. Il écoutait intensément et lorsque Bartimée, des larmes dans la voix, les yeux levés au ciel, conjura les païens de croire du cœur à l'œuvre rédemptrice, un frisson secoua le cœur du jeune homme. Mais il réprima le cri qui allait sortir de sa poitrine et, à la fin du service, quand il se mêla aux groupes qui s'en retournaient au village, l'émotion se dissipa....

Le soir, il y avait séance de lanterne magique. Monéri allait illustrer la vie du Seigneur, de sa naissance à sa mort; des foules de spectateurs s'étaient réunis pour contempler les grandes images et l'assemblée était plutôt houleuse. Mais à mesure que se succédèrent les scènes de la Passion, l'auditoire se calma. On vit Jésus à Gethsémané, Jésus baisé par Judas, jugé, insulté, couronné d'épines, portant sa croix.... enfin Jésus crucifié; trois croix très longues se détachant sur l'obscurité du ciel, un nimbe de gloire autour de la face exsangue du Crucifié, un tableau fantastique, poignant, à la Gustave Doré. En face de ce spectacle suprême de douleur, Monéri fit chanter la complainte de la mort du Christ, un cantique lent dans lequel l'âme dit au Sauveur :

Oh ! Jésus, mon frère,
Pourquoi donc pleures-tu ?
Ton cœur te fait mal,
Pourquoi te fait-il mal ?

C'est parce que tu t'es mis
A ma place à moi ;
Tu fus battu pour la rançon
Du mal que j'ai commis.

Ici un sanglot étouffé se fit entendre dans l'assemblée. Quelqu'un pleurait. Les autres continuèrent :

Ils t'étendent sur la croix,
La croix des malfaiteurs.
Ton sang coule goutte à goutte
Et c'est ainsi que tu meurs.

Je te bénis, toi qui m'aimes,
Mais c'est plus fort que moi !
Je me confie en toi seulement :
Me voici, je veux te suivre.

Durant le chant des deux dernières strophes les

sanglots s'étaient peu à peu multipliés. Hommes, femmes, enfants avaient été gagnés. Les uns ne savaient pourquoi ils pleuraient.... Zidji, lui aussi, avait fondu en larmes. Soudain l'immensité de l'amour de Christ avait paru à ses yeux et, puisque Jésus avait souffert cette mort ignominieuse à notre place, quelle n'était point notre perdition ! La croix l'avait amené au sens du péché bien plus que le sens du péché ne l'avait amené à la croix.... Mais quelle que fût la voie suivie, il était arrivé. « La nouvelle Jérusalem a douze portes et chacune d'elles est une perle, » disait Drummond. Peu importe le côté par lequel on pénètre.... pourvu qu'on y pénètre.

Et il se sentait dans le sanctuaire maintenant. Ses larmes devenaient des larmes de joie. Il avait accepté la rédemption.

Après la fin du cantique, Monéri qui n'était nullement partisan des scènes de pleurs à l'église, se leva et très doucement dit : « Maintenant faites silence. » Peu à peu les sanglots s'arrêtèrent. Il ajouta : « Croyez de tout votre cœur à celui qui a souffert tout cela pour vous.... » Et Zidji dans son cœur dit : « Amen ! »

C'est ainsi que le jeune Nkouna, l'élève distingué de la circoncision, le fils du général de l'armée païenne entra dans l'Eglise chrétienne ; à partir de ce jour-là, il fut quelqu'un d'autre, le même Zidji et pourtant plus le même. Et si plus tard il erra, il pécha, il tomba, jamais l'effet de ce jour de Vendredi saint ne fut aboli. Tant il est vrai que cette crise de l'âme est la crise suprême.

Il y a des théologiens qui prétendent que la croix de Christ n'a rien à faire avec le salut du monde. Elle n'importe pas beaucoup plus que la ciguë que Socrate a dû boire ou les tourments de ces milliers d'innocents qui ont péri, victimes de l'injustice humaine. Dans les alambics de leur théologie, ces hommes ont distillé le mystère du Calvaire ; comme les chimistes traitent les racines médicinales pour en extraire les alcaloïdes, ils ont extrait eux aussi de l'histoire évangélique un certain nombre de principes moraux indiscutables pour guérir l'humanité. Seulement, de même que le malade dont les sulphates délabrent l'estomac et qui profiterait beaucoup plus de la médecine telle que la nature l'a préparée elle-même, le cœur humain n'est pas régénéré par l'exposé froid des vérités théologiques.... La puissance qui le vainc, c'est la croix. Et, malgré les sourires supérieurs des professeurs modernes, la croix, puissance de salut, continue à travers le monde sa course triomphante. Et c'est elle, la croix rayonnante de la justice et de l'amour divins qui attire tous les hommes en haut.... vers les sommets de la vie religieuse que les nations païennes n'eussent jamais connus sans la croix.

De tous les moyens que l'humanité a imaginés pour travailler à son perfectionnement moral, la croix demeure le grand, l'unique. Aussi bien ne fut-elle pas inventée par l'homme, mais elle lui fut donnée de Dieu.

Lorsque le soir même Zidji vint annoncer sa conversion à Monéri, celui-ci eut un tressaillement de joie.... Car dans la vie d'un missionnaire, vie pleine d'occupations de toutes sortes, matérielles ou autres, il n'est pas de plus beau moment que celui où une âme vient dire: « J'ai cru. » C'est le miracle de la nouvelle création.

— Et tu désires vraiment suivre celui qui t'a sauvé, mon fils ?

— Oui, je le désire de tout mon cœur.

Qu'il parlât sincèrement, la suite le prouva.

Deux ans auparavant la station missionnaire avait été considérablement agrandie par la création d'une école supérieure dont le but était de former des évangélistes et instituteurs pour tout le pays thonga. Plusieurs jeunes gens des Spelonken, du Littoral de Delagoa y étaient entrés déjà et travaillaient avec zèle à se perfectionner dans les éléments de l'arithmétique, de l'anglais, l'étude de la Bible demeurant au centre de l'enseignement. Un second missionnaire avait été mis à la tête de ce nouvel établissement dont tout le monde attendait beaucoup de bien....

— As-tu pensé à l'école, Zidji ? demanda son père spirituel.

— Oui, depuis longtemps je désire y entrer. Puisque Christ est mort pour moi, je veux mourir pour les autres.

Zidji qui avait presque fini les classes de l'école primaire de la station devint donc un des élèves de l'école d'évangélistes. Il fut dûment mis au courant des règles de l'institution.

« Tu t'engages à servir la Mission pendant six ans au moins, à la sortie des cours ; ceux-ci dureront quatre ans. Tu promets d'être soumis à ton missionnaire et à celui de tes camarades qui est établi comme surveillant. Interdit d'avoir aucune correspondance avec des jeunes filles pendant le stage à l'école. Les amourettes ne sont pas tolérées. Mais si un jeune homme entre étant déjà fiancé, c'est bien. Il n'a qu'à l'annoncer au directeur, etc. » Zidji promit tout de tout son cœur et de toute son âme ; il fut admis dans l'un des trois dortoirs de l'école et commença à manger le « mogayo », c'est-à-dire la farine de maïs que les élèves moulaient tous les jours et qui constituait leur principale nourriture. La règle de l'école ne lui fut pas pénible.... Il en avait vu d'autres et de plus dures au camp de la circoncision. Et il valait bien la peine de sacrifier les petits régals de la cuisine des femmes à la sainte ambition de devenir un prédicateur de l'Evangile.

Cependant quelques semaines plus tard l'école fut

suspendue d'une manière absolument inattendue. La guerre anglo-bœr battait son plein. Les commandos vaincus à Machadodorp s'étaient repliés sur le Bas-Pays du Transwal et accomplissaient lentement, à travers le désert, leur jonction avec les troupes réfugiées au Nord à Pietersbourg. Profitant de ce moment où le Gouvernement bœr n'avait plus ni le pouvoir ni le temps de s'inquiéter des indigènes et où les Anglais n'étaient pas encore assez maîtres du pays pour pouvoir les contrôler, les tribus noires entreprirent de régler de vieux comptes : Le fils de Sékoukouni qui demeure de l'autre côté des pics du Drakensberg, au Sud de l'Oliphant, aspirait à reconquérir la suprématie qu'il exerçait jadis sur toutes les tribus pédi de la région. Un vassal mécontent, Maféfé, lui résista et vint se réfugier chez Mogwane. Celui-ci lui donna asile et reçut ses bœufs et ses femmes.... Par contre Sikororo, le vieux chef centenaire, l'anachorète de l'Alpe africaine, qui vit dans la solitude, loin des femmes et loin du monde, fit sa soumission au terrible potentat dont les soldats s'appellent les Maroudja. Par là il devint l'ennemi de Mogwane. Les Ba-Nkouna, quoique de tribu toute différente ainsi qu'on le sait, sont depuis longtemps les alliés des Pédi du Bokhaha avec lesquels ils se partagent le pays. Dabouka épousa donc avec conviction la cause de son ami, le chef Mogwane. Une troupe de Sikororo ayant attaqué quelques villages des Nkouna établis à la frontière de son pays, brûlé leurs greniers à maïs, éventré leurs porcs, volé leurs poules, cette agression mit le feu aux poudres. Une excitation extraordinaire se produisit partout dans le pays. Les Ba-Pédi arrivaient chez leur chef avec des airs martiaux d'un comique achevé, chacun ayant un vieux fusil à pierre sur l'épaule, crosse en l'air, canon dans la main et marchant à grands pas vers la capitale comme s'ils étaient appelés à sauver le royaume ! La plupart avaient au plus de quoi tirer un seul coup.... Mais c'était justement ce coup qui devait décimer l'ennemi ! Ces soldats pédi n'avaient aucun ornement belliqueux et étaient vêtus pour la plupart d'affreuses vestes en loques. Arrivés à la place publique de Mogwane, ils s'asseyaient prosaïquement par petits groupes et s'offraient des prises en attendant les événements.

Chez Dabouka, il en était bien autrement. Les Nkouna, comme tous les autres Thonga, ont adopté le système militaire zoulou et l'on ne saurait nier que cet appareil apporté de toutes pièces par les guerriers de Manoukosi au Littoral de Délagoa ne soit fort impressif, grandiose même à certains moments. Lorsque toute l'armée se fut réunie sous le figuier énorme, les Nkouna firent le cercle à son ombre. Ce cercle est plutôt un fer à cheval, car il y reste une ouverture qu'on appelle la porte. Chose curieuse, cette disposition de l'armée correspond tout à fait à celle des huttes, au village. Au fond faisant face à l'ouverture, se tient le chef entouré des plus vieux guerriers de la tribu, de même que, dans le kraal, la hutte du maître du village est vis-à-vis de la porte d'entrée. Ce régiment des hommes aux cheveux grisonnants, c'est la poitrine de l'armée. On les appelle les buffles. Les autres guerriers se disposent des deux côtés du cercle par rang d'âge, les plus vieux des deux côtés de la poitrine : ce sont les hyènes qui déchirent, puis les mouettes de la mer aux évolutions rapides, puis les antilopes, puis les lynx aux dents acérées, enfin, à droite et à gauche de la porte, les jeunes gens qu'on appelle « bajlanazo », le plus bruyant et le plus nombreux des régiments.

Par une faveur spéciale, les « Madjakane » avaient été autorisés à former un groupe spécial que le chef avait invité à se placer près de lui.

Il était superbe, ce cercle de guerriers noirs dans leurs plus beaux atours, tous tenant le bouclier dans la main gauche, leurs sagaies dans la droite, leurs têtes couvertes de plumes d'autruches ou de veuves, leurs jambes et leurs bras de longs poils blancs pris à des queues de vaches, se regardant tous, ne pouvant contenir leur impatience. Les chants de guerre partirent d'eux-mêmes, lents, solennels; d'abord celui qui célèbre en paroles énigmatiques la girafe du désert, le chef pour lequel l'on mourra, puis celui qui glorifie la sagaie qui déchire les ennemis et deux ou trois encore. En cadence se balançaient les bras, les jambes, les torses, et la terre tremblait quand, tous ensemble, les pieds frappaient le sol et que les poitrines articulaient un « ji » énergique.

Puis vint le « *guila* », la célébration des exploits.... Un homme d'âge mûr sortit des rangs, s'avança dans le cercle à petits pas, infligeant au sol avec ses pieds des coups répétés, tantôt longs, tantôt courts : tâ-tatata, tâ-tata ! Tous ses muscles étaient tendus et il prononçait sans trêve en zoulou des paroles que l'assemblée soulignait. Sans doute il racontait ses exploits. Puis, il rentrait dans les rangs et alors, comme un seul homme l'armée entière poussait un sifflement puissant se terminant sur une note très haute : Zuiiiiiiii et retombant soudain en une exclamation prolongée, gutturale : Iyaaa ! Quelques-uns ajoutaient : Ndjao, le lion ! Et cela voulait dire : Il vient, il bondit, il est là, le lion nkouna, l'armée invincible !

Un homme plus jeune succéda au vieux. Lui sautait en brandissant ses armes. Après la force contenue mais terrible du lion, l'agilité de l'antilope. Il avait aussi tué jadis un ennemi et il montrait comment il l'avait transpercé. Sa sagaie plongeait et replongeait dans le cœur de cet ennemi imaginaire. Puis soudain deux autres jeunes gens s'élançaient dans l'enceinte rivalisant de bonds sauvages avec lui. C'étaient ses « bahlomouri » c'est-à-dire ceux qui lui avaient aidé à tuer, car le vrai héros, le propriétaire du mort, c'est celui qui lui a porté le premier coup. On dit qu'il a percé la tête. Ceux qui suivent peuvent encore frapper l'ennemi hors de combat mais leur gloire est moindre. On dit d'eux qu'ils ont percé la jambe et le bras. Tous les trois s'acharnaient donc sur leur victime supposée et leurs yeux brillaient d'un éclat incomparable.... Le cœur de tous les guerriers tremblait alors. Car, dans ces productions intensément vivantes, il y a toute une poésie primitive. Les trois genres littéraires : épique, dramatique et lyrique y sont encore confondus et pourtant, malgré leur spontanéité apparente, ces manifestations-là sont soumises aux lois d'un certain style. Quand retentit le puissant : Zuiii, Iyaa ! par lequel le cercle entier accueillit cette danse superbe, Zidji, et plus d'un avec lui, sentit ses cheveux se dresser sur la tête, de crainte, d'enthousiasme, de désir.... et avec tous les autres il cria au chef : « Donne-nous ! ! Donne-nous ! ! » C'est ainsi que l'armée supplie son chef de lui donner la permission d'aller tuer, car, sans cette permission, la guerre ne peut commencer. Il faut qu'il envoie ses guerriers au feu, sinon ceux-ci ne seront que des meurtriers et leurs exploits que de vulgaires assassinats.

Après un ou deux jours de ces représentations épiques le diapason était monté très haut. Une troupe de jeunes gens dont Zidji faisait partie fit une incursion jusqu'au pays des ennemis. A l'un des gués du chemin, ils trouvèrent un bâton surmonté de quelques plumes d'un certain échassier nommé « mapfalane ». Cet oiseau porte malheur aux voyageurs. Si on le rencontre au moment où l'on entreprend une course, on retourne en arrière aussitôt.... C'est l'oiseau de l'orient qui empêche les voyages. Evidemment les ennemis avaient planté là ces bâtons pour faire avorter toute expédition guerrière que l'on aurait pu tenter contre eux. « Ils ont peur ! » dirent les jeunes Nkouna. Et Zidji qui commençait à être délivré des superstitions païennes arracha le piquet et le jeta dans l'eau de la rivière.

D'autre part on apprit par des espions que l'armée de Sikororo avait reçu du renfort et qu'elle était en train de manger *les bœufs de la guerre* : ceux dont on mélange la viande avec des médecines mystérieuses pour obtenir l'invulnérabilité. La bataille allait donc se livrer. Dabouka réunit tous ses hommes et Mankélou entrant dans le cercle, sa queue d'hyène à la main, une vieille chemise autrefois blanche faisant tristement contraste avec ses ornements guerriers, annonça en phrases brèves que, ce soir, l'armée recevrait l'aspersion de la grande médecine des Ba-Nkouna, celle qui assure la victoire et qu'on conserve de génération en génération pour le salut de la tribu.

Il faisait nuit sous l'immense figuier. On fit cercle en silence; la poitrine, les flancs, les ailes de l'armée prirent leurs positions; puis, au lieu de danser, de crier, tous les guerriers s'assirent, mirent la tête sur leurs genoux et fermèrent leurs yeux. Alors l'une des reines, une vieille femme, s'étant dépouillée de tous ses vêtements entra dans le cercle viril, portant à la main une marmite pleine de la décoction sacrée. Elle tenait aussi une branche bien feuillue qu'elle trempait dans le liquide et avec laquelle elle aspergeait tous les régiments les uns après les autres. Et elle parlait lentement, au milieu du silence absolu. Elle disait : « Allez fracasser leurs *marmites*, *allez* brûler leurs villages et transpercer leurs chiens. Saisissez leurs chefs.... Amenez-les ici même.... Amenez Rios; amenez Sikororo. Amenez Masoumé. Sauvez votre roi. Sauvez votre pays ! » C'était excessivement impressionnant et tous, jusqu'au plus vieux, tremblaient. Durant l'aspersion, nul ne doit lever les yeux. Celui qui regarderait mourrait.

Etrange coutume vraiment ! En voici peut-être l'explication : On a assisté — sans le regarder — à un spectacle inouï, impudique, interdit au premier chef ; l'une des matrones de la tribu s'est promenée sans vêtements au milieu du cercle guerrier. Dès lors plus rien n'épouvante. Plus rien n'est impossible. La vue du sang ne répugnera plus à personne. On est capable de tout.

Le lendemain le chef « donna » à l'armée le chemin de la bataille. Chaque régiment à son tour se porta à la rencontre du général poussant les cris de la bête dont il portait le nom et Mankélou, levant sa queue d'hyène, pointait vers le pays ennemi. Les antilopes firent : Tschui, tschui, gwii, gwii, hwii, hwii ! e ka-ka-ka-ka et elles bondirent vers l'orient. Puis les mouettes s'élancèrent en faisant tswé-tswé-tswé ! Les lynx koué-koué-koué et enfin les buffles, les vieux, houm ! houm ! mhoum ! Quelques-uns avaient attaché une corne ou deux sur leurs fronts et imitaient le bœuf qui transperce ou le rhinocéros qui fond sur son ennemi.

Dans le village régnait une grande tranquillité, tandis que toute la force armée était partie pour la bataille. Les cœurs étaient anxieux.... et l'on surveillait avec inquiétude du haut d'une colline la plaine du côté de l'orient. La rencontre devait avoir lieu sur les bords du fleuve Sélati, à 7 kilomètres à l'est, à la frontière du pays de Sikororo. Qui traverserait le ruisseau ?... Bientôt un jeune garçon vint tout effrayé dire qu'il avait aperçu, de son poste d'observation, la fumée d'un village qui brûlait en deçà de la rivière. C'est donc que les ennemis avaient repoussé ceux du Bokhaha et passé le Sélati. Aussitôt ce fut un sauve-qui-peut général. Les femmes des Ba-Pédi empaquetèrent en hâte leurs nippes dans leurs grands paniers coniques et, se chargeant de tout ce qu'elles avaient de plus précieux, détalèrent vers la plaine, bébés sur le dos et tenant par la main les enfants capables de courir. Elles passaient auprès de la maison de la station. Monéri les rassurait. « N'ayez pas si peur ! On ne sait encore rien. » Mais ayant perdu la tête elles n'écoutaient rien et c'était de longues théories de négresses à moitié nues, qui s'enfuyaient les yeux hagards, leurs jupes de peau se balançant de ci de là. Elles se croyaient déjà mortes.

Bientôt le bruit de la fusillade se rapprocha. Le soleil se couchait. Enfin sur le col entre le Tchikaboutomi et son avant-mont, les guerriers de Dabouka et de Mogwane parurent. Ils marchaient en bon ordre mais évidemment ils avaient été battus. Les ennemis avaient cessé leur poursuite, car plusieurs des leurs avaient été tués et ils avaient probablement dû procéder à leur sépulture....

Le retour fut morne. On pouvait s'attendre au pire. Le lendemain l'un des meilleurs tireurs de Dabouka vint vers Monéri : « Nous sommes morts, dit-il. Sikororo va revenir avec des renforts et nous ne pourrons pas lui résister. Tous nos villages y passeront. » Il était à peine sorti que Mogwane, le chef pédi arrive. « La situation est des plus graves. Je viens d'apprendre que le chef Thabina, celui qui demeure derrière la montagne à l'ouest, a fait alliance avec Sikororo. Ils ont résolu de nous anéantir et veulent aussi massacrer les missionnaires parce que ce sont eux qui nous ont instruits et nous ont donné le courage de leur résister. Ils disent que les missionnaires veulent mettre les noirs sous le joug des blancs. Or ils n'en veulent plus de ce joug. »

C'était une mauvaise nouvelle, en effet. Si Thabina se joignait à Sikororo il n'y avait guère de chance de s'en tirer. La station était pratiquement cernée.

Le vieux missionnaire, que nous appellerons Senior, alla trouver son collègue Junior, et tous deux se concertèrent sur ce qu'il fallait faire.

De nombreux détachements de Bœrs passaient justement par le désert après leur défaite de Machadodorp et de Komatiport et campaient à Leydsdorp. Monéri Junior partit immédiatement avec sa voiture et ses deux mules pour aller leur représenter la situation. Leydsdorp est à trente kilomètres. Il n'y arriva que le soir. Autour d'un feu, il trouva de grands gaillards cuisant leur repas; c'était un parti de Hollandais qui faisaient le service du télégraphe. L'un d'eux avait été secrétaire du général Botha. Un autre était avocat à Johannesbourg. Leur commandant, une espèce de reître à la Rembrandt, dans ce clair-obscur africain, répondit avec hauteur qu'ils avaient assez à faire avec leur propre guerre sans s'embarrasser encore des disputes des tribus noires. Mais l'avocat entraîna le missionnaire dans le petit hôtel de la localité. Deux ou trois autres compagnons le suivirent et là, *inter pocula*, on causa.

— S'il y a des femmes et enfants blancs en danger, j'y vais, dit l'avocat.

— Moi aussi, ajouta le télégraphiste.

— Et moi, je suis de toutes vos aventures, dit un troisième. Partons!

A trois heures du matin, armés jusqu'aux dents, les trois guerriers de l'armée bœr accompagnèrent le missionnaire à travers les gués, les ornières, les fondrières jusqu'à la station qu'on vit bientôt paraître dans la clarté indécise du matin. Elle n'était pas encore en feu! L'attaque cependant était attendue pour ce matin-là. Mais personne ne parut, à part la martiale troupe dont l'arrivée ressuscitait les courages et rassérénait le ciel.

Deux jours, trois jours s'écoulèrent. Point d'ennemis ! Les Hollandais repartirent avec leurs fusils Mauser et leurs cartouches et durant trois semaines rien ne se passa.

Mais un certain mardi, Vondo, le veuf de Fazana, qui demeurait aux confins du pays ennemi, arriva en toute hâte chez Dabouka, l'avertissant que de grands renforts étaient arrivés de chez Sékoukouni chez Sikororo et qu'une expédition très menaçante se préparait. Or tous les guerriers nkouna, fatigués d'attendre une attaque qui ne se produisait pas, s'étaient dispersés. Il n'en restait à la capitale qu'une trentaine occupés à garder les bœufs du chef. Impossible de réunir l'armée avant le lendemain.... La situation était très grave, en vérité.

Tandis que Dabouka et ses conseillers discutaient, l'air anxieux, sur la place publique, soudain le grand devin de la tribu, Rinono, apparut, l'air inspiré. Il avait ramassé un lien d'herbes entrelacées jeté à l'entrée du village par une femme qui s'en était servi pour attacher son fagot de bois, et, avec un geste nerveux, il séparait ces herbes les unes des autres, les éparpillait dans toutes les directions et criait sur un ton prophétique : « Nous les disperserons ! Nous les transpercerons ! Nous les anéantirons ! » Rinono était un jeteur d'osselets fort renommé. Il croyait de tout son cœur au pouvoir divinatoire de ses astragales et de ses coquilles; dans son angoisse, il avait ouvert le sac de peau où il conservait les soixante précieuses pièces de son jeu.... Il les avait projetées devant lui sur sa natte et soudain, dans les osselets couchés ou debout, dans les coquilles laissant voir leur large bouche, dans les pierres, les morceaux de carapace de tortue montrant leur face convexe, il avait vu clairement, avec une évidence absolue, Sikororo vaincu, ses guerriers chassés, ses villages brûlés; alors ce vieux païen croyant était venu à la capitale ranimer le courage de son peuple.

Chez Monéri, ce soir-là, on se réunit à l'église et l'on pria. Là aussi la foi, une foi plus pure, la foi en Dieu qui n'abandonnerait pas les siens, vint mettre le calme dans les cœurs épouvantés et l'on crut contre toute espérance.

La nuit fut tranquille et l'on put même dormir. Qui sait si ce n'était pas une fausse alerte après tout ? Mais dès que l'orient commença à s'éclairer, les doutes s'évanouirent.... Déjà une ceinture de villages brûlaient sur les pentes de la colline de Mohlohlune, en avant du Tchikaboutomi. Et, dans la lumière crue du matin, ces flammes montant tout droit vers le ciel semblaient le prélude d'une conflagration terrible. Déjà des cris d'horreur retentissaient. Des femmes criaient : « On me tue ! Au secours ! » Et le crépitement de la fusillade commençait. Une armée considérable divisée en quatre corps descendait vers le Moudi, un des corps se dirigeant vers le haut de la vallée, chez Maféfé, l'ennemi à mort de Sikororo, un second contre les villages de Mogwane, un troisième contre la station missionnaire et le dernier contre la capitale de Dabouka, tout au bas de la vallée, déjà dans la plaine....

Réveillés en sursaut, les quelques braves de Dabouka se portent résolument à la rencontre. Les chrétiens de la station pourvus pour la plupart de carabines Martini et habillés de pied en cap à l'européenne courent à travers la vallée pour défendre le passage du Moudi. Zidji, bien que n'ayant qu'une sagaie, les suit. Un espoir suprême les anime.... Ils s'abritent derrière quelques termitières, visent bien, ne font feu qu'à bon escient.

Plus haut, chez Mogwane, les ennemis réussissent à passer le ruisseau. Mais une fusillade nourrie les reçoit. Plusieurs tombent : « Moya, Moya ! » crient-ils. « Ce n'est que du vent. » Mais les gémissements des blessés les épouvantent. Bartimée et Maloupi sont au premier rang et combattent vaillamment. Chez Maféfé le combat s'engage presque corps à corps.... Qui faiblira? Soudain, dans le centre, les assaillants s'enfuient. Leur chef, Rios, le vilain intrigant qui a toujours poussé à la guerre, est tombé transpercé d'une balle.... Les chrétiens s'élancent après eux, passent le Moudi : « Ce sont des blancs ! Les blancs sont venus ! » crient les ennemis en déroute. Ils détalent au centre. Ils détalent partout et maintenant la poursuite commence.

— Zidji, va vite demander des cartouches à Monéri, dit le père Mouki. Nos munitions sont épuisées.

Léger comme l'oiseau, Zidji revient à la station, autour de laquelle les balles avaient déjà sifflé et il repart pour le front de bataille avec son précieux chargement.... C'est la victoire. Là-bas, à l'est, des fumées commencent à s'élever. A les voir paraître les unes après les autres, on devine la marche de l'armée victorieuse.... Les deux chefs suivent leurs guerriers. Ils se rencontrent auprès du cadavre de Rios et se serrent la main avec une émotion indescriptible. On passe le Sélati, on arrive aux portes du pays ennemi, à la capitale de Sikororo. Le vieux chef est là-haut, seul dans la montagne. Va-t-on le tuer, le faire prisonnier? Les conseils de la clémence prévalent. La leçon a été suffisante. Les vainqueurs reviennent chez eux.

Ce retour fut quelque chose de superbe. Chacune des trois armées alliées rentra dans sa capitale en exécutant des chants de guerre. Les guerriers de Maféfé, Basoutos de la montagne, maigres, secs, aux muscles d'acier, sautaient, dansaient tout le long du chemin et leurs armes scintillaient. L'un d'eux chantait un solo en fortissimo, célébrant les exploits du jour et toute la troupe lui répondait en clameurs viriles, sonores, par monosyllabes. C'était d'une sauvagerie extraordinaire. Chez Dabouka, les guerriers peu nombreux le matin étaient accourus pendant toute la journée et, au retour, bien que la plupart n'eussent guère pris part à la bataille, ils participèrent au chant de triomphe. Une heure avant d'arriver à la capitale ils l'entonnèrent et ne le lâchèrent pas avant d'avoir atteint le grand figuier sous lequel ils firent aussitôt cercle.... Ceux qui avaient tué des ennemis alors commencèrent leur « guila ». Mais Dabouka les fit taire et debout au milieu de tous ses guerriers, il dit : « Vous avez été vaillants. Mais sachez que si nous avons vaincu, c'est grâce aux chrétiens et à leur fermeté.... » Là-dessus un païen cria : « Nous aussi, nous avons été courageux ! » Le chef dit : « Chantons un cantique. » et il pria, bénissant Dieu pour la grande délivrance. L'armée entière écouta avec un profond silence et c'est peut-être la première fois que le cercle militaire zoulou, le cercle des sagaies et des boucliers de peau se recueillit pour une prière au vrai Dieu.

Enthousiasmée, la petite troupe de chrétiens partit alors et se dirigea vers la maison missionnaire.... Elle s'arrêta au pied de la véranda et là, en présence du serviteur de Dieu très ému, elle entonna virilement une grave mélodie avec les paroles que voici :

Jésus seul sera notre roi
Et nous serons ses guerriers.
Nous irons et nous vaincrons,
Nous sommes les soldats du Vainqueur !

Le cœur de Zidji se serra dans sa poitrine et il eut des larmes dans les yeux, tandis que sa voix de basse se joignait à celle de ses camarades.

Cette journée fut merveilleuse. Bartimée disait : « Je voyais la main de Dieu, là-haut, montant le ruisseau du Moudi et disant aux ennemis : « Vous ne passerez pas ! » Evidemment la panique avait saisi les assaillants et les avait mis en fuite bien qu'il fussent trois fois plus nombreux que les assaillis. La raison de cette crainte subite, c'est sans doute la présence des quelques Bœrs qui étaient venus défendre la station peu de jours auparavant. Les gens de Sikororo crurent qu'ils étaient encore là et, à la vue des chrétiens en pantalons courant à leur rencontre, ils ne doutèrent pas que ce ne fût une troupe de blancs. Ils sont encore convaincus à l'heure qu'il est qu'ils ont été vaincus, non pas par des noirs méprisables mais par des Européens.

La grande bataille du Bokhaha eut pour résultat une recrudescence aussi bien du paganisme que du christianisme dans la contrée.

Les corps des guerriers ennemis morts au combat ne sont jamais inhumés, car leurs frères d'armes se sont enfuis, les laissant à la merci des vainqueurs. Que deviennent-ils ? Bien que le cannibalisme ait tout à fait disparu du sein de ces tribus, la chair des ennemis est conservée avec soin, disséquée pour servir à la fabrication des médecines secrètes et toutes-puissantes qui assurent l'invulnérabilité et toutes sortes d'autres pouvoirs magiques. Une quarantaine d'hommes de Sikororo étaient tombés. Les blessés furent achevés sans aucune miséricorde et toute une nuée de vautours noirs s'abattit sur le pays sous la forme de vieux mèges aux longs cheveux, portant leurs drogues dans des sacs de peaux de mulots, en bandoulière. Rien ne resta de ces vaillants guerriers. Les membres réputés les plus efficaces furent coupés par les sorciers de Mogwane, brûlés, réduits en poudre et ainsi fut renouvelée pour longtemps la provision des charmes qui maintiendront la puissance militaire de la tribu. Le crâne de Rios, le chef, après avoir été conscencieusement dépouillé de tout son contenu fut introduit, dit-on, dans le grand tambour de la capitale, celui qu'on ne bat qu'en temps de guerre ou de réjouissance nationale. Quant à ce qui resta de cette curée sauvage, ce furent les mèges des tribus amies qui vinrent supplier qu'on le leur donnât. Il en vint de Modjadji, il en vint de Mamatolla, il en vint même des lointaines Spelonken; et tous s'en retournèrent radieux; car quelle médecine est plus puissante sur l'homme que la chair de l'homme? Qu'est-ce qui assurerait la victoire sur tous les ennemis qui vous menacent, la mort, la sécheresse y compris, sinon la dépouille d'un vaincu?

Tandis que, dans le mystère de la brousse, les prêtres du paganisme préparaient leurs charmes, l'Eglise du Bokhaha s'épanouissait au grand soleil de Dieu. La popularité des chrétiens avait énormément grandi; non seulement Dabouka les avait proclamés les véritables auteurs de la victoire du sept novembre.... Mais durant ces semaines, ils avaient pris part de tout cœur aux angoisses, aux espoirs, au triomphe de la tribu. Les missionnaires, une fois de plus, avaient été les boucliers de la nation. Sans eux, chacun le disait, la coalisation Sikororo-Sékoukouni eût balayé le Bokhaha, tué les hommes, asservi les femmes, déposé les chefs. Un excellent esprit régnait d'ailleurs dans la congrégation qui obéissait sans sourciller à son directeur blanc. Celui-ci profitant de ces bonnes dispositions avait organisé systématiquement l'évangélisation du pays. Chaque second dimanche, tous les hommes partaient en groupes de trois ou quatre accompagnés des femmes et des enfants qui voulaient se joindre à eux et allaient prêcher la bonne nouvelle dans tous les districts. Partout les païens demandaient des évangélistes et des instituteurs et Monéri qui avait travaillé tant d'années sans voir grand résultat s'étonnait et se réjouissait de voir le pays entier réclamer la parole de vie.

Cet enthousiasme culmina dans la fête de Noël qui suivit la bataille du Moudi. De nombreux candidats avaient été examinés en vue du baptême et, parmi ceux que le missionnaire avait trouvés assez instruits et assez décidés pour être admis, se trouvaient le chef Dabouka et Zidji. Aussi des foules de païens vinrent-elles renforcer l'Eglise ce jour-là et la grande chapelle fut trop petite pour contenir les centaines d'assistants. La réception des chrétiens des annexes au moyen de chants et de réponses eut lieu comme d'ordinaire. Mais cette fois Zidji était parmi les exécutants. Il y eut même un petit concert donné par la fanfare de l'Ecole d'évangélistes qui venait de se constituer et qui eut un succès extraordinaire en jouant à quatre voix : « Jésus est né. »

Le culte fut simple mais solennel. Le missionnaire dans son allocution rappela la grande délivrance du sept novembre et proclama qu'une autre bataille devait être livrée contre un ennemi plus redoutable que Sikororo, le combat contre Satan, contre le paganisme, contre le péché qu'il s'agissait d'expulser aussi au delà du Moudi, du Nwebeti, du Sélati, loin, loin, au désert. Puis il donna la parole aux candidats. Ceux-ci étaient au pied de la chaire, sur deux bancs spéciaux, une dizaine d'hommes et quinze femmes, quelques-unes ayant leurs bébés sur le dos. L'un après l'autre, chacun se leva et fit sa confession....

Ce fut d'abord Dabouka, dans sa belle veste à boutons brillants, don du Gouvernement. Il commença par la formule ordinaire : « Mes frères, si je me lève aujourd'hui, au milieu de vous, ce n'est pas parce que je suis un homme bon, car je suis un pécheur.... » Il ajouta : « Je ressemble à un arbre debout à la lisière d'un champ. Priez pour moi.... » Par quoi il entendait sans doute que sa position entre chrétiens et païens serait pleine de difficultés.

Tous, en s'engageant, concluaient volontiers par ces paroles prudentes : « Quant à l'avenir, je n'en sais rien, car je suis encore sur terre. Mais je désire suivre mon Maître. » C'est ce qu'affirma aussi, en s'administrant de grands coups de poings sur la poitrine, l'élève Matousane qui avait demandé de s'appeler Farel et qui s'appliquait à ressembler à son homonyme par la violence de ses manifestations. Il conclut en disant : « Je me suis couché sur l'autre côté. »

Zidji fut plus calme. Il rendit compte de sa foi comme un vrai Nkouna, en restant très maître de lui et en termes mesurés. Son père Mankélou qui assistait pour la première fois au service divin dans la chapelle le regardait, bouche bée, les yeux injectés comme toujours, le dos voûté, sous sa chemise blanche de propreté douteuse. Il eût été bien malaisé de faire le triage des sentiments contradictoires qui remplissaient la poitrine de ce vieux païen. « C'est très bien, c'est très bien, » murmurait-il, quoique ne comprenant nullement la portée de ce que son Zidji disait.

Puis ce fut le tour des femmes. L'une d'elles modifia gentiment la formule de l'exorde :

« Si je suis aujourd'hui devant vous, serviteurs du Seigneur, ce n'est pas que je sois une jolie femme.... car mes péchés sont nombreux. » Cependant un bébé dormait sur ses épaules, caché sous la peau d'antilope dont les jambes de devant sont nouées au cou de la mère et celles de derrière autour de la taille. Il s'éveilla quand sa mère parla et ses cris firent bientôt concurrence à la voix maternelle. Alors sans se gêner aucunement elle dénoua les courroies, prit l'enfant, lui offrit le sein et, comme le bébé se consolait, elle reprit son discours sentencieux, parlant comme tous les autres, sinon avec beaucoup d'originalité, du moins avec une simplicité et une facilité parfaites.

Un grand silence régnait durant toutes ces confessions. Il se fit plus profond encore quand Monéri lut la formule d'engagement à laquelle chacun répondait : « Eéé ! Oui. »

« Crois-tu au Dieu créateur, au Fils Sauveur ? T'engages-tu à suivre la voie du Christ par la puissance de l'Esprit ? As-tu abandonné les coutumes mauvaises du paganisme, les osselets divinatoires, les accusations de sorcellerie, la bière forte, la magie et t'es-tu attaché à la doctrine évangélique ? »

« Oui, » répondirent toutes les voix.

Alors, s'agenouillant sur la terre battue, tous, depuis le chef Dabouka jusqu'à la petite femme qui n'était pas venue parce qu'elle était jolie mais parce qu'elle était pécheresse, tous reçurent l'eau du baptême. Quand il la versa sur les cheveux crépus de Zidji dans lesquels quelques gouttelettes pénétrèrent tandis que d'autres glissaient de vrille en vrille et tombaient à terre, Monéri dit :

« Zidji, je te baptise au nom du Père, du Fils et du Saint-Esprit. Puisses-tu être un bon messager de l'Evangile au sein de ton peuple, un bon soldat de Christ jusqu'à la fin. »

Et toute l'assemblée dit : « Amen. »

Puis les jeunes gens de l'Ecole chantèrent pour lui les strophes suivantes :

Sois ferme, camarade, sur la voie du Seigneur.
Suis-le seulement tous les jours.
Tu as reçu le sceau sacré, tu entres dans l'armée,
Tu te ceins de tes armes aujourd'hui ;
Sois ferme, camarade, sur la voie du Seigneur.

Vois, les choses de la terre, elles passent, elles finissent,
Comme les fleurs elles se hâtent de se flétrir ;
Abandonne-les aujourd'hui. Regarde en haut,
Vers les choses du ciel, là où le Christ règne !
Vois, les choses de la terre, elles passent, elles finissent.

Oh ! qu'elle est belle la couronne de la vie !
Elle dépasse le diamant, quelle pureté est la sienne !
Vois, mon frère, tu l'obtiendras,
Si tu conserves pur le sceau de ta foi.
Oh ! qu'elle est belle la couronne de la vie !

— Qu'en dis-tu, Mankélou ? dit Monéri au général païen, à la sortie du culte. Ne te décideras-tu pas aussi à te convertir ?

Le vieux Nkouna sourit avec bonhomie.

— Comment pourrais-je apprendre à lire à mon âge ?

— Il ne s'agit pas de ça. Crois du cœur, c'est tout ce que Dieu te demande.

Il sourit de nouveau....

— Voyons, si mes enfants vont à l'école, cela ne suffit-il pas ? Je ne suis pas l'ennemi de Dieu !

Quelques jours plus tard il appela Zidji au village.

— Zidji, lui dit-il, tu deviens grand. Il faut aller chercher femme. Les vaches ont fait des veaux et le troupeau s'est doublé ces dernières années. C'est toi l'aîné. Tu peux aller « lobola ».

— Mais, père, je suis à l'école et ne veux pas me marier maintenant. D'ailleurs, à nous chrétiens, il nous est interdit de lobola, d'acheter notre femme. Nous nous marions par amour.

— Quoi ! Quelle bêtise dis-tu ?

— C'est bien ainsi, mon père. Je pourrais être puni, mis sous discipline si je faisais une chose pareille.

— Alors vous les chrétiens vous êtes aussi imbéciles que cela ? Vous voulez devenir des blancs ! Et qui t'assurera la possession de tes enfants si tu ne payes pas ta femme ?

— Je ne sais pas. Cela ne me préoccupe pas. Je ne veux pas lobola.

— Eh bien, mon fils, si tu es à ce point toqué, sache que les bœufs seront pour ton frère Ngomane, qui lui n'a pas encore perdu la tête à ce point.

C'est ainsi que Zidji renonça au troupeau de son père.

L'idéal nouveau avait tout à fait supplanté l'ancien et, pendant deux années, le jeune homme Nkouna se conduisit d'une manière irréprochable et fit honneur à l'école dont il était l'un des meilleurs élèves.

VI

LE RÉVÉREND JONATHAN MATSIMO DE L'ÉGLISE ETHIOPIENNE

La naissance de la vie spirituelle dans une âme, la fondation de l'Eglise chrétienne au sein d'un peuple païen sont deux choses merveilleuses. Il n'existe pas de plus grand miracle que ceux-là. Mais pourquoi faut-il que le développement de cette vie nouvelle, au lieu d'être rectiligne, soit marqué si souvent par des arrêts, des reculs, même des chutes ?

L'Eglise sud-africaine a eu des martyrs et des saints déjà. Créée par les efforts d'hommes d'élite sortis de toutes les régions de la chrétienté, elle aurait dû croître en spiritualité d'année en année. Et pourtant elle a donné naissance à cette contrefaçon grotesque : l'éthiopisme.

Zidji, élevé dans la chaude atmosphère de l'école d'évangélistes, initié jour après jour à la splendeur de la révélation biblique, aurait dû laisser ses facultés spirituelles s'épanouir et fleurir comme le lys africain au printemps dans les taillis du Bokhaha. Et pourtant il défaillit.

L'idéal moral du christianisme est infiniment élevé. C'est une cime qu'on n'atteint qu'après avoir traversé de profondes vallées et parfois des gorges ténébreuses.

Et plus la nature humaine est charnelle et corrompue, plus l'assimilation de cette vie supérieure sera lente, difficile et douloureuse. Mais à travers les chutes et les abîmes le pèlerin monte vers la cime. La race s'adapte peu à peu à la vie spirituelle.

Zidji, tenté, vaincu, reprendra sa marche sur la voie royale de la sainteté.

Le Révérend Jonathan Matsimo de l'Eglise éthiopienne descendait allègrement vers le Bas-Pays, accompagné d'un jeune garçon qui portait son paquet. La journée était très chaude et il transpirait à grosses gouttes. Petit, trapu, joufflu, sur son visage l'air béat d'un homme content de lui-même, il portait une longue redingote de drap noir verdi par le temps et un chapeau « clergyman » de couleur assortie. Quand il arriva au gué de la Thabina, il fut quelque peu embarrassé. La rivière est assez large et profonde de trente à quarante centimètres. Les blancs qui voyagent généralement en voiture ne s'y mouillent pas les pieds. Les noirs qui cheminent pieds nus ne s'en inquiètent guère. Une ligne de grosses pierres assez éloignées les unes des autres leur fournit un pont très suffisant; ils sautent de l'une à l'autre avec la plus grande facilité. Mais pour Jonathan Matsimo qui portait naturellement des souliers en sa qualité de révérend, la situation était embarrassante. Il se décida à tenter la voie aérienne, et se mit à sauter avec quelque gaucherie par-dessus les espaces liquides. Mais ce qui devait arriver arriva. Il glissa sur l'une des pierres arrondies et s'enfonça dans l'eau jusqu'au genou. Les pans de la redingote ecclésiastique trempèrent dans l'onde irrespectueuse, se mouillèrent et peu s'en fallut que le chapeau ne descendît au fil de la rivière du côté du désert.

Alors, un peu mortifié, le Révérend prit le parti de

continuer son chemin dans l'eau et il arriva enfin sur l'autre bord où quelques spectateurs de sa couleur le reçurent avec un sourire un peu ironique.

Deux ou trois boutiques dressaient leurs murs de tôle vernis en blanc au gué de la Thabina au pied d'une colline rocheuse très abrupte, d'une curieuse couleur violacée. L'un de ces magasins porte le nom d'hôtel. Le voyageur qui avait faim voulut aller y prendre son repas du matin. Il monta sur la véranda tout ombragée de grenadilles, entra dans le magasin et, dans un anglais très imparfait, demanda s'il pouvait avoir quelque chose à manger. Le tenancier de l'établissement n'était pas négrophile. Il leva sur lui un œil dur, inquisiteur et, quand il eut compris à qui il avait à faire, il commença par éclater de rire. Appelant son commis il lui dit : « Hé, venez vite voir quelque chose de drôle par ici ! » Le commis à lunettes arriva sur les lieux et se gaudit de bon cœur avec son maître.... Puis, changeant de ton, celui-ci s'écria : « N'est-ce pas dégoûtant ! Ce nègre ! Se déguiser en Révérend ! ! Pars d'ici, moricaud. Va-t-en ! Tu n'as rien à faire ici, cafard que tu es ! »

Le marchand irascible s'approchait du Révérend Jonathan Matsimo les poings fermés. Alors le pauvre homme auquel probablement on avait souvent fait un accueil de ce genre durant sa carrière ecclésiastique s'effaça, se coula dehors et, ses habits dégouttant encore de l'eau de la Thabina, reprit sa route. Il entra dans un village de noirs un peu plus loin et, pour quelques pence, il obtint une portion de polenta qu'il mangea le cœur navré, l'âme pleine de fiel contre la race blanche.

Le Révérend noir n'était pas une figure sympathique. Mais le marchand blanc l'était encore moins.

Ayant repris son calme habituel et satisfait son estomac, le pasteur éthiopien poursuivit son chemin.

Maintenant il approchait des lieux où s'était déroulée son enfance et des souvenirs lui revenaient en foule. Parent éloigné de Dabouka, il avait gardé les chèvres sur les flancs du Tchikaboutomi dont il entrevoyait les arêtes glabres. La pyramide du Mamotsuiri charmait sa vue. Il avait du plaisir à la revoir. Et il songeait, en se rengorgeant : « Que de progrès réalisés depuis lors ! » Parti sans notoriété, il revenait Révérend. Il avait travaillé avec assiduité à Prétoria, au service de la municipalité, à vider les seaux d'ordures durant la nuit. Comme ce travail pas très recherché était fort bien payé et comme il était plutôt économe, il avait amassé assez vite un petit pécule. Alors il avait fréquenté les écoles et s'était converti chez Kanyane, un des principaux pasteurs noirs de la location indigène. Ses progrès scolaires n'avaient pas été rapides. Il n'avait pas réussi à dépasser la troisième classe. Le wagon un peu massif de son intelligence s'était obstinément enlisé dans les marais du livret et des multiplications et la division qui lui faisait signe de l'autre bord était restée pour lui un idéal impossible à atteindre. Mais sa conduite généralement bonne, sa position sociale relativement élevée (puisqu'il gagnait 4 livres par mois) l'avaient posé dans la location indigène. Il avait suivi Kanyane lorsque celui-ci s'était rattaché plus ou moins franchement à la nouvelle église indépendante noire fondée par Mokone et Dwane et baptisée par eux du nom glorieux d'Église éthiopienne. Plus tard, en 1898, l'évêque américain noir Turner était venu organiser l'institution dont le motto était : L'Afrique aux Africains. Il avait baptisé des milliers d'adhérents, malheureusement pas des païens qu'il convertissait, mais des chrétiens qui avaient abandonné leurs diverses dénominations ; il avait consacré un bon nombre de pasteurs et Jonathan Matsimo, bien que peu instruit et n'ayant aucune idée de ce qu'est la théologie, avait été l'un des élus auquel on imposa les mains. Une certaine facilité naturelle à faire montre de ce qu'il savait lui avait été fort utile dans maintes occasions et continuait à lui rendre les plus grands services dans son ministère nouveau. Il était un fervent de l'éthiopisme et il revenait aujourd'hui, ayant appris qu'il s'était fondé une congrégation au Bokhaha, chez les siens, extrêmement désireux de les gagner à l'Eglise nouvelle. Dabouka s'était converti, lui avait-on dit en ville.... Quelle gloire pour lui, quel éclat nouveau s'il réussissait à attirer un chef dans le giron !

Le Révérend Jonathan Matsimo fit solennellement son entrée dans la capitale. Son accoutrement y fit beaucoup d'effet. Les pantalons avaient eu le temps de se sécher. Dabouka le reçut lui-même avec affabilité, se réjouit d'apprendre qui il était, ne rougit point de sa parenté avec un aussi grand personnage et l'engagea à passer la nuit chez lui

— Oui, je suis venu pour affaires, délégué par Son Honneur le Vicaire général de notre Eglise et je serais content de voir vos évangélistes et vos anciens.

On décida de les convoquer le lendemain après-midi. Jusque là le Révérend aurait le temps de se reposer. Sur les joues resplendissantes de Jonathan, le sourire béat reparut. Le souvenir du triste incident de Thabina s'effaça de son esprit satisfait.

Le lendemain était un vendredi. Dabouka réunit dans sa case royale le père Mouki, le père Shelling, le vieil évangéliste Jacob, l'ancien Titus, Bartimée et Zidji. Celui-ci eut à demander à Monéri Junior la permission de manquer les travaux manuels de l'après-midi. Il n'était pas très sûr d'obtenir cette autorisation. « Le chef m'appelle pour voir un de nos parents qui a été longtemps absent du pays, » dit-il. Comme Zidji était un élève très appliqué et que la convocation venait du chef, Monéri consentit. En général il n'aimait pas que les élèves de l'école fréquentassent trop les gens du village. C'était dangereux pour leurs études et on leur donnait dans les maisons de la bière légère qui les excitait un peu, toute légère qu'elle fût. Mais la règle de l'école était douce, somme toute, et le missionnaire avait pour principe de ne prendre des mesures restrictives que lorsqu'il y avait eu des abus.

Bartimée arriva au rendez-vous le dernier. Il avait auparavant tenu à terminer consciencieusement un catéchisme de l'après-midi pour baptisés. Mais on l'avait attendu pour parler affaires. Quelques bols de bière légère, petites amphores brunes plus ou moins propres, furent apportées sur la grande table autour de laquelle les membres de cet aréopage noir avaient pris place. Alors Dabouka, ayant expliqué qui était Jonathan et comme quoi il était porteur d'un message pour les chrétiens du Bokhaha, donna la parole au visiteur.

En phrases sonores, Jonathan, toujours souriant, exprima sa joie de se retrouver dans son pays : « Tant d'années se sont écoulées depuis mon départ. Mais aurais-je pu vous oublier, frères ? Quand la renommée publique nous apprit là-bas dans la ville, que vous aviez vaincu Sikororo et Sékoukouni, nos oppresseurs d'autrefois, je fus fier d'appartenir à un chef aussi grand, aussi valeureux que Dabouka ! Notre tribu est puissante. Elle s'illustrera encore sous lui. Et cela me réjouit beaucoup aussi de trouver ici de chrétiens. Vous avez donc été assez sages pour rejeter loin de vous le paganisme absurde de nos pères. C'est très bien. Vous commencez à voir la lumière. Je voudrais vous aider à ouvrir tout à fait vos yeux.

« Pour nous, Ethiopiens, nous avons vu. Maintenant nous savons et nous croyons que l'avenir est à nous.

L'Afrique aux Africains ! Nous les noirs, nous étions les maîtres de l'Afrique. Nous devons le redevenir. Comment, je ne sais pas. Mais c'est notre droit. La race noire est forte; elle est intelligente. Elle vivra. Elle vaincra. Croyez-le. Vos missionnaires disent tous que les Eglises noires doivent devenir autonomes. En cela au moins ils ont raison. Or c'est précisément ce qui nous voulons et ce que nous pratiquons. Nous n'avons pas besoin des blancs. Nous n'obéissons pas à des étrangers qui ne parlent pas notre langue, qui ignorent nos usages. Notre Eglise est une Eglise d'Africains et nous disons à nos frères noirs : Unissez-vous à nous ! Formons une Eglise immense et l'Afrique alors vivra. Le Révérend Dwane, notre vicaire général, celui qui sera sans doute notre premier évêque, vous envoie sa bénédiction et vous dit : N'ayez pas peur ! Venez à moi. Toi, Dabouka, tu seras glorifié; ton nom retentira dans l'histoire. Entre avec toute ta tribu. »

Quand il eut terminé ce discours, le Révérend Jonathan Matsimo conclut par une exclamation convaincue et prolongée : « Ahina ! » à la manière des Thonga; à quoi toute l'assemblée répondit sur le même ton : « Ééé ! »

Il y eut un silence qui dura assez longtemps. Le père Mouki aspira une prise et en offrit une au père Shelling. Puis ayant humé lentement son tabac, il resta bouche bée à regarder devant lui d'un air absolument indéchiffrable. Dabouka paraissait embarrassé. Ce fut Bartimée qui prit le premier la parole. Un sourire malin sur les lèvres, l'œil très malicieux aussi, croisant une jambe sur l'autre, penchant en avant son grand dos, il prit son menton entre ses doigts et dit :

— Alors, ainsi, Monsieur Jonathan, tu crois que nous pourrions nous en tirer sans les missionnaires ?

— Mais certainement ! Pourquoi pas ? Ne sommes-nous pas des hommes ? D'ailleurs nos compatriotes d'Amérique nous promettent leur secours. Dwane a été les voir. Ils nous adoptent. Nous formons une même Eglise avec eux. Ils nous conseilleront. L'évêque Turner est venu. Ce fut superbe. Il a recueilli six mille adhésions. Des congrégations entières ont passé à l'éthiopisme. Si tu avais vu cet enthousiasme ! On lui baisait les mains. On se le disputait ! Et le jour où l'Eglise de Kanyane fut inaugurée, j'étais là. Ce fut un service magnifique ; tout se passa entre nous. Pas un blanc pour nous diriger. Et puis les Américains nous promettent deux mille livres pour fonder un collège où nous formerons des pasteurs, des évêques....

— Cependant, dit Bartimée, ce ne serait pas bien gentil de notre part de nous séparer de nos missionnaires blancs qui ont eu pitié de nous et nous ont amenés à la lumière.

— Oh ! les blancs nous ont fait tant de mal ! Ils nous ont réduits en esclavage pendant combien de siècles ! Ce n'est qu'une petite compensation vraiment si quelques-uns se dévouent pour nous. Nous n'avons pas lieu de leur être si reconnaissants. D'ailleurs, comment nous comprendraient-ils ? Ils ignorent notre langue et nos usages !

— Cela dépend.... Nos missionnaires à nous parlent très convenablement le thonga ; pas parfaitement, il est vrai, mais on les comprend et certains d'entre eux étudient de très près nos coutumes. Ils nous étonnent même par la curiosité qu'ils mettent à tout connaître....

Jonathan porta son amphore à ses lèvres. Il but avec un plaisir modéré une gorgée de la bière faible qu'on lui avait servie. Cela lui donna une idée.

— Mais ils vous interdisent la bière forte ! Pourtant les blancs boivent bien des boissons alcooliques plus enivrantes encore. La bière n'est-elle pas un héritage de nos pères et quand on en boit modérément, quel mal y a-t-il ?

A ces paroles l'évangéliste Jacob dressa l'oreille. Il aimait beaucoup la bière. Autrefois il y avait renoncé sans conviction pour faire plaisir à son missionnaire. Placé un temps à la tête d'une congrégation considérable il avait lutté contre l'usage de cette boisson et mis sous discipline les récalcitrants. Mais ayant pris depuis quelques années la direction d'une petite annexe perdue dans les collines des Mapitouli, il s'était peu à peu endormi spirituellement et s'était remis à boire, plus ou moins en cachette, avec tous les siens. Le missionnaire s'en était bien douté. Il l'avait charitablement averti. Un jour qu'il s'était rendu à l'annexe, il avait vu d'énormes tas de noyaux de makagne. Or c'est avec les makagne qu'on fait la boisson nationale, au mois de février, et cette fabrication conduit à toutes sortes de désordres. Il avait questionné l'évangéliste à ce sujet et celui-ci avait répondu avec une certaine vivacité comme s'il s'était senti blessé. Dès lors il y avait eu un froid entre eux. Aussi cette réhabilitation inattendue de la bière forte plut-elle beaucoup au sieur Jacob. Dabouka aussi, auquel ses sujets en apportaient constamment comme impôt et qui la laissait boire assez à contre-cœur par les païens de son village, fut plutôt satisfait de la sortie de Jonathan contre la loi d'abstinence qui régnait dans l'Eglise.

— Il est de fait, dit Jacob, n'osant pas lever entièrement les yeux, que l'usage de la bière est une coutume nationale. Beaucoup de païens ne se convertissent pas, uniquement parce qu'on la leur interdit dans l'Eglise....

Le front de Bartimée se rida. Il parut souffrir.

— Mes amis, ne discutons pas la question de la

bière forte. Si les missionnaires l'interdisent, ils savent bien pourquoi ils le font. C'est la hyène trompeuse qui arrache nos âmes au Seigneur dans la nuit. C'est la bête féroce qui déchire et tue les Eglises.... J'espère que Jacob a autre chose à vous dire que cela.

Le Révérend sentit qu'il ne fallait pas insister. Il avait du reste constaté un petit dissentiment dans l'auditoire. Cela suffisait.

— A Johannesbourg, savez-vous ce qui nous a poussés à nous rendre indépendants? Quand nous mourons on nous enterre comme des chiens.... à peine dans une couverture. Les missionnaires ne peuvent pas même nous donner un cercueil. Maintenant, dans notre Eglise éthiopienne, nous avons une caisse des enterrements et quiconque meurt est mis dans une bière convenable aux frais de cette caisse.... Et puis, vous raconterai-je comment un de mes collègues de Johannesbourg s'est décidé à quitter son blanc? Toutes les fois qu'il venait le voir pour lui causer des affaires de la paroisse, on le faisait entrer dans la maison par derrière, par la porte de la cour où donne la cuisine.... Quand les amis blancs arrivaient, la belle entrée était réservée pour eux. Alors mon collègue s'est dit : « J'en ai assez d'apporter toujours l'argent des collectes par la porte de derrière. Autant le garder pour nous et avoir notre propre Eglise que de dépendre de cet orgueilleux! » Voulez-vous encore un exemple? Un jour on prenait la communion dans une église où il y avait des noirs et des blancs. Quelques étrangers blancs arrivèrent pendant le service. Le missionnaire vit que le pain ne suffirait pas. Alors il dit à l'oreille du pasteur noir que ceux de sa couleur ne prendraient pas la Cène ce jour-là, car il n'y avait pas assez de pain pour tout le monde et les blancs devaient passer avant. Au reste vous savez bien quel écriteau les Bœrs mettaient sur la porte de leurs temples : Défense aux chiens et aux Cafres d'entrer.... C'est bien ! On ne tient pas à y entrer, dans leurs églises.... Nous avons les nôtres où nos propres pasteurs prêchent en robe. Nous avons aussi nos docteurs en théologie. Il y en a beaucoup en Amérique. Vous verrez bien quand nous aurons notre collège supérieur !

— En attendant, interrompit Bartimée, avez-vous des écoles primaires ? Dépassez-vous la IIIme classe ? Il en faut six avant d'entrer à l'école secondaire, puis trois ou quatre ans pour subir l'examen de « matriculation ».... Après cela seulement on peut entrer à l'université. Où sont vos écoles préparatoires ?

— Oh ! pour cela on verra ! Tout ça viendra en son temps. Ce que je dis, c'est que les blancs ne veulent pas nous laisser arriver aussi loin qu'eux. Ils nous privent des grandes écoles. Nous les ferons ! Et ils nous payent dérisoirement pour notre travail. Par exemple, toi Bartimée, que reçois-tu ? Tu t'éreintes à enseigner une école de petits ; tu as des catéchismes, une église à diriger. Quoi ? On te donne peut-être deux misérables livres sterling par mois ! Dix shellings par semaine ! Est-ce bien, cela ? Est-ce de la charité ? Et les missionnaires, eux, ils tirent des traitements élevés, des centaines de livres. J'en connais qui reçoivent quatre cents livres.... oui, quatre cents par an, plus de trente par mois, plus d'une par jour. A nous, ils nous servent des traitements de misère !

Ici Bartimée lui-même fut ébranlé. Grâce à ses légumes, il vivait assez largement, ayant tout le temps de vaquer à ses cultures à côté de son école. Mais souvent il avait trouvé ses quarante shellings par mois un bien petit salaire.... Il dit : Nous ne travaillons pas pour l'argent.

— Au moins alors devraient-ils vous imposer les mains pour faire de vous de réels pasteurs. Qu'êtes-vous, Jacob et toi ? Ni instituteurs diplômés ni ministres. Ah! si vous passiez dans notre Eglise, vous seriez vite consacrés!

Ce second coup de boutoir fit plus d'effet encore. Bartimée écarquillait les yeux. C'était sa plus grande ambition d'être un jour pasteur consacré comme certains de ses camarades d'école d'autrefois et il s'était demandé pourquoi on le maintenait dans une position inférieure. « L'Eglise n'est pas encore à la hauteur, » lui avait dit son missionnaire. Mais pourquoi devait-il pâtir à cause de l'Eglise? Est-ce qu'on doutait donc de lui? N'avait-il pas montré assez qu'il était un homme de confiance?... Une certaine amertume se peignit sur son visage.

Le père Mouki ouvrait la bouche toujours plus grande et le contemplait d'un air qui semblait bête. Zidji, lui, le considérait avec souffrance car il se disait soudain qu'une injustice avait été faite à son cher maître.... Jacob qui n'avait pas les mêmes titres que Bartimée pour prétendre à l'imposition des mains, sachant tout juste lire et écrire, se taisait.

Par un effort réel de sa noble nature, Bartimée triompha de la défiance que ce vilain Jonathan voulait absolument faire naître dans son cœur. Il lui dit:

— Quant au pastorat, je ne sais, on verra cela plus tard. Ce sont nos affaires à nous. Mais nous avons confiance en nos missionnaires. Ce sont eux qui nous ont amenés à la lumière et pas vous. Ils nous ont aimés pour Dieu car l'amour seul pouvait les pousser à quitter leur patrie, à s'exposer aux vagues de la mer et à venir mourir pour nous dans ce pays qui les tue. Faites votre collège, entendez-vous avec vos Américains. Nous, nous demeurons fidèles à nos pères qui nous ont sauvés.

Ces paroles franches et convaincues dissipèrent en partie les nuages qui commençaient à monter dans les âmes. Dabouka ajouta:

— Ne sont-ce pas les Monéri qui nous ont délivrés de l'attaque de Sikororo ? Sans eux nous étions écrasés ! Et d'ailleurs, conclut-il, sur un ton plus bas mais encore plus ferme, s'ils s'en allaient, au bout de trois mois nous serions dispersés, l'Eglise serait tuée par les dissensions, les accusations de sorcellerie et tout le reste.

— Ça c'est vrai, dirent en chœur le père Mouki qui soupçonnait quelqu'un d'avoir ensorcelé sa fille, le père Shelling qui n'était pas très sûr que le village fût pur de jeteurs de sorts et l'évangéliste Jacob qui n'aimait pas Bartimée.

Le Révérend Jonathan Matsimo vit qu'il avait manqué son affaire.... Non ! ces gens-là refusaient décidément la bénédiction de l'éthiopisme. « Ils n'en sont pas dignes, se dit-il intérieurement. Ils sont trop sots. »

On entendit la sonnerie d'une cloche du côté de la station. Zidji qui avait conservé le silence tout le temps, buvant à petites gorgées son pot de bière, tressaillit. Il reconnut la cloche qui annonce la fin des travaux manuels de l'école. A ce signal, les élèves évangélistes quittent le jardin, les champs, les constructions auxquels ils sont employés de trois à six heures et vont faire un brin de toilette avant le repas du soir. Zidji se leva précipitamment pour arriver à temps au souper de l'école. En passant près de la cuisine du chef, il vit les femmes qui attisaient le feu sous les marmites nombreuses du foyer. Il se dégageait de là une exquise odeur de viande. L'une d'elles lui cria :

— Où vas-tu ? On a tué une chèvre ! Attends un peu, c'est tantôt prêt.

L'eau vint à la bouche du jeune homme. Il y a longtemps qu'il n'avait pas goûté de viande.

— Je n'ai pas le temps, merci, dit-il en courant du côté de la station. Lorsqu'il rejoignit ses camarades, il les trouva déjà attablés. Vingt assiettes ou plutôt petites écuelles de fer émaillé avaient été remplies de la polenta blanche habituelle que le surveillant, Davida, et ses deux aides servants extrayaient avec de grandes cuillères de bois de la vaste marmite noire. Sur chaque portion, les distributeurs d'office versaient une ou deux grandes poches de sauce d'arachides en guise d'assaisonnement. Ce soir-là, la cuisinière avait mis beaucoup d'eau dans sa sauce et elle n'en avait pas cuit assez.

Zidji s'assit d'assez mauvaise humeur à sa place, entre un garçon des Spelonken et un autre du Littoral. Il vit tout de suite que la sauce manquait. L'odeur du rôti de chèvre était encore dans ses narines et la pitance scolaire lui paraissait d'autant plus méprisable.

— Tu aurais pu me servir plus généreusement, dit-il à Davida.

Celui-ci leva sur Zidji un regard d'étonnement et de reproche.

— Ne vois-tu pas que tu es traité comme les autres?

— Cette sauce, c'est de l'eau et rien d'autre, reprit Zidji en repoussant son assiette loin de lui.

Ses camarades s'exclamèrent en chœur:

— C'est vrai! Ce n'est pas de la nourriture, ceci!

Davida, le mentor de la bande, homme de trente ans au moins, n'entendait pas la plaisanterie. Il avait la patte plutôt lourde et guère de diplomatie. Au lieu de se taire et de dire: C'est un accident, il commença un discours de répréhension fraternelle et d'exhortation qui manqua absolument son but. La révo[illegible] grondait sourdement et Zidji voyait vaguement dans son imagination la figure sévère de Monéri derrière celle de la cuisinière. Les paroles de l'éthiopien retentissaient loin, loin au fond de sa conscience. Il avait des sensations nouvelles. Son cœur se gonflait, il ne savait pourquoi. Ah! l'enflure soudaine qui suit la morsure du serpent!... Le serpent ancien lui aussi commença par ébranler la confiance de nos premiers parents. Le péché est fils de la défiance.

Ce repas fut mouvementé. On prononça des paroles aigres. Plusieurs ne touchèrent pas à leur nourriture. Les porcs de l'étable voisine seuls se régalèrent des reliefs extraordinairement abondants du festin.

Au sortir du souper, la cloche sonnait de nouveau pour la prière. Monéri descendait dans la salle d'école et présidait un culte court avec chants, méditation et prière faite par un des élèves. Le vendredi, ce culte était toujours suivi d'un entretien spécial sur le travail de la semaine. Le « modérateur » des étudiants se levait et disait si tout était bien allé. On infligeait cas échéant des punitions.

Davida se leva. Tous les élèves le regardaient avec un intérêt extrême. Allait-il parler du souper malheureux dont on venait de sortir, se plaindre des élèves qui avaient maugréé. Evidemment ceux-ci seraient punis, car c'était une loi connue que, durant les repas, il était défendu de parler de la nourriture. Davida fut bien inspiré. Il se tut. Il dit seulement : « Certaines choses ne sont pas bien en règle. Mais je préfère ne pas les signaler à Monéri. J'espère que nous pourrons les arranger nous-mêmes. » Le missionnaire n'insista pas et il posa alors la question habituelle : « Quelqu'un s'est-il rendu coupable d'un oubli durant la semaine? » Cette question, c'était ce que les Anglais appellent la « conscience clause ». On ne faisait aucune inquisition à l'école, mais quiconque avait négligé de remettre à sa place un outil, une plume, un cahier, devait l'avouer et était puni d'une demi-heure de travail supplémentaire le samedi. Cela se passait en douceur.... presque en sourires! L'un disait : — J'ai négligé de pendre mon chapeau au clou; l'autre : — J'ai laissé traîner mon crayon dans la salle d'étude. — Bien ! mon fils : Une petite demi-heure demain matin ! disait Monéri comme s'il administrait une dragée. Et cette légère sanction apportée au maintien de l'ordre était généralement acceptée très volontiers.

— Est-ce tout ? dit Monéri.

Pas de réponse. Un instant de silence s'ensuivit. Davida alors se leva :

— J'ai trouvé une hache oubliée dans les bananiers....

— Quand ?

— Cet après-midi.

— Qui l'a laissée ?

Silence ! Monéri leva les yeux, étonné. En général le coupable, même s'il ne s'était pas dénoncé, avouait tout de suite.

— Etait-ce au pied d'un bananier coupé ? demanda Monéri.

— Oui, dit Davida.

— Dans ce cas-là, ce doit être Zidji, ajouta Monéri regardant le jeune homme.

Zidji était en effet le surveillant des arbres à fruits et du jardin, durant ce semestre-là. Lorsqu'un régime de bananes était suffisamment avancé pour être cueilli, ce qu'on voit au fait que toutes les fleurs ont fini de tomber, il allait couper le tronc du bananier qui portait le régime et apportait ce dernier au cellier où on laissait jaunir les bananes encore vertes. La hache devait avoir été oubliée par Zidji. Celui-ci baissait les yeux. Son cœur lui faisait mal.

— Est-ce toi, Zidji, dit Monéri.

— Je ne sais pas.

— Comment donc ?

— Peut-être....

Ce peut-être était un aveu, mais un aveu mécontent, arraché par l'évidence et non par le regret.

— Zidji, tu m'étonnes beaucoup, fit le missionnaire avec douceur et fermeté. Tu seras puni demain.

Le jeune homme qui n'avait jamais eu de demi-heure à faire le samedi, se mordit les lèvres et eut un éclair inaccoutumé dans les yeux.

Monéri rentra chez lui, très remué, n'y comprenant rien. Zidji ? Le modèle de l'obéissance, de la bonhomie, si droit en général, cacher cette faute vénielle et répondre avec une demi-impertinence ! C'était bien étrange. Il raconta l'affaire à Yéfro qui l'attendait sous la véranda, un ouvrage de couture à la main.

Le lendemain, quand tous les élèves sortirent de leurs travaux manuels à dix heures, Zidji fut envoyé enlever les mauvaises herbes sur le chemin de la chapelle. Il s'y rendit, l'œil dur, l'air indifférent, et, sa demi-heure écoulée, il alla rejoindre ses camarades.

Or l'après-midi de ce même jour, qui était le premier samedi du mois, les élèves qui désiraient un habillement neuf se rendaient chez Yéfro. Etant donné la difficulté pour eux de se procurer des vêtements, la Mission les leur fournissait gratuitement. C'était une nécessité pénible, une source de grands ennuis pour la dame missionnaire. Donner, c'est peu éducatif, somme toute. Ces jeunes gens s'imaginaient aisément qu'on leur devait ce qu'on leur donnait et ils étaient devenus difficiles. Ils discutaient de la couleur de l'étoffe des vestes qu'on leur offrait. Parfois Monéri devait intervenir pour mettre un terme aux discussions. Tel fut le cas, ce samedi-là. Monéri tenait le carnet où les remises d'habits de chaque élève sont consignées pour empêcher les abus. Yéfro distribuait.

Zidji arriva d'un air dégagé.

— Mon habit de travail est usé, dit-il.

Le carnet indiquait, en effet, qu'il n'en avait pas reçu depuis huit mois.

— Eh bien, dit Yéfro, c'est juste à point. Nous avons reçu de Suisse de ces jolies vareuses bleues aux bords rouges qui font d'excellents habits de travail. Elles sont pourvues d'une ceinture et sont d'une solidité à toute épreuve. C'est de l'étoffe de Suisse. Ça tient.

Zidji jeta un regard dédaigneux sur la blouse helvétique, œuvre des aimables dames des sociétés de couture de la Suisse romande.

— Je n'en ai pas envie, dit-il, et il s'éloigna.

Monéri et Yéfro se regardèrent stupéfaits. Quant au jeune homme, il prit dix shellings dans le petit trésor des quelques livres sterling qu'il avait gagnées au service de Monéri avant son entrée à l'école et il alla s'acheter une veste khakhi selon son cœur au magasin du Suédois.

Il faut dire que Dick avait prononcé son jugement sur les blouses bleues. Dick c'était un des chrétiens du village, un coureur de villes qui avait travaillé pour les blancs à Pietersbourg, Prétoria et Johannesbourg. Il était revenu de là-bas perché sur un bicycle qui avait fait grande impression sur toute la société noire du district. Il parlait du bout des lèvres, comme un homme entendu et, voyant un jour trois ou quatre élèves évangélistes se promener, modestes et propres dans les blouses bleues à galons rouges, il avait dit d'un air moqueur : « Tiens, on dirait les prisonniers de Prétoria ! » Tout le monde à l'école le connaissait ce mot-là ! Zidji l'avait entendu, lui aussi. Soudain les solides vareuses en étoffe de Suisse avaient été conspuées dans le fond des cœurs. On n'osait pas les critiquer à haute voix, mais on ne les aimait plus, malgré leurs qualités pratiques éminentes. Ceux qui en avaient reçu se dépêchaient de les user et espéraient que la provision était épuisée. Zidji s'était bien promis de ne jamais s'exposer au ridicule de cet accoutrement. D'autant plus que Dick était le frère de la belle

Dédéya et que Zidji avait des raisons nouvelles et sérieuses de plaire à la famille de cette jeune fille.

Yéfro ignorait le mot de Dick. Elle ne comprit donc pas la vraie raison de l'attitude de Zidji dans l'affaire de la vareuse. Mais le soir, quand Monéri lui reparla de ce refus étrange du jeune homme, quand ils causèrent ensemble de la transformation qui paraissait s'accomplir dans le cœur de leur élève préféré, Yéfro, avec cette intuition que les femmes ont souvent, lui dit :

— Je crains une chose.... C'est que Zidji ne soit amoureux de Dédéya.

— De Dédéya ! exclama avec surprise Monéri. De cette nigaude de fille, aux airs de mouton !

— Je le crains, reprit-elle. Ayons les yeux ouverts.

VII

L'ÉTERNEL FÉMININ

Toute la jeunesse de la station était en liesse. On avait publié pour la première fois au culte du matin les bans de mariage de John Mbanyélé et de Lydia Ndona. C'était une noce en perspective, un bœuf pour la communauté chrétienne ! Car John était cousin de Dabouka, le chef. C'était, il est vrai, un grand paresseux qui avait rôdé dans les villes plusieurs années avant d'unir son sort à celui de Lydia. Par contre Lydia était la plus charmante et la plus populaire des filles de la station : grande, svelte, au visage régulier plutôt maigre, avec deux yeux éclatant de malice et de bonté tout à la fois. Quand elle revenait du ruis-

PHOT. LENOIR

Ces massifs qui semblent avoir été écrasés par quelque compresseur géant....

seau, son amphore bien posée sur sa tête elle ressemblait à une caryatide par sa grâce et sa dignité. En outre elle avait une véritable valeur morale et elle venait d'en donner la preuve. Son père, Ndona, était un païen endurci. Il avait marié une fille aînée à un vieux jeteur d'osselets; mais, malgré toutes les prédictions de bonheur que le devin avait lues dans ses astragales et ses coquilles, la jeune femme était morte à la naissance du premier enfant. Alors l'homme de l'art était allé réclamer à Ndona les vingt-cinq livres qu'il avait payées pour le « lobola ». Or cette somme avait été employée par Ndona pour acheter une épouse à son fils et la seule ressource qui restât au vieux païen, c'était de lui offrir Lydia pour remplacer son aînée. Or Lydia était devenue chrétienne. Sa mère s'appelait Sara; c'était une excellente vieille communiante dont le visage parcheminé rappelait les figures décharnées mais expressives que l'on voit sur les fresques byzantines du moyen âge. Elle avait envoyé Lydia à l'école et la jeune fille s'était convertie. Aussi refusa-t-elle absolument d'épouser le jeteur d'osselets qui d'ailleurs n'avait nulle envie d'introduire dans son village une femme portant des robes.... Avec une énergie remarquable, Lydia accepta l'offre de Monéri qui, pour la sauver, l'engagea à son service pour trois ans et qui paya à l'avance les vingt-cinq livres réclamées. Elle s'acquitta à merveille de ses devoirs de femme de chambre et de cuisinière, toujours souriante, toujours aimable et respectueuse, et Lydia était assurément la plus distinguée de toutes les filles de la station. John Mbanyélé qui travaillait depuis trois ans à Johannesbourg et n'avait réussi qu'à réunir dix livres pendant tout ce temps eut la chance de l'obtenir pour rien, puisqu'elle était libérée. Les dix livres furent donc consacrées à la noce qu'il voulait faire brillante.

Or le lendemain de ce même jour, on vit arriver à la station un jeune homme de l'annexe de Jacob, nommé Frank qui, lui aussi, avait disparu à l'horizon durant plusieurs années, ayant servi dans un magasin de Marabastadt et qui avait reparu soudain à l'église le dimanche précédent. Il vint à la cuisine et demanda au gamin qui lavait les marmites de le conduire auprès de Monéri. Il portait un haut col blanc qui lui donnait un air très solennel. Introduit dans le bureau du missionnaire, il commença à brûle-pourpoint :

— Ma sœur Martha n'est pas en règle.

Cette Martha était une grosse femme, une veuve jeune encore qui vivait sur l'annexe de Jacob, dans la maison voisine de celle de l'évangéliste.

— Que dis-tu ? Martha ? Pas en règle ?

— Non ! Je l'ai constaté à mon retour. Et le pis, c'est que la faute en est à Jacob lui-même.... Par cinq fois il l'a séduite ; il a toujours su éviter les conséquences de son péché, car ils ont dans cette famille des recettes à eux pour arriver à ce but. Mais cette fois-ci, je suis arrivé à temps. Martha m'a tout avoué. Elle est là, elle-même.

Le vieux missionnaire était atterré. Il ne disait mot.

— Va la chercher, dit-il enfin à Frank.

Celui-ci sortit. Monéri dont la respiration était comme coupée par la surprise, l'émotion, la douleur, sortit lui aussi. Il monta sur la colline, s'assit et laissa ses yeux errer sur le spectacle admirable de ce jour de printemps. Sur les grands rochers du Marovougne quelques brouillards se traînaient. Mais partout la nature brillait, étincelait de joie, les feuilles vertes aux arbres, les fleurs de toutes sortes par terre, sur les rocs, dans les fissures, des composées jaunes, de grands lys rouges en boule.... et, aux mimosas, des pompons aux deux couleurs, roses en haut, jaunes en bas, qui se balançaient au vent. Un oiseau chantait sa chanson claire, des papillons acraea volaient sur le chemin; au flanc du coteau, un gamin passait modulant un air sur son fifre de berger tandis qu'il conduisait ses chèvres au pâturage.

— Jacob ! Un adultère ! Un criminel !

Tout l'éclat de ce jour radieux avait disparu soudain. On eût dit qu'un immense nuage sombre avait envahi le ciel; la nature avait été comme passée au noir. Rien ne souriait plus.

....Jacob ! Mon évangéliste ! Un trompeur, un vil séducteur !

Le péché africain ! C'est ainsi qu'on l'a nommé, et avec raison. On ne pourra donc se confier en personne, ici !

Oh ! l'effrayante pesanteur de la chair ! L'écrasement de l'esprit par la sensualité brutale !

Il regarda les montagnes. La dent de Sikororo était bien belle, là-bas du côté du sud. Et le Kadjaléra, la montagne du Sphynx et Maoué et d'autres encore ! Mais presque toutes étaient plates au sommet. Il songea à la montagne de la Table, à la Table du Cap, à la Table du Natal, à ces massifs larges, épais, sans élancement, sans idéal, qui semblent avoir été écrasés par un compresseur géant : C'est l'Afrique. Ainsi est le pays, ainsi sont les gens. Puis il songea à Sysiphe roulant péniblement son rocher jusqu'au haut de la pente et à cette force invincible de la gravitation qui précipite de nouveau le roc vers l'abîme alors que le malheureux se croyait arrivé....

Ah ! dans l'œuvre du relèvement du monde, il est des moments tragiques. Serviteur de Dieu, chevalier de l'idéal, ne perds point courage !

Le missionnaire éleva les yeux plus haut, jusqu'au ciel où le soleil dardait ses rayons de feu. Il y fit monter une muette prière puis il redescendit, se disant : « Si le mal n'a pu être prévenu, qu'il soit du moins condamné. Sa condamnation est une manière de triomphe pour le bien. »

Quand il rentra dans son bureau, Martha l'attendait avec son frère Frank. Il appela la femme seule, pour voir si son témoignage confirmerait les paroles du jeune homme. Il était parfaitement conforme.

— Mais, malheureuse, lui dit-il; comment as-tu pu mener cette vie d'inconduite cinq ans durant.... N'as-tu jamais protesté dans ton cœur?

— Oh ! dit Martha les yeux baissés, qu'aurais-je pu faire? Il me disait : Je suis ton évangéliste; je sais ce que tu dois faire; obéis-moi. Et j'obéissais !

— Bien, nous allons l'appeler lui-même. Reste dans les environs; ne bouge pas, car tu dois être à portée lorsque je l'interrogerai.

Lorsque le missionnaire sortit de sa chambre, pâle, les yeux cernés, une expression d'extraordinaire sérieux peinte sur tous ses traits, sa femme lui dit : « Mais qu'as-tu donc? » Il lui raconta tout. Elle fondit en pleurs ! « Oh ! Jacob, Jacob ! » disait-elle d'une voix étouffée pour n'être pas entendue du gamin qui préparait le dîner dans la cuisine.... Leur enfant, un petit blondin de deux ans, assis dans sa chaise, grignotant un morceau de pain, voyant sa mère pleurer s'assombrit soudain. « Maman », dit-il avec un accent interrogateur, comme pour dire : Que se passe-t-il? Puis il ajouta : « Bobo? — Oui, chéri, fit sa mère en l'embrassant. Maman, bobo cœur ! »

Zidji fut envoyé le jour même chercher Jacob. Et il arriva, lui aussi, ce vieil évangéliste qui avait eu de si belles années d'activité, celui qu'on avait envisagé presque comme l'égal du missionnaire, car il avait exercé la cure d'âmes avec une rare habileté sur la grande station, près de la ville. Maintenant, s'étant endormi dans la routine de sa petite église, il avait obéi à l'appel d'en bas, à cette puissance qui ramène au type l'individu qui s'était élevé pour un temps à une sainteté supérieure. Il avait fait comme bien d'autres, blancs et noirs. Car, en définitive, tous les êtres moraux n'en sont-ils pas logés là ? Tant que l'action surnaturelle de l'Esprit s'exerce sur nous, nous gravissons la cime.... Mais si elle est suspendue, si nous en sommes réduits aux forces de notre être désespérément charnel, nous retombons vers le type dont nous étions sortis. Le type de l'Africain est peut-être plus repoussant que celui de l'Européen. Néanmoins le phénomène est le même.

Monéri Senior avait convoqué son collègue pour cette entrevue si grave. Et les trois hommes étaient là, assis. Le vieux missionnaire ne disait rien. Tous gardaient le silence. Jacob ne savait pas ce qu'on lui voulait, mais il se doutait bien qu'il ne s'agissait pas d'une affaire ordinaire et l'idée qu'il avait été découvert lui traversa l'esprit.... Aurait-elle avoué à Frank ? Il était là, les avant-bras posés sur ses genoux, les mains jointes en avant, le dos très courbé, ses yeux regardant sous le pupitre devant lequel était assis son missionnaire. Plus le silence se prolongeait, plus il avait l'air de s'affaisser. Monéri inspectait cette figure intelligente, ces traits fins que la sensualité n'avait point épaissis et il se disait :

— S'il fût demeuré païen, Jacob serait à l'heure qu'il est le chef du village de Mandlati. Il est riche, il possède quatre filles ; il les aurait vendues et se serait procuré plusieurs épouses. Comme sa première femme Lina est vieille, il aurait « lobola » Martha qui est jeune et il mènerait sa vie de polygame avec la meilleure conscience du monde, entouré de l'admiration de toute sa tribu.... Au lieu de cela, il a donné deux de ses filles à des jeunes évangélistes sans se faire payer. L'argent qu'il a épargné, il l'a consacré aux études de son fils aîné qu'il a envoyé dans une école supérieure.... Le vieux missionnaire se sentit soudain pris de pitié pour Jacob. Mais il réagit sans tarder. L'Eglise a été souillée, l'Evangile terni; malheur à celui qui expose le nom de Christ à l'opprobre.

Et d'une voix sévère, il dit : « Jacob, je sais tout. »

Jacob ne bougea pas.

Enfin, levant ses yeux de l'air le plus innocent du monde, il dit : « Eh quoi donc ? »

Le retour au type chez le chrétien noir se manifeste de deux manières. D'abord par la désassociation de la vie morale et de la vie religieuse. Jacob avait pratiqué cette désassociation durant cinq ans, menant une existence d'adultère, d'immoralité, tout en conservant sa position dans l'Eglise, ses privilèges de communiant et d'évangéliste. Il manifestait maintenant le second caractère du chrétien dégénéré. Il exigeait qu'on lui donnât des preuves juridiques de sa faute et ne s'estimait pas coupable tant que le procès n'avait pas été dûment instruit. Rien d'étonnant à cette prétention, psychologiquement parlant : Le Dieu vivant et saint ayant disparu de son horizon, le tribunal des hommes restait seul l'arbitre de sa culpabilité.

Il fallut donc appeler sa complice, les confronter, le dénonciateur Frank étant présent, et c'était pitié vraiment de voir la pauvre femme forcée d'accuser son séducteur, partagée, on le voyait, entre la crainte de son frère et celle de son évangéliste. Frank était implacable; il tenait à son chiffre de cinq, car il avait bien l'intention de réclamer cinq fois dix livres d'amende, une dizaine pour chaque action criminelle. C'est le tarif fixé par le tribunal indigène. Et comme Jacob protestait et disait : — Tu me tues, le jeune homme ajouta seulement ce mot : — C'est bien ! Nous irons chez le commissaire !

La résistance du vieux tomba du coup. Il savait

Frank au courant des us et coutumes des blancs; s'il le menaçait du commissaire c'est que, sans doute, la peine infligée par le tribunal anglais était bien plus terrible encore. Qui sait? On allait le mettre, lui Jacob, en prison pour de longues années.

— Je payerai les cinquante livres, dit-il.

— Elles serviront à l'éducation de l'enfant qui naîtra.

— Et maintenant, reprit le missionnaire, après que les deux hommes eurent réglé leur affaire à eux, toi, Jacob, tu es cassé de ta charge d'évangéliste. Tu es mis sous discipline pour longtemps. Tu ne souilleras plus la table sainte de ta présence. Je ne te repousse pas. Au contraire! Que Dieu ait pitié de toi et te ramène à Lui! Viens donc au culte, tous les dimanches, mais tu t'asseoiras au dernier banc, avec les pénitents. Au reste l'annexe que tu as tuée par tes infidélités sera supprimée et tes ouailles pourront venir sur la station pour les cultes et les catéchismes, si elles désirent encore suivre la voie de Dieu.

Accablé, atterré, le vieux pécheur courbait son dos plus bas. Il regardait d'un œil plus fixe le plancher. Enfin il dit : Pourrai-je rester dans ma maison ou dois-je m'en aller avec toute ma famille?

— Tu peux y demeurer pour le moment bien qu'elle ait été construite par l'Eglise. On verra plus tard.

Jacob se leva pour partir. Arrivé à la porte, il se retourna pour saluer. Il resta un moment debout, les genoux un peu pliés, serrés l'un contre l'autre, ses paupières tremblotantes, dans une attitude rangement simiesque. Il avait un air à la fois méprisable et pitoyable. Que voulait-il dire? Enfin il se retira.

Les deux missionnaires demeurés seuls dans la petite chambre peu éclairée se regardèrent. Ils poussèrent en même temps un gros soupir....

— Triste, triste! disait Senior.

— Navrant, répondit Junior.... Ah! la déchéance! Ce que les Anglais appellent le « down grade » ! Vous rappelez-vous les tas de noyaux de « makagnes » derrière le village de Jacob? On buvait, on buvait beaucoup chez lui. L'immoralité va toujours de pair avec l'ivrognerie.

— Pauvre homme! Si intelligent, si profondément déchu! Et il faudra annoncer la terrible nouvelle à l'Eglise, dimanche prochain....

— Evidemment. Elle va du reste s'ébruiter sans tarder....

— Que Dieu nous soit en aide! Puisse le scandale n'être pas trop meurtrier!

— La déception est grande, certes, et c'est navrant d'avoir à supprimer une annexe. Au reste, il est évident qu'un mauvais esprit souffle depuis quelque temps sur notre congrégation. A l'école aussi nous le sentons : je suis fort préoccupé par Zidji.

— Par Zidji? Est-ce possible? Le brave des braves!

— Je crains qu'il ne file un mauvais coton. Mais je ne sais encore rien de positif.

Et les deux hommes qui avaient mis tout leur cœur à leur œuvre se serrèrent la main avec tristesse et se séparèrent.

Le lendemain l'attelage des six bœufs de la station partait pour l'annexe supprimée. On chargeait sur le wagon les tables, les bancs, les tables d'épellation, le tableau noir, tout le matériel scolaire et ecclésiastique qui avait été confié à Jacob. Celui-ci, les mains dans ses poches, les genoux pliés, l'œil vague, laissa les garçons de Monéri accomplir leur œuvre. Sa femme lui demanda: « Que font-ils? » Il répondit par un haussement d'épaules. Etait-elle dans le secret?

Quel triste culte, le dimanche suivant, dans l'église où l'on avait passé tant de belles heures lors de la guerre.... Après la lecture des bans de John et Lydia, faite pour la seconde fois, le vieux missionnaire raconta en phrases brèves, mesurées, l'histoire de Jacob. Il choisit ses termes, parce qu'il y avait des enfants dans l'assemblée, mais tous ceux qui pouvaient comprendre comprirent. Cette communication fut écoutée dans un profond silence. Il est arrivé dans d'autres occasions analogues que des gémissements, de véritables lamentations s'élevèrent dans l'auditoire. Aujourd'hui rien de pareil ne se produisit. Les vieux étaient mornes. Les jeunes pensaient à la noce.

Elle eut lieu un certain mercredi, quinze jours plus tard, cette noce de John Mbanyélé et de Lydia Ndona, et, malgré les fâcheux auspices, elle fut très gaie, trop gaie au goût des missionnaires. Ceux-ci avaient songé un instant à la célébrer sans fête, car l'Eglise était en deuil. En définitive ils n'avaient pas estimé que toute la jeunesse dût payer pour la faute d'un seul et ils laissèrent Dabouka faire comme il l'entendait. Le mariage devait, en effet, se célébrer dans le village du chef où les parents de la jeune fille demeuraient. Dabouka avait déménagé peu de temps auparavant du côté de la plaine, dans les collines rocailleuses que le Gouvernement lui avait données comme réserve pour lui et sa tribu. Il avait construit en un site pittoresque une maison à l'européenne, recouverte de tôle galvanisée et entourée d'une véranda. Un grand arbre, moins beau que le figuier de l'ancienne capitale, abritait sa place publique et c'est à l'ombre de ce géant qu'il avait disposé les bancs pour les amis de noce et la table et les chaises pour les missionnaires. Derrière, on voyait une longue file de huttes.... De l'autre côté, c'était la brousse, les mimosas épineux tout couverts de pompons jaunes, les herbes verdissantes du printemps et, par-dessus, la chaîne du Drakensberg avec la coupole royale du Mamotsuiri. La journée était superbe. L'Afrique rayonnait. L'Afrique, le continent des pleurs, tressaillait de joie.

Dès neuf heures la foule commença à affluer à la capitale : gros païens à couronne de cire sur le crâne, femmes vêtues de leurs jupes minimes bariolées de rouge et de bleu.... et puis les chrétiens, les jeunes gens en pantalons et cols rabattus et les jeunes filles parées de leurs toilettes claires avec des rubans qui pendaient dans le dos.... Ces rubans bleus, blancs, roses qu'on portait il y a quelques années et qu'on appelait du nom étrange de « Jeune homme, suivez-moi, » faisaient fureur au sein de la jeunesse féminine du Bokhaha et plus d'une qui n'avait pas payé sa contribution ecclésiastique en avait suspendu deux ou trois dans la région des omoplates.

Un peu plus tard la voiture des missionnaires fut signalée. Dabouka leur avait prêté deux mules fringantes pour les amener plus rapidement à travers la plaine. Puis ce furent les jeunes hommes de l'école d'évangélistes qu'on entendit dans le lointain soufflant dans leurs trompettes. Car c'était jour de congé. Plusieurs d'entre eux étaient amis de noce de l'époux. Zidji était le premier en sa qualité de parent et camarade d'enfance. La troupe se forma à quelque distance de la capitale et fit son entrée en jouant assez proprement un cantique à quatre voix....

Les demoiselles d'honneur, après s'être promenées dans la foule, les bras ballants et en fredonnant des airs, se retirèrent dans une hutte spéciale ; les garçons en firent autant. Monéri s'installa sous l'arbre derrière la table, les hommes s'assirent par terre d'un côté, les femmes de l'autre, chrétiennes au centre, païennes à la périphérie et on attendit. Un mouvement se produisit du côté des huttes ; une robe blanche parut. Alors toute l'assemblée se leva et l'on entonna le chant de réception des mariés :

Salut, ô mariés ! Venez avec bonheur :
C'est Dieu qui vous appelle,
C'est Lui qui vous unit !...

Les basses puissantes répondaient aux sopranos criards en des vocalises, des coulées du plus bel effet. D'une autre hutte les jeunes gens sortirent ; Dabouka conduisait l'époux et Ndona, le païen endurci, l'œil plus dur, plus indifférent que jamais, accompagnait la belle Lydia à l'autel. Il avait admis pour un jour le cérémonial chrétien.... Les deux cortèges se réunirent sur la place, se frayèrent un passage jusqu'aux bancs. Qu'elle était jolie, Lydia, avec sa toilette blanche toute simple, son turban immaculé, couronne d'argent dans ses cheveux très noirs. Ses yeux brillaient de joie. Elle n'était pas morose. Elle ne faisait pas la moue comme c'est le cas de presque toutes les épouses noires le jour de leur noce. Mais elle marchait péniblement, la malheureuse ! Elle avait chaussé une paire de souliers bruns trop petits pour son pied. L'antilope sauvage s'était laissé emprisonner pour obéir à l'absurde étiquette des Eglises indigènes.

Monéri Junior qui était assis auprès de son collègue tressaillit. Derrière les époux venait Zidji ; il était le plus beau, le plus grand des amis de noce. Mais il accompagnait Dédéya.... Dédéya ? C'était donc vrai ! Cette fille était habillée avec un mauvais goût parfait. Un corsage de velours vert, dix gros bracelets à chaque bras et, sur le front, une cocarde faite avec une queue de civette et quatre grands picots surmontés de fausses améthystes qui se croisaient derrière la cocarde en diagonales. Et quelle figure ! Des yeux éteints, désagréablement langoureux avec des éclairs peu rassurants et une tignasse comparable à celle d'un mouton qu'on n'a pas tondu pendant au moins deux ans.

Avec une gaucherie rare tout ce monde vint s'asseoir sur les bancs préparés, les deux époux avec leurs conducteurs sur celui de devant, les garçons tous ensemble sur le second banc et les filles au hasard, comme elles purent, sur le troisième. L'époux avait des pantalons gris retroussés, une jaquette noire, une cravate bleue et rouge et un petit chapeau fortement abaissé sur les yeux. L'un de ses camarades, l'artiste du Bokhaha, qui savait sculpter, modeler, voire même coudre des robes (il était l'auteur de celle de la mariée), un jeune homme qui répondait au nom d'Alfred, se distinguait par une touffe de cheveux crépus qu'il avait laissés croître à l'avant de la tête. Il avait enfilé dans sa boutonnière une marguerite couleur carmin, la « Barberton daisy » qui fleurit au printemps dans les vallons ombragés. Lydia tenait à la main trois fleurs de lis roses. Elle était digne de tenir des lis. C'était une pure jeune fille.

Le service fut célébré au sein d'un silence relatif. Le marié, répétant après le missionnaire les paroles de la liturgie, dit à voix assez haute :

— Je veux vivre avec elle selon la règle chrétienne, observant les devoirs que la Parole de Dieu m'impose. Je l'aimerai, je l'exhorterai à marcher sur les traces du Seigneur. Je la garderai, je la délivrerai du mal, je ne la battrai pas.

Ici les garçons se lancèrent un regard par-dessous. Dans une église voisine, un époux prudent avait un jour ajouté à cette promesse la réserve suivante : « Je ne la battrai pas si elle m'obéit.... » Cela avait fait scandale. John Mbanyélé promit sans réserve. Il alla bravement jusqu'au bout répétant toutes les paroles de l'engagement chrétien. La jeune fille, elle, écouta en silence la formule des promesses féminines et se contenta de répondre : « Eéé, » c'est-à-dire oui. Le cérémonial de l'Église thonga le veut ainsi, par condescendance pour la femme qui serait trop émue si elle avait à parler en public.

Après quoi le missionnaire leur dit aux deux: « Donnez-vous la main, » et il les bénit.... Lydia se tint debout avec un véritable héroïsme durant tout l'interrogatoire. Ses souliers lui faisaient mal. Elle n'eut pas le courage de les enlever durant le prêche comme d'autres l'ont fait avant elle. Elle supporta l'épreuve victorieusement.

Après une exhortation générale aux païens sur la beauté du mariage chrétien, Monéri donna la bénédiction finale. Le cortège se reforma et alors commença une curieuse cérémonie, une cérémonie d'un pittoresque achevé à laquelle les missionnaires assistaient étonnés et amusés. Les époux se donnant le bras étaient suivis des six couples de leurs amis de noce. Ils étaient tous graves, sérieux comme s'ils eussent suivi un corbillard. Ils chantaient et toute la foule avec eux un cantique bien rythmé, l'un des plus populaires du recueil, mais dont les paroles n'étaient rien moins que gaies.

Tu es infiniment grand, ô Eternel.
Tu es un Dieu de justice!
Et tes jugements sont terribles....

Un des évangélistes muni d'une queue de bœuf les précédait. De temps en temps, il sortait du cortège, courait vers les mariés, les époussetait des pieds à la tête avec ce plumeau d'un nouveau genre, s'empressant, souriant, faisant le fou. Tout autour la foule se pressait, gaie, admiratrice, en liesse.... Mais bientôt on vit deux partis se former. Un gaillard de six pieds de haut, nommé Samuel, frère de Lydia, arriva portant une branche verte et un monumental couteau. Il s'élançait en avant, il courait, il revenait vers les époux brandissant son arme et criant :

« Vous dites que nous sommes vaincus parce que nous vous avons abandonné notre fille? Point du tout ! Nous ne l'avons laissée aller que parce que nous le voulions bien. Qui êtes-vous donc ? Des sans le sou, des misérables.... Avez-vous même une maison pour l'abriter, dites ? »

Là-dessus une sœur de l'époux s'écrie : « Vous êtes vaincus ! Nous l'avons maintenant notre femme ; vous ne la reprendrez jamais, tas de gens de rien, fils de chien ! »

Et Samuel de répondre toujours plus excité : « C'est parce que nous l'avons bien voulu. »

Il file, il disparaît ; il revient avec une pioche : il la brandit, il laboure la place : « Elle est une fameuse laboureuse, allez ! Elle vous dépasse toutes, vous les femmes de Mbanyélé. Vous ne lui allez pas à la cheville. »

Là-dessus, deux ou trois vieilles, les mères et tantes de l'époux, courant à petits pas, tout essoufflées, s'approchent de la mariée et vont crier à ses oreilles : « C'est nous qui sommes tes belles-mères ! Sois heureuse d'avoir obtenu un mari. C'est à nous que tu le dois. Mais tu n'as pas de respect pour nous.... Tu vas amener de mauvaises mœurs dans notre village. Nous vous connaissons, vous tous du clan des chiens. »

« Taisez-vous, s'écrie une des parentes de Lydia et voyez. »

Elle répand sur le sol un panier plein de farine : « C'est ainsi que vous ferez. Quand elle aura bien pilé son grain, vous le jetterez par terre, vous la persécuterez. Vous l'appellerez une paresseuse, une adultère.... »

Une autre arrive sur ces entrefaites avec un vieux sac vide, percé, troué, qu'elle avait ramassé au fond d'une hutte : « Voilà votre image. Toute votre fortune tiendrait là dedans, dit-elle, gens de rien.... »

Les sœurs de l'époux se précipitent sur elle, lui arrachent le sac, le lancent hors du village avec des rires à en perdre haleine. Et c'étaient des lazzis, des défis, des insultes sans fin! Gabaza, la femme de Dabouka, parent de John, se venge de l'insulte du sac en lançant sur la place un vieux journal froissé, maculé : « Voilà ce que vous êtes, vous! »

Là-dessus les sœurs de Lydia se précipitent, poussent avec leurs pieds le papier aux confins de la place.... Gabaza le ramène. Elles se bousculent : « Vous ne possédez même pas une cuillère pour la donner à notre fille, dit la vieille Sara, la mère de l'épouse, dont la figure attristée s'est singulièrement excitée à ce jeu. »

Et pendant ce temps le cortège continue sa procession chantant le Psaume 116.

J'aime mon Dieu, car son divin secours
Montre qu'il a ma clameur entendue.

Rien de plus étrange que ce contraste entre la mélodie huguenote et la scène de mœurs bantoue. Car c'est là évidemment l'antique coutume du combat simulé qui accompagne toujours la conclusion d'un mariage chez les tribus thonga. D'aucuns disent que c'est le reste défiguré des mariages par enlèvement que l'on aurait pratiqués autrefois. D'autres expliquent ce rite par le désir qu'éprouvent les parents de la mariée de faire valoir leur fille et de compenser ainsi en quelque mesure la diminution que subira leur famille par le départ de l'épouse.

Il se produisit un très drôle d'incident durant cette promenade agitée. Une vieille femme, parente de Lydia, oublia à quel parti elle appartenait et se mit à insulter la famille de l'épouse.

— Que fais-tu, nigaude, lui dirent ses proches, c'est sur les autres qu'il faut tomber.

Mais la vieille, ayant apparemment perdu la tête complètement, défendait sa position et continuait de plus belle. Au reste ce combat est des plus platonique. On n'en vient que très rarement aux coups. Il est bien entendu que c'est un jeu et rien de plus. Parfois cependant cela finit mal.

Le soleil était au zénith. Il faisait une chaleur intense et, dans l'excitation du combat simulé, les visages noirs s'étaient couverts de sueur. Aussi se dirigea-t-on volontiers vers la maison du chef lorsqu'un messager annonça que le repas des époux était servi. Dabouka avait bien fait les choses. Les jeunes gens trouvèrent des tables mises, des chaises, des assiettes et des services. Il y eut trois viandes, l'une entre autres accompagnée de riz assaisonné de « cury »; il y eut de nombreuses cruches de bière plus ou moins légère. Les invités ne savaient pas tous manger proprement. Ils avaient l'air fort intimidé et le silence régnait parmi eux quand les missionnaires vinrent les saluer et leur souhaiter un bon appétit. Peu à peu cependant le genre solennel fit place à la gaieté et, les estomacs une fois satisfaits, la procession reprit de plus belle d'un bout à l'autre de l'unique rue du village et retour. Tous les chants du répertoire y passèrent. Les graves mélodies prenaient un caractère plus sauvage. Le cortège accélérait sa marche. Le soleil descendait à l'horizon.

— Gana, dit Monéri à l'un des évangélistes qui suivait aussi les cours de l'école, nous devons retourner à la station. Reste ici et surveille la fête pour qu'elle se termine convenablement. A huit heures du soir, tu congédieras chacun. Et la carriole des missionnaires partit.

Les élèves de l'école devaient être rentrés à neuf heures dans leurs quartiers, car il y avait une heure de marche de la capitale de Dabouka à la station. A dix heures ils n'avaient pas encore paru. Enfin vers dix heures et demie on entendit des sons discordants de trompettes. Ils arrivaient accompagnés par Gana. Celui-ci, voyant encore de la lumière sous la véranda du directeur, gravit la colline pour expliquer le retard :

— J'ai fait mon possible pour disperser la foule à huit heures. La plupart sont retournés chez eux, mais les amis de noce n'ont rien voulu écouter et celui qui s'est opposé le plus fortement c'est Zidji. Je ne sais pas ce qu'il avait. Peut-être était-ce à cause de la bière qui lui était montée à la tête ou à cause de sa voisine qui avait une cocarde sur la tête.

Le lendemain le directeur appela Zidji dans son petit bureau particulier. Lorsqu'un élève était convoqué dans cette pièce-là, c'est que l'affaire était grave. Zidji n'y avait encore jamais passé. Cependant Monéri lui parla avec douceur. Il lui demanda pourquoi il n'avait pas obéi, s'il y avait quelque chose de nouveau, d'interdit dans sa vie. Il ouvrit toute grande devant le jeune homme la porte des confessions. Zidji se raidit. Il n'avoua rien. Il déclara que tous les amis de noce avaient été d'accord pour prolonger un peu les réjouissances et que Dabouka le leur avait permis. Du reste, ils n'avaient fait que chanter des cantiques.

Il était aisé néanmoins de sentir que Zidji avait le cœur tout à fait pris; mais il n'avait commis aucune action prouvant qu'il avait des relations avec la jeune fille; le missionnaire s'abstint donc de l'interroger sur ce sujet; c'eût été souverainement impolitique : en l'absence d'aucune preuve Zidji eût triomphé et ce triomphe l'eût endurci.

Le fait probant, le fait patent d'ailleurs ne pouvait manquer de se produire et il se produisit en effet sans trop tarder.

Pour comprendre le récit qui va suivre, il est nécessaire de se rendre compte de la topographie des lieux où se passe notre histoire. La station, avons-nous dit, était bâtie au flanc d'une colline. A mi-côte se dressaient les deux maisons des missionnaires, l'une d'elles abritée par le grand figuier sous lequel Monéri recevait parfois ses hôtes. Au pied les néophytes avaient bâti leurs cases qui formaient deux rues superposées sur la moitié Est de la colline. Sur la moitié Ouest, au même niveau, se trouvait l'établissement de l'école d'évangélistes. Il était séparé du village des chrétiens par une zone vague assez large où le directeur avait installé le jardin de l'école. On pouvait donc se rendre à plat de chez Dédéya chez Zidji. Mais le petit sentier qui reliait le dortoir des jeunes gens à la maison de la jeune fille était très peu fréquenté et d'ailleurs il y avait une règle qui interdisait à n'importe qui d'aller sur le terrain de l'institution et d'entrer dans les maisons sans permission spéciale. C'était prudent. Or récemment les jeunes filles du village avaient pris l'habitude de fouler plus souvent ce sentier, cela grâce à ce fameux canal qui faisait la richesse et le malheur des habitants. En effet on n'osait pas puiser l'eau directement au ruisseau pour les usages culinaires, vu que chacun s'y lavait le corps et qu'il roulait passablement d'immondices. Les élèves évangélistes avaient eu l'idée de creuser non loin de leur maison un petit puits au-dessous du canal. L'eau filtrait à travers la terre et se purifiait. Elle remplissait le trou et était sensiblement plus claire que celle du ruisseau. Au village aussi les hommes avaient fait un puits de ce genre. Mais il s'était effondré et on ne l'avait pas réparé. Aussi les femmes avaient-elles commencé à se servir de celui des élèves et, sans qu'on y eût pris garde, elles l'avaient adopté peu à peu. Filles et femmes passaient et repassaient donc à travers la zone intermédiaire, droit au-dessus des carrés de légumes de Monéri, leurs cruches de terre sur la tête. Or tout autour du puits primitif, Zidji avait planté des cannes à sucre. C'était son petit jardin particulier. Car dans cette région incomplètement cultivée, chaque élève avait le droit de semer ce qui lui plaisait durant ses loisirs. Un beau matin, peu de jours après la noce de Lydia, Zidji cacha à l'aisselle d'une des feuilles de ses roseaux sucrés une lettre pour sa belle. Il savait qu'elle viendrait au puits. Il l'avait sans doute avertie qu'il placerait ses messages dans cette cachette digne d'abriter des billets doux; il est probable que les deux amoureux en avaient échangé plusieurs déjà à cet endroit propice.... Le sort voulut que ce matin-là, tandis que Zidji assistait innocemment à une leçon sur les fractions, le vent fit tomber la lettre par terre. Monéri qui était allé visiter son jardin aperçut la feuille de papier et la ramassa. Ce qu'il vit l'étonna si fort qu'il la mit dans sa poche et alla s'asseoir à son bureau pour l'examiner en détail. Elle était écrite en thonga et commençait par ces mots :

« Oyo ! yo ! yo ! Deareys (pour dearest, très chère), ma bien-aimée. Je pleure lorsque je vois qu'on va te prendre à moi ! Cette lettre est une lettre pour montrer que je t'aime. Adieu ! adieu !

Dearest ! ou ma bien-aimée. Je m'arrête ici. C'est moi qui suis à toi. »

Suivaient des dessins faits au pointillé avec une gaucherie très grande et qu'accompagnaient quelques phrases explicatives. D'abord un objet ressemblant à un soufflet de cuisine gonflé et sous lequel on lisait : « Mon cœur, quand il est heureux. » Puis une construction étrange en triangles et en arabesques avec cette inscription : « Une fleur très brillante qui représente très bien l'amour. » Et, au-dessus, l'image d'un arbre avec des branches en grand nombre portant chacune à son extrémité quelques points noirs symbolisant des fleurs. L'explication disait : « C'est ton cœur, il est long autant que cet arbre. » De l'autre côté de la page l'amoureux avait dessiné cinq ou six tableaux plus significatifs encore. En haut, à gauche, un portrait féminin entouré d'ondes mystérieuses était interprété par ces mots : « Cela montre que nous ne devons pas nous séparer. » Un autre, à la taille très étroite, le visage en profil, le corps de face avait été pointillé avec un soin spécial. « C'est toi que j'aime toujours, » disait la légende. Au-dessous, une forme masculine que Zidji avait eu l'intention de rendre aussi hideuse que les autres étaient angéliques, était accompagnée de cette exhortation dictée par une jalousie noire : « Vois combien vilain est l'homme que tu aimes, Velémou. »

— Tiens, il y a donc un rival, se dit Monéri. Ce Velémou, c'est sans doute Wilhelm, un jeune homme qui est aussi revenu récemment des villes, ayant gagné beaucoup d'argent. Il est vrai qu'il en a aussi rapporté une maladie de poitrine. Mais cette coquette de Dédéya se laisse faire la cour par lui aussi....

Enfin, dans un cadre qui occupait la fin de la lettre, on voyait deux amoureux se donnant la main.... probablement deux époux devant l'autel, le jour de leur noce, debout comme John et Lydia et on lisait autour des formes carrées du jeune homme : « Tu me vois ici, ma très chère, moi qui t'aime beaucoup. Il faut que tu me voies. »

Et près de la taille de guêpe de la jeune fille : « C'est toi, le jour où nous sommes debout ensemble. Regarde-toi bien, ma bien-aimée. »

— Touchant ! Vraiment touchant, dit Monéri quand il eut fini sa lecture. Brave Zidji ! Il n'y a rien de vilain, rien d'impur dans ce billet. C'est innocent comme l'enfant qui vient de naître ! Les billets doux

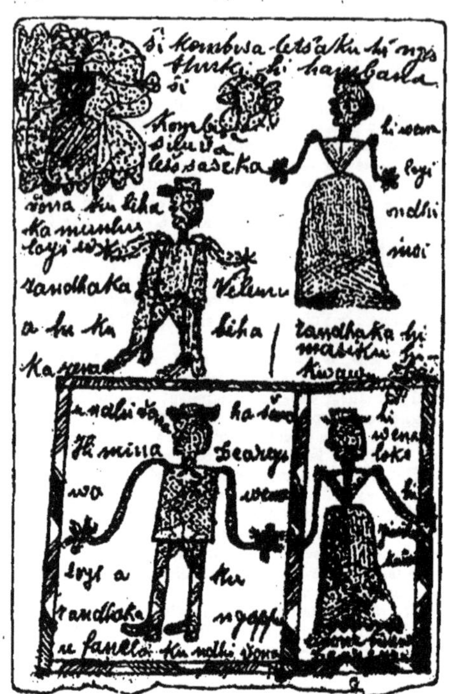

Billet doux d'un étudiant noir.

des noirs sont en général bien différents. Témoin celui de cette jeune fille répondant à un soupirant et lui demandant, entre autres, de lui procurer,... un corset. Mais, c'est bien grave ! Le cœur de Zidji est terriblement pris, ça se voit. Or il a encore trois ans d'études devant lui. Il lui est interdit de se fiancer à l'école. Jamais il n'attendra jusqu'alors. Et même s'il attendait, cette pécore de Dédéya ferait son possible pour précipiter les affaires. Or il y a le péché africain qui est à la porte !... Quelle déplorable histoire ! Malheureux garçon !

Monéri appela Zidji dans l'après-midi et, sans autre, il lui mit la lettre sous les yeux. Le sang afflua au visage du jeune homme. Il ne sut que dire.

— Mon fils, dit le directeur à son élève, ce n'est pas mal de la part d'un jeune homme d'aimer une jeune fille. Mais pour toi, ici, à l'école d'évangélistes, ce n'est pas ton affaire. Tu connais la règle. Cette règle est sage. Rappelle-toi ce que vous a dit l'évangéliste Abraham aux derniers examens : « Il est impossible de porter deux antilopes à la fois sur son épaule. L'une glissera toujours par-dessus l'autre. Il est impossible de rôtir deux cailles dans la même marmite. Celle du haut ne sera pas cuite à point, ou si elle l'est, celle du bas sera brûlée. » Tes études avant tout. Tu n'as pas le temps de te fiancer maintenant. Abandonne cette histoire immédiatement; prends-en la résolution devant Dieu, sinon j'ai grand'peur que tu ne dérailles.... Va réfléchir, Zidji. Je ne te punis pas, aujourd'hui. J'espère que tu auras la victoire ! Je prierai pour toi, de mon côté, et quand tu sentiras que tu as vaincu la tentation tu viendras me le dire.

Zidji se leva sans mot dire et retourna au jardin où il était en train de repiquer des laitues.

C'est avec une sollicitude toute paternelle que le missionnaire suivit son élève des yeux et du cœur durant les semaines qui suivirent. Le visage des noirs est si impassible qu'on a grand'peine à deviner ce qui se passe derrière. Il semblait néanmoins que Zidji avait pris à cœur l'exhortation. Pas une lettre ne fut trouvée dans les cannes à sucre. À l'église, il ne détournait jamais les yeux vers les bancs des filles. Un samedi soir, il demanda la permission d'aller évangéliser quelques villages dans la plaine, du côté du nord. C'était l'habitude des élèves de consacrer leur dimanche à ce travail de temps à autre. Ils partaient à trois ou quatre heures le matin et revenaient au coucher du soleil.

— Qui t'accompagnera ? demanda Monéri.

— J'irai seul, dit-il.

— Bien ! Tu peux aller, répondit le directeur qui faisait exprès de témoigner une confiance particulière au jeune homme pour faire appel à son sens de l'honneur. Mais le lendemain, lorsque la cloche du souper sonna, Zidji n'était pas de retour. Davida, le surveillant, vint en avertir Monéri.

— Appelle tout de suite Gana, dit celui-ci.

Gana était un des élèves de l'école. Mais c'était un homme marié et il demeurait au village des chrétiens. Le directeur l'avait mis au courant des affaires de cœur de Zidji et l'avait prié de surveiller Dédéya.

— Gana, dit-il, va t'informer chez Dick où est Dédéya.

Gana redescendit au village, questionna la vieille mère qui surveillait avec plus ou moins de succès la jeunesse indisciplinée de cette maison. Dédéya était sortie dans le courant de l'après-midi et n'était pas rentrée. On ne savait où elle avait disparu.

— Malheur, s'écria Monéri en apprenant cela. Pourquoi ai-je permis à ce garçon de partir seul ? Ils ont évidemment comploté un rendez-vous. Que va-t-il se passer ?

Dans son angoisse, il prit sa trompette et, à plusieurs reprises, il lança dans toutes les directions les deux notes bien connues des élèves qui signifient : « Bouyane, venez ! »

Zidji et Dédéya entendirent l'appel. Ils étaient déjà sur le chemin du retour. Il est vrai qu'ils s'étaient fixé un rendez-vous, vrai aussi que Zidji avait simulé un grand désir d'aller évangéliser les païens pour avoir l'occasion, au retour, de voir sa bien-aimée.... Ils s'étaient rencontrés au delà du ruisseau, lorsque le soleil se penchait à l'horizon vers la cime de Mabéléké.... Le jeune homme avait redit à la jeune fille son amour, il l'avait assurée que jamais il ne l'abandonnerait, malgré tout ce que Monéri lui avait dit. Puis, la prenant par la taille, il l'avait entraînée par un chemin écarté, vers le désert, dans une région inhabitée où pâturaient les bœufs. Au bord d'un petit étang formé par le ruisseau, sous l'ombre épaisse de quelques arbres toujours verts ils s'étaient assis, causant, jouant, et ils glissaient rapidement sur la pente qui a conduit tant de pauvres humains à l'abîme lorsque soudain un grognement sourd se fit entendre non loin d'eux. Ramené au sentiment de la réalité, Zidji sauta sur ses pieds. Il vit une forme noire qui s'enfuyait dans l'ombre croissante de la nuit. Il eut peur. Il se dit : « Qu'est-ce que je fais ici ? »

A ce moment retentit l'appel de la trompette. La tête basse, il reprit le chemin de la station avec Dédéya. Arrivés aux environs du village ils se séparèrent pour n'être pas aperçus ensemble et, à ce moment-là, la forme noire reparut. C'était un immense porc, le porc du père Shelling qui sortait parfois de son enclos, parce que quelques perches étaient pourries. Zidji se sentit rassuré.

Mais Monéri l'attendait et l'appela tout de suite dans le bureau où se traitent les affaires.

— D'où viens-tu ?

Silence. Zidji était troublé, mais il était plus mécontent qu'humilié.

— Tu as eu un rendez-vous avec Dédéya ?

Nouveau silence.

— Si tu ne te hâtes pas de dire le contraire, je croirai qu'il en est bien ainsi.

Zidji se tut. Il n'était pas menteur. D'ailleurs une dénégation n'aurait servi de rien.

— Ainsi tu n'as pas écouté les conseils de la douceur. Tu ne crains pas de compromettre ta vocation, toute ta carrière pour une fille qui n'est qu'une coquette.... Eh bien, sache que durant les vacances qui vont commencer tu ne resteras pas au village. Tu accompagneras le wagon qui doit aller aux Spelonken ; tu conduiras les bœufs. C'est ta punition. Et prends garde à toi !... La règle de l'école ne sera pas supprimée à cause de toi et si toi tu veux la transgresser, tu seras chassé, tu entends ?

La voix de Monéri était sévère. Il aimait profondément son élève mais sa patience était à bout.

Zidji tressaillit quand il entendit ces mots : « Tu seras chassé. » Il se leva et sortit sans dire bonsoir. Son cœur était tout-à-fait révolté. Il se disait : « Je serai chassé si je ne renonce pas à Dédéya. Or je ne veux pas l'abandonner, jamais. Donc il ne me reste qu'une chose à faire : Partir ! »

Quand il redescendit vers ses camarades, il les trouva en prière dans la salle d'études. Alors il entra dans le dortoir, fit un paquet de ses hardes, lai a tous ses livres, tous ses cahiers, tout ce qu'il avait tant aimé et fila droit à travers la campagne, droit vers la grande route de la diligence, du côté de la ville, là où on trouve de l'argent et l'oubli.... Il courut, courut jusqu'à en être essoufflé, par delà le magasin du Suédois, jusqu'au gué qu'on traverse sur des pierres, là où commence la civilisation, où on rencontre les calèches des mineurs blancs.... Pourtant, avant de passer la rivière, il s'arrêta. Il regarda vers les montagnes, vers cette colline de la station où l'on voyait briller une lumière très petite, très vacillante.

— Qu'est-ce que je fais, se dit-il de nouveau. Que dira Monéri ? Que diront mes camarades ? Que dira Dédéya ?

Mais l'évocation de la figure aimée réveilla tous ses sentiments de révolte : « Impossible de vivre cette vie plus longtemps ! » se dit-il.

Il s'engagea sur les pierres qu'il connaissait toutes par cœur, sauta de l'une à l'autre à la clarté minime des étoiles et continua son chemin toute la nuit. Le surlendemain au soir il arrivait dans les environs de Pietersbourg, n'ayant rien mangé qu'une assiettée de maïs que des Ba-Souto de la montagne lui donnèrent.

De grand matin Davida se leva. Il vit que la place de Zidji était vide. La veille déjà, en venant se coucher, il avait remarqué son absence, mais il avait espéré qu'il reviendrait pendant la nuit. Il constata que les meilleurs habits du jeune homme, sa couverture, sa natte avaient disparu.... « Il est parti, » se dit-il. Tous les élèves s'en aperçurent. Mais ils ne dirent rien. Le surveillant alla avertir le directeur de l'école avant la cloche de la première leçon. Celui-ci sentit un coup le frapper au cœur. Il avait été en angoisse tout le soir et s'était réveillé avec l'impression d'un grand poids.

— Peut-être a-t-il dormi dehors dans la campagne, dit Davida, quand il vit Monéri pâlir.

— Eh bien, allez le chercher, dit celui-ci en tâchant de maîtriser son émotion.

Mais on ne le trouva point dans la campagne. Zidji s'était enfui ; à cause d'une fille, il avait brisé sa carrière, renié son Maître, percé le cœur de son missionnaire, jeté un grand voile de tristesse et de honte sur l'école d'évangélistes et sur l'Eglise tout entière !

Oh ! l'universel, l'éternel féminin !

VIII

LA PRÉDICATION DE GANA

La matinée qui suivit la fuite de Zidji fut morne pour le directeur de l'école. Il donna ses leçons sans faire aucune allusion à l'événement qui remplissait son cœur de tristesse. Peut-être Zidji reviendrait-il encore? Mais son œil souffrait toutes les fois qu'il rencontrait cette place vide au bout du second banc, près de la paroi.

Et puis il fallait annoncer la disparition du jeune Nkouna à son père. Monéri fit donc appeler Mankélou. A midi déjà, le vieux païen arrivait, montait la colline le dos très courbé, ses grands carrés de peau de bœuf se balançant autour de ses hanches, un gilet défraîchi sur sa poitrine. Il s'assit par terre dans le bureau du missionnaire et écouta très grave le récit de la fuite de Zidji.

— Hum ! fit-il en aspirant une prise, il reviendra ! N'aie pas peur, Monéri; il reviendra. Ce n'est pas joli de sa part. Tu as toujours été bon pour lui. Il devait obéir. Les jeunes gens sont ainsi. Mais ce n'est rien, il reviendra !

Le missionnaire fut soulagé de voir Mankélou accepter si facilement cet événement qui devait le toucher très fort. Pour l'âme simpliste du conseiller païen, Zidji était dans son tort. Puisqu'il s'était remis entre les mains de Monéri, il aurait dû obéir à Monéri. L'Eglise a ses règles comme l'armée et la tribu ont les leurs. On doit observer les lois qu'on a adoptées et voilà tout.

— Tu n'aurais pas une veste à me donner? conclut le vieux. Regarde comme mon gilet est gâté! Et il souriait en montrant ses dents.

Monéri Junior lui fit cadeau d'une jaquette noire verdie par le temps. Mankélou l'examina, la palpa, la trouva de son goût et remercia avec effusion. Puis les deux hommes se séparèrent meilleurs amis que jamais.

Monéri Senior eut plus de peine à accepter le départ subit du jeune homme qu'il appréciait beaucoup et sur lequel il comptait pour le développement de la station. Il hocha la tête.

— Peut-être aurais-je dû le surveiller davantage, dit Junior. Mais l'espionnage est absolument contre mes convictions. Pour développer le sens de l'honneur chez les noirs, il faut les traiter en hommes d'honneur. J'ai témoigné de la confiance à Zidji, il en a abusé; il m'a trompé, c'était à prévoir.

— C'est triste, répondit Senior. Après Jacob, Zidji! Voilà un nouveau scandale et certes, nous n'en avions nullement besoin. Comment éviter la contagion du mal sur notre station? Au fond, l'Eglise entière est solidaire de ces chutes et il faudrait qu'elle le sentît! Que diriez-vous si nous consacrions la journée de dimanche prochain à l'humiliation? Peut-être, par la grâce de Dieu, l'impression déprimante causée par ces deux scandales serait-elle atténuée.

— Je suis pleinement d'accord, dit Junior. Comme vous le disiez très bien, condamner le péché publiquement, c'est déjà presque en triompher.

Il fut décidé qu'on prierait Gana de se charger de la prédication. De plus, un certain Josépha de chez Mogwane avait justement demandé la permission d'exhorter la congrégation à l'occasion d'une vision qu'il avait eue. On lui donnerait la parole après Gana. Quant à Bartimée, son œuvre parmi les Ba-Pédi le tenait un peu à part des événements ecclésiastiques de la station et voilà pourquoi on ne songea pas à lui demander de présider ce culte extraordinaire.

Ce Gana était un homme remarquable. Maigre, les traits fins, plus sémitiques que vraiment bantou, il avait surtout des yeux excessivement mobiles et une éloquence naturelle que faisait valoir encore une facilité de gestes extraordinaire. Comme valeur morale et religieuse, il était certes le meilleur des élèves de l'école. Sa femme avait eu des jumeaux et malgré la superstition païenne, il les avait accueillis avec joie. C'était un type distingué au sein de la race noire.

Le culte convoqué spécialement réunit de nombreux auditeurs dans la grande chapelle où les décorations vertes et brunes avaient déjà perdu un peu de leur éclat. Le prédicateur prit pour texte la fin du chapitre septième de l'Epître aux Romains, et plus particulièrement la description de la loi qui est dans nos membres. Plusieurs, après la lecture, s'apprêtaient à partir pour leur promenade habituelle dans le pays du sommeil, mais bon gré mal gré ils durent écouter. Du premier au dernier mot, Gana ne « lâcha » pas un seul de ses auditeurs.

« La guerre ! Yoo ! Malheur ! Nous croyions qu'elle était chose du passé, maintenant que les blancs ont pacifié le pays. Erreur ! Elle fait rage aujourd'hui. Mais elle est dans le corps, dans le cœur, à cause de cette horrible loi qui est dans nos membres et qui nous pousse au péché. Pourquoi cette paresse dans l'Eglise ? Pourquoi le mercredi soir n'y a-t-il que trois, quatre fidèles à la réunion de prières ? A cause de la loi qui est dans les membres.... Et la boisson ? Tu avais cessé de boire. Satan l'a vu, il revient, te tente avec une petite quantité de bière. Tu dis : Il n'y a pas de mal à boire un peu. Et bientôt te voilà redevenu ivrogne. Et l'impureté ? La loi qui est dans les membres te met de mauvais désirs dans le cœur et te voilà tombé dans la tentation, ruiné, perdu ! Où est-il mon frère, celui que j'appellerais presque mon fils et qui a disparu cette semaine ? Yo ! Eh bien, cette loi, si nous l'écoutons, elle nous conduira à la mort éternelle. Ecoutez cette comparaison : Deux époux eurent un enfant unique dans leur vieil âge. Jamais ils ne le corrigèrent. Ils le laissèrent faire tout ce qu'il voulait. Ils ne l'envoyèrent pas à l'école de peur qu'il ne fût battu par ses camarades. Aussi devint-il insupportable. Il passait son temps à chasser des mulots et à les manger. Un jour dans la brousse, il se battit avec un de ses compagnons et le tua. Il s'enfuit à la maison. Ses parents lui préparèrent ses hardes et des provisions et lui dirent : « Pars, enfuis-toi. » Au lieu de cela, il retourna à ses mulots. Le chef le fit prendre et amener sur la place publique. Le procès fut instruit. Il fut reconnu coupable. Alors on l'étendit sur le sol et le cadavre de celui qu'il avait tué par-dessus lui. Il mourut là et les vers du mort entrèrent en lui ! Ainsi en sera-t-il de vous ! Vous croyez vous enfuir. Non ! Vos péchés vous mettent au cou une longue corde.... Eussiez-vous fui jusqu'au gué de la Thabina, Dieu saura bien tirer la corde et vous ramener jusqu'à lui.... Pourquoi plus personne ne se convertit-il ? Pourquoi personne ne va-t-il plus à l'évangélisation ? Pourquoi êtes-vous dégoûtés de tout ? A cause de la loi qui est dans vos membres.... Nos missionnaires meurent. Ils s'en iront comme Lot quittant Sodome. Et que deviendrons-nous alors ? »

Ici, avec un mouvement superbe, Gana s'écria : « Va-t'en, Satan ! Va-t'en avec ta queue ! Jésus, demeure avec nous, ne nous abandonne pas ! »

Après un chant d'humiliation Josépha monta en chaire. C'était un homme intéressant, ce Josépha. Connu autrefois sous le nom de Chougoudou, conseiller préféré du chef Mogwane, il avait mené jadis une vie fort peu édifiante. Car dans la tribu des Ba-Pédi, les mœurs étaient extrêmement dissolues. Chaque femme avait plusieurs maris. Le chef prenait toujours de nouvelles épouses; il venait d'en acheter une la semaine précédente, au milieu d'orgies terribles. Les chrétiens, naturellement, ne prenaient aucune part à ces actes d'immoralité. Mais Josépha qui était l'un des conseillers les plus écoutés du chef en souffrait vivement. Il n'était un converti que de quelques mois, mais son zèle pour la pureté évangélique était extrême et il avait bientôt dépassé tous les chrétiens par son sérieux. Aussi avait-on pu le baptiser au bout d'un laps de temps exceptionnellement court. A le voir monter en chaire, la figure excessivement maigre, ascétique, avec les yeux enfoncés, illuminés d'une flamme ardente, à l'entendre parler brièvement, par saccades, sans ordre ni suite, on se demandait même si sa piété n'avait pas quelque chose de maladif.

Il dit : « Bien que très petit, très petit, je me lève, par la grâce de Dieu, à cause de ce que j'ai vu. J'ai eu une vision. Pendant mon sommeil, mon lit fut élevé dans les airs. La porte du troisième ciel me fut ouverte et j'ai vu des gens, tout là-haut, des gens qui marchaient.... On aurait dit que c'était dans la lune. Je n'arrivai pas jusqu'au quatrième ciel. Là j'ai vu des bœufs et des chèvres en grand nombre, puis des enfants et, parmi eux, ma fille qui est morte il y a bien des années. Ces enfants poussèrent de côté quelques têtes de bétail et ma fille me dit : « C'est pour toi, père. Ce sera ton troupeau. Il se multipliera pour toi. » Puis ils me chantèrent un cantique et me dirent adieu. Je me réveillai. Je racontai à ma femme ce que j'avais vu. Puis on me donna un message, non pas pour le village du chef, car il a fermé ses oreilles dès longtemps, mais pour l'Eglise de la station. Me voici donc ! Ce n'est pas moi qui ai demandé de venir. Le message le voici : Nous ne marchons pas dans les voies de Dieu ! Il m'a été révélé qui sont les brebis et qui sont les hyènes ! Nous nous attachons aux choses de la terre et nous les suivons ! Ah ! si nous avions la foi ! Nous obtiendrions les richesses éternelles ! J'ai quitté le village des païens. J'ai dit tout cela à Mogwane; il s'est irrité contre moi. Il m'a été montré que sa capitale serait réduite en ruines. Un malheur tel fondra sur elle qu'un homme ne pourra pas aller demander à son prochain ce qui arrive, mais chacun ira se cacher pour sauver sa propre vie. Celui qui a cru a trouvé un diamant ! Moi je le possède. Je suis bien insignifiant, mais je suis comme une perche inébranlable. Je ne suis plus un roseau agité.... Vous tous qui n'êtes chrétiens que par les habits, sachez-le, c'est une mort ! »

A ces mots, Josépha frappait sa poitrine qui résonnait comme si elle n'eût été qu'une grande caverne.

« Les missionnaires nous disent la vérité. Ne cherchez pas à plaire aux hommes. C'est une perdition !... »

Et Josépha ayant fait entendre son message, le visage sérieux, une expression de souffrance sur la bouche, redescendit de la chaire et s'assit.

L'assemblée était visiblement impressionnée. Aussi Monéri annonça-t-il que le culte continuerait dans l'après-midi et que tous ceux qui avaient quelque chose à confesser pourraient le faire. De nombreuses prières, exhortations, discours d'humiliation se succédèrent. Dick força même la note. Il semblait se complaire dans la description de ses péchés. Néanmoins ce fut une bonne journée. On rendit gloire à Dieu;

pour l'homme il y eut confusion de face. Et l'Eglise, pauvre petite barque agitée sur les vagues des passions humaines, toujours ballottée, surnageant toujours, l'Eglise de Jésus, qui depuis si longtemps vogue vers le port de la sainteté, reprit sa marche en avant.

A L'ÉCOLE DE LA CIVILISATION

I

CHEZ LES AFRICANDER

Zidji approchait de la petite ville de Pietersbourg. Il avait dépassé les dernières collines pierreuses qui bordent la route des deux côtés; déjà les maisons apparaissaient, leurs toits de tôle galvanisée à demi cachés dans la verdure des eucalyptus et des pins.

A la vue du « chiloungo », le pays des blancs, dont il avait tellement entendu parler, le jeune homme eut un tressaillement de crainte et d'espoir tout ensemble. Il rentra en lui-même un instant. Il se rappela l'une des dernières leçons d'Ancien Testament à laquelle il avait assisté. Monéri avait raconté la fuite du patriarche Jacob loin de la maison paternelle et ce merveilleux rêve de Béthel, avec l'échelle qui allait de la terre au ciel et les anges de Dieu qui descendaient et qui montaient, symbole frappant de la communion divine, les puissances d'En-Haut qui descendent, les prières de la terre qui montent.... Zidji, fugitif comme Jacob, était triste. Il ne sentait pas la grâce de Dieu sur lui. Il essaya d'élever sa pensée par-dessus les nuages, vers le trône de l'éternelle lumière.... Mais l'ange retombait impuissant et Zidji, âme pieuse au fond, souffrait.

Soudain un individu qu'il n'avait pas vu arriver se trouva debout devant lui et lui adressa la parole sur un ton rude : « Ton passeport ! » Zidji regarda son interlocuteur. C'était un agent de police noir. Il était habillé de bleu foncé, ses pantalons ne descendaient pas plus bas que les genoux. Sur le côté droit de la tête, il portait une casquette de même couleur appliquée contre l'oreille, assujettie au moyen d'une ficelle élastique. C'était un Zoulou de six pieds de haut, à l'air farouche.

Zidji eut peur. Il avait entendu maintes histoires à propos de ces gendarmes noirs qui pillent les villages, tourmentent les indigènes, abusant effrontément de la puissance que leur donne leur métier et commettant toutes sortes d'injustices à l'insu de leurs maîtres blancs. « Ton passeport ! » répéta le Zoulou en brandissant une de ces lanières de peau d'hippopotame qu'on appelle « sjambock » au sud de l'Afrique et « chicote » au Congo.

— Je n'en ai point.

— Comment cela ? D'où viens-tu ?

— De chez Dabouka, mon chef.

— Eh bien, tu aurais dû passer chez le commissaire, à Hænertsbourg, pour t'annoncer et demander un passeport. Tu es en contravention. Je vais te conduire en prison, aux travaux forcés, pour huit jours....

Zidji était atterré. Que faire ?

— Ecoute, ajouta le grand Zoulou. J'aurai pitié de toi. Donne-moi deux shellings et je te lâche.

Zidji n'avait que quatre shellings avec lui. C'est tout ce qui lui restait des quelques livres sterling qu'il avait gagnées avant son entrée à l'école. Il avait tout dépensé pour payer la taxe des huttes de son père.

Sans hésiter et tout heureux de s'en tirer à si bon compte, il sortit une de ses pièces blanches et la tendit au gendarme qui l'empocha.

— Tu as de la chance, dit le Zoulou, avec un sourire de satisfaction sur ses traits sauvages. Evite le poste qui est au centre de la ville, sur la place, et tâche d'aller t'engager chez un blanc sans être vu. Ton blanc te procurera un passeport.

Presque reconnaissant envers le mauvais sujet qui profitait de sa crédulité pour lui arracher la moitié de son avoir, Zidji prit un sentier de traverse et se dirigea vers l'extrémité sud de la ville. Il ne tarda pas à rencontrer un noir qui avait l'air de chercher quelqu'un et qui se dirigeait droit contre lui. L'abordant avec empressement, ce noir lui dit : Es-tu en quête de travail ?

— Précisément. Je viens en ville pour m'engager.

— Superbe ! J'ai une magnifique place à t'offrir. J'y ai gagné beaucoup d'argent et je la quitte justement pour retourner au village. Viens avec moi, tu pourras m'y remplacer.

— Qu'est-ce qu'on paie par mois ?

— Deux livres sterling; c'est beaucoup pour Pietersbourg. Nulle part tu ne trouveras davantage. Mais surtout tu verras quels gentils blancs tu auras. La femme est charmante, aimable et le mari est toujours absent et ne frappe jamais. Tous les jours de la viande, mon vieux !

Zidji sourit. Ses yeux brillèrent, non pas tant à cause de cette promesse de viande à laquelle il n'était pas insensible d'ailleurs, mais parce que cette proposition répondait exactement à ses désirs. Sa grande ambition c'était d'aller travailler à Johannesbourg, car c'est là qu'on gagne vraiment. Mais il n'avait nulle envie de descendre dans les mines ; c'était trop pénible, trop dur et on pouvait y mourir. Il entendait s'engager comme cuisinier. Sans doute, il aurait pu aller directement à la ville de l'or s'il s'était adressé à l'un des innombrables agents recruteurs qui fournissent de bras les compagnies minières. On l'aurait transporté gratuitement par le chemin de fer. Mais il aurait dû travailler au moins six mois dans la terre et c'est là ce qu'il voulait éviter. Son plan était donc de gagner un peu d'argent à Pietersbourg de manière à pouvoir payer son billet lui-même. Il arriverait ainsi à Johannesbourg franc de tout engagement, libre de s'offrir pour le travail qui lui convenait le mieux.

Il accompagna donc son nouvel ami. En quelques minutes les deux jeunes noirs arrivaient chez Piet Viljoen.

L'habitation de Piet Viljoen n'avait rien d'engageant. C'était une de ces légères constructions en tôle galvanisée, du pied des murs jusqu'au sommet du toit. On y grille en été, on y gèle en hiver. Un enclos fermé par une barrière de ronce artificielle entourait la maison derrière laquelle se dérobait une cuisine minuscule en tôle aussi et n'ayant pas plus de huit pieds de haut. Au reste tout était sale dans cette maison et le petit jardin potager était très négligé.

— Missis, je vous amène mon remplaçant. C'est un de mes amis, un de mes parents qui connaît très bien le service. Je vais donc partir et vous prie de me payer.

Mme Viljoen inspecta le nouveau venu. Elle avait sur la tête le grand « capi » caractéristique des femmes bœrs, mais sur son visage boursouflé, souffrant, on ne lisait que peu d'intelligence et pas beaucoup de bonté.

— C'est cela que l'autre appelle une maîtresse charmante et aimable, se dit Zidji. Quel insigne menteur! Et il me présente comme un de ses parents, moi qui ne l'ai jamais vu !... C'est louche tout cela.

— Viens voir ton gîte, dit « l'autre » à Zidji.

Il le conduisit dans un appentis, derrière la cuisine, sorte de réduit obscur sans fenêtre, recouvert de morceaux de zinc rapportés. On voyait le ciel par-çi par-là à travers le toit.

— Tu commenceras ton travail demain. Je finis mon mois aujourd'hui.

A sept heures du soir, le maître de la maison arriva. Piet Viljoen était l'un des fils cadets d'un landrost du Zoutpansberg qui avait eu douze enfants. Le père vivait encore sur sa ferme avec une partie de sa famille. Mais les plus jeunes avaient dû quitter la maison paternelle pour gagner leur vie. Piet avait été « transport rider », c'est-à-dire conducteur de wagon pendant un temps. Il avait peu à peu constitué un attelage avec ses gains. Mais la peste bovine était venue. Il avait perdu six de ses seize bœufs. Alors craignant que tous n'y passassent, il avait vendu les dix restants et, avec l'argent qu'il en avait retiré, il avait acheté cette misérable ferme aux environs de Pietersbourg. Alors il avait épousé Catherine Marais, fille d'un autre Bœr très chargé de famille lui aussi, et il espérait cultiver des légumes et les vendre au marché de la ville. Mais les profits étaient très minimes et il avait dû s'engager au chemin de fer comme contremaître d'une bande de noirs travaillant aux terrassements. Rude, sachant à merveille terroriser les indigènes qu'il méprisait profondément, ce grand Bœr à la barbe hirsute eût pu faire de bonnes affaires, amasser un pécule; il était bien payé, car il obtenait de ses ouvriers le maximum de travail possible. Malheureusement cet homme qui ne se fût pas laissé prendre une pièce de trois pence avait consenti à cautionner un ami du Waterberg. Celui-ci avait fait faillite et Piet Viljoen avait dû hypothéquer sa ferme pour faire honneur à sa signature. Dès lors le plus net des profits allait à payer l'intérêt de cette hypothèque et l'on ne faisait pas grasse chair au clos Viljoen.

— Boss, dit le serviteur partant, je vous ai amené mon remplaçant. Veuillez me payer mon mois, car je pars.

Viljoen lui lança un regard dur et pourtant embarrassé. Il lui avait promis de lui remettre son dû si le remplaçant se présentait. Or le remplaçant était là. Viljoen était persuadé que son domestique ne réussirait pas à le procurer. Ainsi il l'aurait gardé quelques semaines de plus, sans salaire, naturellement. D'ailleurs la bourse du ménage était très plate. Il lui tourna le dos et entra dans la maison sans répondre. Le noir le suivit et répéta sa demande. Viljoen jura, cria, menaça et enfin lui jeta une livre sterling. Il manquait dix shellings et le noir les réclama.

— Comment, tu n'es pas content, chien de noir, dit-il. Veux-tu te hâter de détaler et un peu vite, avant que je me mette en colère.

Le domestique qui avait escompté depuis longtemps ces dix shellings, voyant qu'il n'y avait rien à faire, sortit sans saluer. Il réunit ses hardes et souhaita bonne chance à Zidji, sans lui raconter la scène qui venait de se passer.

— Tu as engagé un nouveau ? dit Viljoen à sa femme, lorsqu'elle lui apporta le repas du soir.

— Oui; il a l'air gentil, il est bien habillé.

— Je pense que c'est encore un de ces maudits Cafres de la Mission. Mieux vaut mille fois avoir à faire à de vrais sauvages qu'à ces espèces de demi-civilisés qui ont l'audace de regarder les blancs dans les yeux.... Et encore, on ne leur peut rien ! Depuis que le nouveau gouvernement est au pouvoir, on n'est plus maître dans son pays. Interdit de fouetter ces impudents comme ils le méritent.... Vient-il au moins d'une station allemande ? Les Allemands tiennent leurs gens un peu mieux que les autres.

— Je n'en sais rien. Il a l'air d'être un « Knobneuze ».

— Enfin, on verra.

Dès le lendemain, Zidji commença son travail. Il avait à faire la cuisine, à surveiller le cheval qui tondait l'herbe de l'enclos, à aller chercher l'eau au puits d'une maison voisine et, s'il lui restait des loisirs, à travailler au jardin. Tout cela naturellement sans parler du bois à couper, des chambres à balayer, de la cuisine à tenir en ordre. Avec toute l'ardeur d'un commençant, il courut du clos au jardin et des chambres à la cuisine et, durant les huit premiers jours, il fit face à toutes ses multiples occupations, ce qui supposait une gymnastique des plus fatigantes. Mme Viljoen-Marais était ravie. Elle avait le temps d'aller jaser chez les voisines. Piet, son mari, lorsqu'il rentrait le soir, s'épanouissait à la vue du rôti cuit à point, du cheval dûment attaché à sa perche et des carreaux de salades bien arrosés. Il disait à sa femme :

— Pour dire que c'est un de ces maudits Cafres de la Mission, nous sommes bien tombés.

Cependant les balais neufs s'usent une fois, surtout si on s'en sert trop. Un matin que Mme Catherine Viljoen née Marais avait prolongé fort longtemps sa causerie dans une maison amie, elle fut étonnée, en rentrant au logis, de ne pas voir le cheval brouter à la place accoutumée. Elle dut s'avouer que c'était sa faute à elle, car elle avait négligé de fermer la porte. Néanmoins elle cria : « Zidji ! » Zidji accourut, quittant son fourneau.

— Où est le cheval ?

— Je n'en sais rien. J'avais fermé la porte.

— Cours-lui après !

Et le brave garçon, enfilant sa veste, partit à la

recherche. A midi il revint, n'ayant rien trouvé.

— Il faut écrire au Boss pour qu'il avertisse la police, dit-il à Mme Viljoen.

— C'est vrai; mais je ne sais pas écrire, dit-elle!

— Alors attendons son retour. Peut-être le cheval reviendra-t-il de lui-même.

Le soir, Viljoen en rentrant s'aperçut que le fidèle animal n'était pas attaché à sa perche.

— Qu'est-ce, dit-il en colère, faisant irruption dans la cuisine, les poings fermés.... Tu as laissé le cheval filer, maudit noir que tu es!

Zidji frémit et allait répondre sur le même ton. Il se contint.

— C'est la Missis qui a laissé la porte ouverte, dit-il.

— Peu importe, tu avais le soin du cheval; tu aurais dû le surveiller.

— Quand je suis à la cuisine, occupé à cuire le repas il ne m'est pourtant pas possible d'être en même temps dans le clos à faire paître le bétail!

— Quoi, tu raisonnes! Toujours ces Cafres de la Mission qui se permettent de discuter! Prends garde à toi!

Au même moment quelqu'un heurta. C'était un des amis de Viljoen qui avait trouvé le cheval dans la brousse du côté de Marabastadt et qui le ramenait à son maître. Cette heureuse diversion mit fin à l'altercation. Mais l'ami en question qui connaissait bien le Boer irascible s'aperçut vite qu'il était en colère.

— C'est cet ignoble moricaud qui ne fait pas son devoir, dit Viljoen. Ils sont tous les mêmes. Quelle racaille!

Robert Fraser sourit et voulut ajouter quelques mots. Mais il était si épouvantablement bègue que, après avoir répété vingt fois la même syllabe sans pouvoir terminer sa phrase, malgré les contractions de tous les muscles de son visage, il s'arrêta court. Viljoen qui connaissait son infirmité et savait qu'il ne fallait pas le regarder lorsqu'il essayait de parler, se détourna et l'invita à entrer dans la chambre à manger. Mais Robert Fraser s'excusa et fit mine de partir. Viljoen entra dans la maison et, lorsqu'il eut disparu, le bègue fit signe à Zidji de le suivre.

Chacun, dans les environs, savait que les deu.. Viljoen avaient mis la main sur un domestique d'élite, car Mme Catherine ne s'était pas fait faute de chanter les louanges de Zidji, le plus travailleur, le plus intelligent des serviteurs, bien qu'il fût un Cafre de la Mission. Avec mille peines, Fraser articula les mots suivants :

« Noko a yì kohna wena thatha lapa, buya kaya ka mina. »

Cela signifiait, en traduisant littéralement cette phrase qui est en cafre de caisine :

« Si il n'y être pas toi demeurer ici, viens chez moi. »

Ce langage qui n'est qu'un mélange risible de zoulou, de boer, d'anglais, a été inventé par les blancs du sud de l'Afrique pour causer avec les noirs. C'est un parler absurde, sans grammaire, sans charme, bon tout au plus pour donner des commandements et pour accompagner des coups de pied.

Zidji comprit cependant. Il savait où demeurait Fraser, car tout le monde connaissait le bègue n le voyait souvent au clos Viljoen et plus souvent encore au « bar » du Transvaal Hôtel où il dégustait de nombreux « whisky and soda ».

— J'irai, se dit Zidji; j'irai certainement si mon Boss continue à me traiter de cette façon.

Mais le lendemain Piet Viljoen eut une grande joie et son humeur fut charmante. Son père, le landrost, le sachant dans des circonstances difficiles, lui envoya une superbe oie avec une couvée de dix poussins. C'était une fortune, les bases d'un nouveau commerce; comme Perrette, les deux époux bœrs se mirent à bâtir des châteaux en Espagne. Une oie bien dodue, cela vaut quinze shellings, une livre même.... Viljoen considérait déjà avec attendrissement son clos franc d'hypothèque et une armée de petites oies picorant entre les jambes du cheval retrouvé.

— Tu prendras bien soin de l'oie et des poussins, dit-il à Zidji en s'en allant. Et son ton était presque amical.

— Et comment le pourrais-je? fit Zidji en haussant les épaules.

Mais le Bœr était déjà parti avec ses rêves dorés.

Pietersbourg est bâti sur le plateau du Zoutpansberg, dans une légère dépression. La ville manquerait d'eau si une municipalité intelligente n'avait creusé un canal avec des écluses latérales que les habitants ouvrent à certaines heures pour irriguer leurs jardins. L'une de ces rigoles aboutissait précisément aux carreaux de légumes que Zidji arrosait tous les jours à quatre heures du soir.

Le malheur voulut que, à trois heures et demie, l'un des jours suivants, la mère oie et sa famille passèrent gravement sous la barrière de ronce artificielle et s'en allèrent à la découverte du côté du canal. Attirés par l'herbe verte de la rigole, les poussins s'y engagèrent avec délice, sous l'œil bienveillant de l'oie. Soudain on entend un bruit de rivière. Quelqu'un avait ouvert l'écluse tout grand, là-haut, et l'eau arrivait en mugissant. Comme la pente était assez forte en cet endroit, ce fut une véritable vague qui se précipita sur les petits volatiles dont les ailes n'avaient point encore poussé, et la catastrophe fut terrible. Roulés, enlisés, noyés, huit d'entre eux périrent misérablement et c'est à grand'peine, que la mère en sauva deux. Elle rentra au clos, gesticulant du cou et des ailes et menant grand deuil. Mme Viljoen accourut à ces cris discordants.... Elle comprit.... Elle vit rouge ! Gare au mari !

Zidji aussi, s'apprêtant à arroser le jardin, eut l'intuition de ce qui était arrivé. Il laissa là son arrosoir, remonta le canal et trouva les huit victimes piteusement échouées dans une crique, les pattes en l'air, les yeux fermés. Alors il les ramassa et les apporta à la maîtresse du clos.

Le soir, Viljoen fit une scène terrible à sa femme. Mais il n'était pas au bout de ses épreuves. Le lendemain, la mère oie, emportée par la commotion nerveuse qu'elle avait ressentie la veille, mourait de chagrin sous la véranda même de Mme Viljoen née Marais, et, en se réveillant le matin, cette respectable dame découvrait le spectacle navrant.

C'en fut trop pour le fils du landrost.

— Ce sale nègre doit l'avoir empoisonnée ! Il a laissé périr les petits, il a tué la mère ! Comme ces moricauds ne craignent ni la viande morte ni la viande empoisonnée, il comptait s'en régaler sans doute.... Je lui ferai son affaire.

Il courut à la cuisine où Zidji était occupé à décrotter les gros souliers à clous de son maître. Les poings fermés il se précipita sur lui. Zidji tourna autour de la table et s'enfuit par la porte. Viljoen le poursuivant lui cria :

— Et tu penses que nous allons encore te pa[illegible] ton mois, après que tu as tué l'oie et ses poussins !

Aveuglé par sa fureur, le Bœr avait prononcé une parole imprudente. Quand il fut parti pour son travail, maugréant, tempêtant encore, Zidji, avec la clarté d'esprit qui le caractérisait, fit la réflexion suivante :

— Le Boss dit qu'il ne me payera pas mon mois. J'ai déjà travaillé quinze jours. Inutile de rester ici quinze autres jours pour rien.

Et, comme il mettait sans tarder à exécution les résolutions qui lui paraissaient raisonnables, Zidji se glissa dans l'appentis, réunit ses hardes, les attacha et partit sans être vu, tandis que Mme Viljoen née Marais pleurait sur l'oie dans la maison. Elle sortit un instant après et cria : « Boy, garçon ! ».... Rien ne répondit à son appel. Elle chercha Zidji. Personne !... Alors elle dut aller surveiller le feu elle-même, puiser l'eau, couper le bois, attacher le cheval et, lorsque Piet revint le soir, elle lui fit d'amers reproches :

— Toujours ta colère et tes injustices ! Il est parti, maintenant, le boy ! C'était le meilleur que nous eussions eu depuis des années. Et que faire maintenant?

Le long du sentier qui conduit chez Robert Fraser, Zidji réfléchissait : « Ces blancs ! Quels êtres ! Est-ce méchanceté ou bêtise chez eux? Comment ! M'accuser d'avoir tué l'oie et les poussins, dire que j'ai laissé le cheval s'enfuir alors que c'est la Missis qui a ouvert le portail ! Me tomber dessus à bras raccourcis comme s'il voulait me tuer, alors que j'ai fait mon travail de mon mieux et que je n'ai pas mangé le pain de la paresse ! J'aimerais bien savoir s'ils sont tous comme ce Bœr ! » Puis il se dit : « Les affaires ne vont guère. Un agent de police noir me soutire deux shellings; je perds le gain de deux semaines chez Piet Viljoen.... Quand aurai-je de quoi partir pour Johannesbourg? »

Sont-ils tous comme celui-là? se demandait Zidji après avoir fait ses premières expériences avec les blancs du pays. Non, certes ! Tous les colons sud-africains, tous les Bœrs ne sont pas comme ce grossier et irascible fils de landrost, aigri par ses malheurs et habitué dès l'enfance à traiter les noirs comme du bétail. Et néanmoins il faut avouer qu'un grand nombre de blancs du sud de l'Afrique procèdent exactement selon les mêmes principes, encore qu'ils mettent plus de modération dans la forme. On s'imagine que le domestique indigène, parce qu'il ne sait pas l'anglais et a la peau noire, doit tout savoir, tout pouvoir et être parfait. Il doit avoir le don d'ubiquité, être à la cuisine et à l'étable en même temps. Il doit comprendre tous les ordres immédiatement, lors même qu'on les lui donne dans ce cafre de cuisine qui est un véritable charabia, les blancs ne se donnant pas la peine d'apprendre convenablement le zoulou ou le thonga. Le « boy » doit faire plusieurs métiers, bien qu'il ne les ait pas appris et surtout, si on l'insulte, même à tort, il ne s'agit pas qu'il essaye de se justifier. Sinon il est « cheeky », un impudent, et gare à lui ! Comment s'expliquer une attitude pareille de la part de gens qui possèdent cependant une intelligence moyenne et qui se conduisent comme des humains.... normaux dans les autres circonstances de la vie ? C'est que le noir est sans défense. Il n'a point d'avocat pour plaider sa cause. Donc on peut l'injurier et le battre impunément. Je concède qu'il est des domestiques indigènes vicieux, malhonnêtes, effrontés. Ils le deviennent, à cette école. Mais beaucoup d'entre eux sont innocents, bien disposés, serviables. Néanmoins beaucoup de colons sud-africains, s'étant habitués à prendre vis-à-vis des noirs cette attitude de souverain mépris, les traitent comme Viljoen traita Zidji. Et par là même ils se dégrr ent. Le contact entre une race supérieure détenant le pouvoir et une race inférieure sans défense est excessivement dangereux pour la première. Car il est assez naturel à la bête humaine qui habite même au sein des races supérieures d'exploiter égoïstement le prochain. Et, du moment qu'un être moral traite un autre être moral comme une chose, il se dégrade, car il n'a pas respecté la personnalité humaine. Sa propre personnalité en souffrira. Il y a certains problèmes pénibles à propos de la mentalité des sud-africains blancs qui s'expliquent ainsi....

Vers le soir Zidji arriva chez Robert Fraser. Il se dirigea immédiatement vers le grand fermier à la barbe blonde et aux yeux bleus qui inspectait son troupeau, dans le kraal, et il lui dit, toujours dans cet admirable cafre de cuisine qui n'a point de grammaire :

« Mloungo founa boulaya mina, mina souka, mina bouya lapa ! »

« Le blanc vouloir tuer moi, moi partir, moi venir ici ! »

Bob sourit dans ses longues moustaches et articula avec peine un « yebo ! » oui !

Il était enchanté de voir Zidji qui lui avait plu dès l'abord par son air ouvert et son zèle rare. Le seul domestique à gages sur la ferme était Dayiman, un Mosouto d'âge mûr pas très intelligent. Pour les gros travaux de la ferme, labours, sarclages, Robert Fraser avait recouru à l'admirable système qui fleurit au Transvaal. Le gouvernement proclame comme fermes de blancs les meilleures portions du pays. Dès lors les noirs qui y habitaient n'ont plus aucun droit sur le sol. L'Européen qui achète une ferme devient le seigneur féodal de toute la population indigène. Il concède à ses « Cafres » quelques hectares (on dit « morgen », au sud de l'Afrique), de préférence sur les pentes des collines rocailleuses, pour y planter du maïs et y construire des huttes; en échange de cette généreuse permission, les noirs doivent travailler pour le landlord à raison de deux ou trois jours par semaine. Certains fermiers n'appellent à cette corvée que les hommes, d'autres aussi les femmes et les jeunes filles. Fraser, qui comprenait très bien son intérêt, avait ainsi toujours à sa disposition quinze hommes le lundi et le jeudi, dix femmes le mardi et le vendredi et douze jeunes filles le mercredi et le samedi. Le clan de Basoutos qui habitait sur sa ferme était très misérable. Ces gens obéissaient bien et, quand la trompette sonnait le matin, les escouades attendues arrivaient avec une assez grande régularité. Fraser était bon enfant. Quand il ne se laissait pas aller à la colère, il était plutôt aimable et les noirs le louaient parce qu'il permettait aux jeunes gens d'aller travailler aux mines sans leur réclamer de l'argent en échange des corvées auxquelles ils échappaient. D'autres fermiers des environs exigeaient jusqu'à dix shellings par mois, en pareil cas.

Grâce à cette abondance de travail manuel qui ne lui coûtait pas un sou, Fraser avait établi de superbes cultures, des champs de maïs en été, de blé en hiver. Il essayait de planter du tabac et du coton, du ricin et de la canne à sucre, et, somme toute, malgré l'iniquité foncière de ce système d'exploitation, la petite communauté vivait assez heureuse sur la ferme.

Mais aucun de ces Basoutos ne valait Zidji. Fraser s'en était tout de suite rendu compte et il avait violé le dixième commandement en convoitant le serviteur de son prochain. Voilà pourquoi il l'accueillit avec un bon sourire. Il avait prévu que Viljoen aurait bien vite fatigué ce domestique trop bon pour lui. Il faut dire aussi que Bob, comme l'appelaient ses amis, avait un projet. Il avait décidé avec deux compagnons du Bas-Pays d'aller avec le wagon à bœufs jusqu'à Komati-Poort pour affaires, de traverser ainsi toute la plaine à demi déserte qui s'étend au nord et à l'est des montagnes de Leydenbourg. C'était un voyage de plusieurs semaines à travers une contrée giboyeuse qui les tentait énormément. Mais il était urgent d'avoir un bon noir pour diriger le wagon et faire la cuisine. Zidji arrivait tout à point, car Dayiman n'était bon que pour couper les arbres et attacher les bœufs.

Le départ étant fixé au surlendemain, le nouveau venu eut une journée entière pour voir la ferme et faire la connaissance de ses habitants. Il fut fort étonné de voir dans la cuisine une femme noire de la tribu nkouna portant un enfant à demi blanc sur son dos.

— Qui est-ce ? dit-il à Dayiman.

— Oh, c'est Nelly, la femme de Bob !

— La femme de Bob ?

— Mais oui. Il en a deux, une thonga et une souto. Il les a payées vingt livres chacune....

Zidji voulut aller parler à Nelly, car il lui sembla la reconnaître. Mais Fraser qui le vit se diriger vers la cuisine siffla entre ses doigts et lui fit signe de s'éloigner. Il n'était permis à aucun noir masculin de causer avec les femmes du Boss; celui-ci avait ses raisons pour tenir très fort à ce principe domestique. Un beau jour, la femme souto lui avait donné un héritier tout noir et il avait été si terriblement mortifié qu'il en avait fait une jaunisse de huit jours.... Zidji se retira prudemment, mais il se dit : « Il paraît que Bob n'a pas tout à fait bonne conscience. C'est curieux, ces mariages-là ! Et il a deux femmes ? Monéri nous avait dit que cela n'arrive jamais chez les blancs. »

Au Transvaal, les Européens qui épousent des négresses sont rares. Ces mœurs-là sont absolument condamnées par les classes supérieures de la population blanche. On ne reçoit pas dans la société un blanc qui entretient une femme noire. Je dis « entretient », vu que ces mariages-là sont toujours ou presque toujours illégitimes. Bob s'inquiétait assez peu de la société. Né au Natal de parents assez misérables, il n'avait jamais possédé la finesse qui caractérise le gentilhomme anglais; d'autre part, ayant toujours vécu très près des indigènes, il n'avait pas pour eux ce dégoût qui a préservé les Bœrs de la promiscuité. Il n'y avait aucune réelle intimité entre lui et ses femmes. Mais, pour quarante livres sterling, il avait obtenu une cuisinière à vie et sa remplaçante, sans parler du fait qu'il n'avait pas de goût pour le célibat. Il estimait avoir fait une et même deux très bonnes affaires et, à ses amis qui le plaisantaient parfois à propos de sa bigamie, il disait avec mille contractions des muscles du visage et avec un sourire assez malin :

— « Vous le voyez ! Je pratique l' « amalgamation » des races comme Cecil Rhodes celle des compagnies de diamants. Je travaille à ma manière à résoudre le problème indigène.

Le surlendemain l'on partit. Zidji était engagé comme conducteur du wagon sous la direction de Fraser qui était un « transport-driver » de profession. Dayiman devait marcher devant l'attelage, tenant la courroie qui lie les cornes des bœufs de devant les unes aux autres. Au reste les animaux étaient superbes. Ils n'avaient pas fait de travail pénible depuis longtemps et le voyage s'annonçait des mieux. Fraser montait son cheval bai et avait son fusil sur l'épaule.

Il retrouva dans le Bas-Pays Jack et Georges, ses deux camarades, Anglais basanés, vrais types de mineurs plus ou moins aventuriers, grands chas· ırs, jureurs à l'occasion mais bons enfants somme toute. Ce qu'ils fumèrent de pipes à l'avant du wagon, serrés les uns contre les autres, en se racontant toutes les bêtises de leurs noirs, tandis que Dayiman tirait les bœufs de devant et que Zidji excitait l'attelage du fouet ! Une nuit, il fallut entretenir un grand feu pour éloigner les lions; le lendemain, le véhicule s'enlisa dans la rivière et, sans Fraser, on n'en sortait pas.

Il sauta à l'eau tout habillé et, arrachant le fouet des mains de Zidji impuissant, il cria : « Jeck ! » Ce « jeck » sortit du fond de la poitrine, râcla le gosier, tonna dans la bouche et s'épandit au dehors avec une force telle que tous les bœufs, reconnaissant la voix du maître, regardèrent aussitôt en avant, tendirent le cou.... Et l'on vit les jougs se presser contre les garrots, la peau se plisser sous eux. Le wagon se remit en marche et c'est presque au trot que l'attelage escalada la berge de l'autre côté de la rivière.

— Superbe ! crièrent Jack et Georges au véritable « transport rider » quand il revint, trempé jusqu'à la ceinture, se rasseoir sur le siège à l'avant du véhicule.

— Et quand on pense qu'il y a des blancs qui font ce métier pour deux shellings six pence par jour ! C'est vraiment mal fait ! répondit Bob à voix très basse et en bégayant beaucoup.

Le voyage avait duré six semaines. Les trois mousquetaires du Bas-Pays en avaient beaucoup joui. A Komati-Poort, ils firent de bonnes affaires, nouèrent des relations commerciales avantageuses avec une maison allemande. Aussi Bob était-il de charmante humeur au retour. Il avait promis une livre par mois à Zidji. Il lui en donna deux.

— Quoi qu'on puisse dire contre les Anglais, pensa Zidji, une chose est certaine : Ils payent bien ! Allons dans *leur* ville.

Et il prit le train pour Johannesbourg.

II

DANS LA MINE

Le train filait à toute vapeur à travers le haut plateau sud-africain. Zidji, accoudé à la fenêtre d'un wagon pour « gens de couleur » où on l'avait parqué avec cinquante autres noirs, regardait le pays plat, sans un arbre, sans une pierre, avec des yeux vagues et étonnés. Voilà déjà bien des heures qu'il cheminait ainsi, emporté comme dans un tourbillon, et sa surprise, une surprise voisine de la stupeur, n'avait pas encore passé. C'était la première fois qu'il voyait, qu'il expérimentait le chemin de fer dont on lui avait tant parlé. D'abord il avait eu peur. Cette trépidation, ce bruit de roues et surtout cette vitesse phénoménale lui avaient fait l'effet d'une course à la mort. Un train venant en sens contraire croisa le sien et le courant d'air fut si violent qu'il crut à une collision. Mais les wagons noirs passèrent, défilèrent si rapidement qu'il ne distingua rien. Il lui fallut un instant pour retrouver son souffle. Puis, voyant que personne n'avait été écrasé, entendant ses compagnons rire et plaisanter, il se rassura. Son visage d'ailleurs n'avait pas trahi sa terreur. Il était demeuré absolument calme. On n'est pas un noir pour rien !

Le convoi avait passé avec fracas sur le pont du Nylstrom, une rivière que les Bœrs du siècle passé avaient prise pour le Nil, lors de leur premier « treck » au Transvaal. Il s'était arrêté quelques minutes seulement à Prétoria dont le jeune homme avait vu les maisons cachées dans la verdure fuir comme un rêve. Et maintenant on approchait de Johannesbourg.

« Ces blancs, se disait le jeune Nkouna, curieux et craintif comme le souriceau tout jeune et qui n'avait rien vu, quelle puissance ! Quelle intelligence pour inventer des machines pareilles ! C'est plus étonnant encore que l'attelage de Bob. Et dire que nous, les noirs, nous n'avions pas même eu l'idée de mettre les bœufs sous le joug ! »

Près de Zidji, un jeune garçon de quinze ans se blottissait sur son banc, l'air ahuri. Plus loin un Cafre des villes, un Mosouto qui retournait pour la troisième fois aux mines, parlait haut et se moquait du gamin. Fumant une cigarette qu'il avait achetée à un coolie qui vendait des provisions à la station précédente, il faisait l'entendu.

— Toi, disait-il au gamin, tu iras travailler sur le grand échafaudage et tu apprendras ce que c'est que la « boukoutéhana ». Oui, mon petit, tu verras bien des choses !

A ce mot barbare Zidji releva l'oreille. On lui avait parlé des mœurs infâmes des cours de Johannesbourg et on les désignait précisément par ce terme. Mais il ne s'attarda pas à cette pensée, car il était bien résolu à ne pas aller travailler aux mines.

— Tenez ! voilà la première fumée, dit le Mosouto qui savait tout. Et en effet, dans le lointain, à l'horizon bleu gris, aux confins de la plaine plate et nue, on voyait une cheminée avec un panache de fumée noire que le vent d'ouest emportait. Bientôt on en découvrit une seconde, et, auprès des cheminées, se dressaient des constructions à jour en poutres énormes.

— C'est là-haut qu'on trie les pierres, dit nonchalamment le Mosouto. C'est un ouvrage de gamins....

— Qu'est-ce que ces montagnes blanches ? demanda Zidji en montrant du doigt de grands monticules qui ressemblaient à d'immenses taches de neige un peu bleuâtre....

— Ça, ce sont les « tailings ». C'est la poussière qui reste après qu'on a broyé la pierre. Vous verrez, quand le vent souffle, comme c'est agréable ! L'air en est plein et on en mange plus qu'on n'en veut.

Cependant le train avait atteint la première mine et passait en tempête au milieu des hangars de tôle, des tas de poutres, des grands éta‹ ges bleus d'où partaient d'immenses tuyaux. Partout des wagons minuscules qui cheminaient sur les rails des Decauville, des chars tirés par des chevaux, des moulins à vent qui actionnaient des poulies. Les lignes ferrées se multipliaient. Et, de temps en temps, un groupe d'eucalyptus à la silhouette élancée rompait l'horrible monotonie de tout ce désordre indurtriel.

Enfin on pénétra dans la ville elle-même ; on vit des cottages se succéder ; les rues avaient une couleur d'ocre. On entrevoyait des magasins, des jardins qui filaient aussitôt. Souvent la vue était arrêtée par deux murailles d'affiches qui se dressaient au bord des voies. Zidji regardait étonné une réclame de Bovril où l'on voyait un bœuf qui pleurait devant une petite bouteille d'extrait de viande. Ailleurs c'étaient des femmes blanches représentées de pied en cap et plus ou moins habillées.... Quelle fantasmagorie ! Il commençait à avoir mal à la tête à la vue de tant de choses. Enfin le train s'arrêta. On cria : « Park Station » et un employé ouvrit les portes du wagon des noirs et les fit sortir.

Ils se rangèrent sur le trottoir, les uns bâillant, s'étirant, les autres jetant des regards craintifs vers les toits qui recouvraient les quais de la gare. Enfin, on les fit marcher « à la queue leu leu » vers la sortie et un employé de la police les conduisit au « Compound » des nouveaux arrivants. On appelle « Compound », au sud de l'Afrique, les cours environnées de dortoirs où l'on parque les noirs. Pourquoi ce mot ? Est-ce parce que ces « Compounds » sont un composé de tous les inconforts, de toutes les laideurs? Mystère.

Là, le triage fut opéré. Les noirs qui arrivaient envoyés par les agents de recrutement de « l'Association du travail indigène » furent réexpédiés directement aux diverses mines qui avaient assuré leurs services et payé leur voyage. À ceux qui étaient venus à leurs frais, les employés du Compound remirent un passeport valable pour trois jours. On leur concédait ce laps de temps pour aller trouver une place de cuisinier, de palefrenier, à leur goût. Si, au bout de ces trois jours, ils n'avaient pas trouvé à se placer, ils devaient revenir et on les remettrait eux aussi aux compagnies minières qui manquent toujours de bras.

Zidji, son paquet de hardes sur le dos, partit donc à la découverte. Il alla sonner — ou frapper — aux portes des maisons, d'abord dans la haute ville, chez les riches; car il comptait, avec sa connaissance de l'anglais et des travaux de cuisine, trouver une place bien rétribuée: quatre, cinq livres par mois, qui sait! Mais ce fut partout en vain. Il fut même assez rudement repoussé en certains endroits et un gros chien faillit lui enlever un morceau de son mollet droit. Alors il se replia sur les quartiers moins aristocratiques, se présenta dans les magasins comme bon à tout faire, dans des entreprises de transport comme manœuvre. Nulle part on n'avait besoin de lui. Une femme lui cria: « Nous ne voulons pas ici de Cafre de la Mission! » Et, le regardant d'un air méchant, elle disait: « Vermine de noirs! Les pires sont encore ceux qui sont bien habillés et qui écorchent l'anglais! » Au bout de ses trois jours, Zidji dont les ambitions avaient peu à peu baissé, rentra au Compound. Une fatalité le poussait vers les mines. Bon gré mal gré, il dut s'y rendre. Le gamin qu'il avait vu dans le train avait fait les mêmes expériences et bien d'autres avec eux, et ils partirent ensemble pour l'une des principales mines où l'on réclamait à grands cris des ouvriers.

Le soleil allait se coucher quand ils arrivèrent au Compound où ils allaient devoir passer six mois. Les mineurs venaient de sortir du travail et remplissaient la cour. Les nouveaux venus y pénétrèrent par une allée couverte où plusieurs gendarmes noirs montaient la garde. Tout près, à droite, était le bureau du surveillant blanc qui visa leurs passeports, prit leurs noms et les conduisit dans leurs chambres à coucher.

C'était un Compound typique : vaste cour carrée, entourée des quatre côtés de constructions de tôle qui servaient de dortoirs, avec une seule entrée, cette allée sombre que l'on fermait la nuit. Plusieurs centaines d'hommes couchaient dans ces dortoirs, appartenant à toutes les tribus du sud de l'Afrique. Les Basoutos logeaient ensemble ; les Zoulous et les Cafres un peu plus loin ; dans le fond et à gauche, c'étaient les Shangaans ou Thonga, ceux de Delagoa, ceux du Bilène, ceux d'Inhambane, ceux des Spelonken. A gauche de l'entrée, c'étaient les Zambéziens, peu nombreux encore. Les Shangaans étaient de beaucoup le plus fort contingent. Ils occupaient au moins dix de ces dortoirs, chambres carrées avec quatre rangées de couchettes, deux de chaque côté de la porte, l'une superposée à l'autre. Un système de ventilation très habile était arrangé dans le toit et il y avait au centre un fourneau où brûlait du coke, avec un long tuyau servant de cheminée qui sortait par le faîte. Néanmoins Zidji recula lorsqu'on lui dit d'entrer dans cette pièce et d'aller occuper l'une de ces couchettes en planches, au fond du dortoir. L'odeur, qui régnait dans cet antre, la vue des sales guenilles qui pendaient de toutes parts le firent hésiter un instant.

— Marche ! dit l'un des « policemen » en brandissant sa chicote.

Zidji n'était point ultra-délicat. Mais quelque chose lui répugnait dans l'atmosphère de cette chambrée, quelque chose qui froissait en lui un sens plus profond que la vue ou l'odorat.

Il alla déposer ses couvertures sur une place vide dans la rangée des couchettes inférieures, au fond du local, là où l'agent le conduisit. Se retournant, il vit le gamin de quatorze ans qui s'installait lui aussi à quelque distance. Un grand Shangaan aux longs cheveux embroussaillés, aux yeux rouges, avait l'air de veiller sur lui avec une sollicitude qui ne s'accordait guère avec ses traits sauvages et son air bestial. Ce grand Shangaan avait jeté son dévolu sur le jeune garçon. Il l'avait fait comprendre au gendarme indigène au moyen d'un signe d'intelligence, à l'arrivée des nouveaux ouvriers. Cet agent qu'un shelling suffisait à corrompre avait donc indiqué au « pikinini » (on nomme ainsi les petits serviteurs indigènes) une couchette voisine de celle du sauvage à la tignasse emmêlée.

L'appel retentit pour le repas du soir. Au centre de la cour se dressait un hangar soutenu par de puissantes poutres et qui constituait la cuisine. De chaque côté du bâtiment il y avait douze énormes marmites réunies les unes aux autres par des tuyaux où circulait la vapeur qui cuisait la farine de maïs. Car ces vastes récipients étaient pleins de cette substance blanche où les cuisiniers puisaient avec d'énormes cuillières en bois, jetant les morceaux de polenta sur une table qui courait tout autour de la cuisine. Les mineurs arrivaient avec des écuelles de zinc cabossées de toutes les formes et les remplissaient de nourriture. Après quoi on ajoutait à chacun un peu de légume en guise d'assaisonnement. Cette distribution s'accomplissait au milieu de cris, de vociférations. Une fois servis, les noirs se retiraient et allaient manger leur ration au pied du mur de leur dortoir ou à l'intérieur de la chambre. Les Basoutos gardaient la pitance du jour pour le lendemain. Ils l'étendaient d'eau et la laissaient un peu fermenter, fabriquant ainsi ce qu'ils appellent le « maheou ». Les Thonga mangeaient la polenta telle quelle. Zidji remarqua qu'elle avait un goût particulier. Certes elle n'avait pas la saveur du « mogayo » de l'école d'évangélistes arrosé de sa sauce d'arachides parfumée, dans des assiettes de fer émaillé bleues et blanches. C'était une farine spéciale achetée en Amérique à bon compte et qui est un résidu de la fabrication du maizena. Ce produit n'est pas sain. Il ne constitue pas une nourriture suffisante. Beaucoup de noirs sont morts aux mines pour avoir été mis trop longtemps à cette diète et maintenant l'emploi de cette préparation-là est interdit. Au reste les mineurs des Compounds sont mieux traités aujourd'hui qu'autrefois. On leur donne même des fruits, du raisin du Cap entre autres et ils reçoivent régulièrement de la viande.

Il faisait nuit. Zidji fatigué, triste, alla s'étendre sur son lit de planches dures. Il avait trois couvertures dans lesquelles il s'enroula. Mais il ne put s'endormir. Tous ses compagnons de chambrée venaient se coucher les uns après les autres, parlant haut, sur un ton grossier. Pas un ne lui était connu et il n'avait lié conversation avec personne. C'était si différent du petit dortoir de l'école où tous les habits étaient bien pliés et où l'on se rendait après la répétition du soir. « Il faisait beau, là-bas, » se dit-il.

Cependant le bruit diminuait. Quelques ronflements sonores retentissaient déjà. Soudain on entendit une petite voix, une voix qui n'avait pas encore mué et qui criait : « Laisse-moi ! »

— Si tu résistes, je te tue, reprit une autre voix irritée et méchante.

Zidji tressaillit. Evidemment c'était le « pikinini » que le grand Shangaan persécutait.... La boukontchana ! se dit-il avec épouvante. Oui, c'était bien cela. C'était le crime des païens comme l'apôtre Paul l'a décrit dans le premier chapitre de l'épître aux Romains, l'horrible forme de luxure qu'inventa l'ancienne Sodome et que pratiquaient les Grecs raffinés au temps du Christ. Seulement l'apôtre des Gentils eût été bien étonné si on lui eût dit que cette coutume impure était absolument inconnue autrefois dans le kraal païen du Sud-africain.

Il a fallu que le blanc civilisé vînt pour l'enseigner au Bantou primitif. Il a fallu, surtout, que naquissent ces Compounds maudits où des milliers de sauvages sont parqués loin de la nature, loin du village, loin de la famille. Et, lorsque cette coutume fut connue, elle se répandit comme une traînée de poudre, elle envahit les dortoirs comme un feu de prairie irrésistible, le feu de la géhenne qui consume les forces vives d'une race. Elle règne dans les Compounds et elle règne dans les prisons.

Et c'est ainsi que la civilisation avec son or et ses promesses fallacieuses, comme un gigantesque flambeau allumé sur le plateau africain, attire à elle toutes les phalènes de la brousse, du Cap à Delagoa et de Delagoa au Zambèze. Et les phalènes noires brûlent leurs ailes à ce flambeau destructeur. La tuberculose, la syphilis, la fièvre des mineurs ruinent le corps de centaines de jeunes hommes qui étaient arrivés sains à Johannesbourg et qui retournent chez eux répandre les germes de la maladie. La « boukontchana » avilit les âmes et leur enseigne des chemins nouveaux de perdition.

Bientôt le « pikinini » se tut et toute la chambrée s'endormit. Mais Zidji excité au dernier point par toutes les réflexions qui se pressaient dans son cerveau ne pouvait trouver le sommeil. L'horreur de ce lieu l'oppressait. Il songeait à l'enfer des damnés. « Qu'ai-je fait de venir ici? » se disait-il. « Mieux aurait valu mille fois rester chez Bob, même chez Viljoen. J'en mourrai! C'est affreux! » S'il eût été un pur sauvage de la brousse, il se fût retourné sur l'autre côté et n'eût plus songé à rien. Mais son âme s'était affinée pendant son séjour sur la station. Des sentiments délicats étaient nés en lui, à l'étude de la Parole divine. L'idéal de vie que les missionnaires lui avaient enseigné avait transformé et spiritualisé ses pensées. A son insu, un altruisme plus élevé germait dans son cœur: Il avait pris conscience de la perdition de sa race et s'était voué à son relèvement. En un instant d'oubli, il avait jeté sa vocation par-dessus bord. Mais sa nature était trop profonde pour qu'elle pût sombrer à tout jamais. Elle se réveillait en ce moment, vague, mais d'autant plus puissante que Zidji venait de contempler les abîmes nouveaux dans lesquels son peuple commençait à rouler.

Le sang affluait à ses tempes. Son angoisse était extrême. Il lui semblait que la couchette suspendue au-dessus de lui l'écrasait. Il ne pouvait plus respirer. Au sein de son malaise, il se rappela la nuit où il avait cru que le soleil ne se lèverait plus. Aujourd'hui il savait bien que cette crainte était absurde. Il avait appris la cosmographie à l'école.

Néanmoins il se sentait aussi oppressé qu'alors.... et, n'y tenant plus, se sentant étouffer, il se leva, sortit, se précipita dans la cour. Il n'y avait pas oyen de fuir. La porte de l'allée était fermée. Au reste cela n'eût servi à rien. Il était engagé pour six mois et, eût-il tenté de décamper, la police aurait immédiatement mis la main sur lui; il aurait eu huit jours de travaux forcés....

Il se dirigea vers l'un des deux étangs qui se trouvent aux deux côtés de la cuisine et plongea sa tête dans l'eau. Puis il resta longtemps assis sur la margelle, son menton dans ses mains, sous la clarté des étoiles, à la fraîcheur de la nuit.

Alors le calme revint. Il accepta son sort. Il décida qu'il délivrerait le pikinini. Il ouvrit son âme à un souffle nouveau qui passait venant on ne sait d'où, un souffle qui le poussait vers les sommets du dévouement et du sacrifice. Il ne se rendait pas compte clairement du but. Mais il acceptait d'y tendre. Et, pour finir, il murmura : « O Dieu, aide-moi ! » Après quoi il s'en retourna à sa couchette et dormit jusqu'au matin.

Lorsque le flot des mineurs se rendit à la benne, il avisa le pikinini et lui dit : « Ce soir, viens dormir près de moi. Je te sauverai. » L'enfant lui jeta un regard craintif, puis confiant, et lui dit : « Oh oui ! Sauve-moi ! »

Le grand échafaudage au sommet duquel le quartz aurifère est amené des profondeurs du sol se nomme le « gear ». C'est le centre de la mine, du moins le centre des « ouvrages de surface ». Semblable à un animal antédiluvien, la benne s'élance jusque tout là-haut, verse avec fracas les cailloux arrachés aux entrailles de la terre sur une vaste table circulaire et tournante. Les petits garçons trient les pierres de molasse ordinaire, les jettent de côté, car elles ne contiennent point d'or ; seuls les morceaux provenant du filon aurifère et que l'on reconnaît à leur caractère cristallin et à leurs taches blanches sont lancés dans le grand entonnoir qui aboutit aux broyeurs. Le pikinini que Zidji avait pris sous sa protection fut dirigé vers la table tournante. Zidji et ses compagnons, de forts jeunes gens de vingt à vingt-cinq ans, furent destinés au travail sous le sol. La benne redescendit, s'arrêta tout près d'eux, comme si elle ouvrait sa gueule pour les engloutir....

— Entrez dans le chariot, leur dit un contremaître. Tapissez-vous dans le fond.

Un des nouveaux venus était gris de terreur. Il ne voulait pas bouger. Il s'accrochait aux poutres de l'échafaudage.

— Imbécile de nègre ! Dépêche-toi, dit le contremaître en levant sa main sur lui....

On le poussa de force et la benne descendit rapidement sur le plan incliné qui suit la direction du filon. Il faisait nuit noire. Des gouttes d'eau tombaient de partout. L'air était froid, cru.

— Surtout ne levez pas la tête, ou vous serez assommés, disait un ancien aux nouveaux.

La benne s'arrêta dans une vaste chambre souterraine au sein de laquelle une grande lampe électrique laissait tomber une lumière blanche très semblable à celle du jour. Zidji se crut arrivé à l'air libre, d'autant plus que le ventilateur amenait des provisions d'air frais en cet endroit. C'était la chambre des machines. Autour d'une roue énorme s'enroulait et se déroulait tour à tour le cable de fer qui actionnait la benne. Mais les ouvriers noirs ne sont pas très au courant des merveilles de mécanique grâce auxquelles une mine d'or peut extraire chaque jour des centaines de tonnes de quartz. On les achemina vers un escalier qui se trouvait au bord du couloir central, celui par lequel la benne chemine et ils durent descendre jusqu'au sixième étage.

L'exploitation, en effet, se poursuit par étages successifs, jusqu'à une profondeur de plusieurs centaines de mètres. Du couloir central, on creuse des couloirs latéraux le long desquels cheminent des wagonnets. Et, de chacun de ces couloirs latéraux, partent des galeries qui suivent le filon ; on laisse de grands piliers pour soutenir les voûtes, et le minerai obtenu en faisant sauter le quartz à la dynamite est conduit par les wagonnets jusqu'à des trous où on le précipite : il tombe à l'étage inférieur de telle manière que la benne peut le recevoir dans ses flancs pour le conduire au dehors.

Zidji fut adjoint à un groupe de mineurs qui devaient forer leurs trous de mines aux flancs d'une des galeries. Cette galerie était inclinée elle aussi, suivant la direction du filon qui s'enfonce en terre jusqu'à des profondeurs inconnues. Les ouvriers sont donc en quelque sorte superposés les uns aux autres, les uns travaillant au bas de la galerie, les autres au haut.

— Tiens, dit le contremaître qui surveillait cette galerie, voici la barre à mine et voici le marteau. Fais ce que tu pourras. Pendant tout un mois, on ne comptera pas la longueur de ton trou.

En effet, c'est la règle dans les mines que le nouvel arrivant jouit d'un mois de grâce. Il touche ses deux shellings par jour quel que soit son travail. Mais, dès le second mois, il ne reçoit de billet que s'il a creusé un trou d'au moins trente-six pouces de longueur. Cet arrangement a pour but de permettre au mineur de s'habituer peu à peu au marteau et à la barre; car, les premiers jours, il se fait des ampoules douloureuses. La peau des mains doit se durcir. Aussi, durant les premières semaines, on en prend à son aise et Zidji fit comme les autres. Lorsque, vers deux heures de l'après-midi, les trous eurent été forés, on y mit la dynamite et les noirs durent s'éloigner tandis qu'on allumait les mèches. Zidji en profita pour demander à l'un de ses camarades :

— Si quelqu'un en maltraite un autre, à la mine, n'y a-t-il pas d'autorité pour l'en empêcher ?

— Si fait, dit l'autre. Il y a l'inspecteur protecteur qui vient toutes les semaines. C'est à lui qu'on adresse ses plaintes si on a à en formuler. Même si un blanc te bat, tu as le droit de le dire, car il est interdit de frapper, ici. Si tu es coupable, on te dénonce à l'inspecteur protecteur; celui-ci examine ton cas et, cas échéant, il t'envoie à l'inspecteur judiciaire qui te punira.

— Bien, dit Zidji. Merci !

Les mines sautèrent avec un bruit de tonnerre. Mais on ne permit pas aux ouvriers d'aller voir le résultat de l'explosion avant que la fumée de la dynamite se fût dissipée, car elle est fort dangereuse à respirer.

A deux heures et demie, la benne ramenait à la surface Zidji assez content de cette première journée. Quelques compagnons avaient déjà terminé leurs trois pieds à midi. Il s'était contenté de forer un pied. Le « boss » qui avait mesuré son trou avait souri et dit :

— Pas trop mal, pour le premier jour.

Lorsqu'ils se retrouvèrent au sortir du travail, Zidji appela le pikinini et lui dit :

— Va prendre tes couvertures et mets-les sur la couchette voisine de la mienne.

Le jeune garçon obéit. Heureusement que le grand Shangaan n'était pas là pour l'en empêcher. Mais ce sauvage aux yeux injectés qui était sorti pour aller quérir de la boisson par des moyens illicites ne tarda pas à revenir et vit que les hardes de sa victime n'étaient plus en place. Il se fâcha, courut partout dans la cour afin de trouver le pikinini. Il le rencontra tout tremblant auprès de Zidji.

— Qu'as-tu fait, coquin ? lui demanda-t-il. Où as-tu donc déménagé ?

— Il est venu auprès de moi, dit Zidji fermement, en regardant la brute dans le blanc des yeux. C'est mon frère.

— Comment, ton frère ? Tu ne le savais donc pas hier ?

— Non; je l'ai questionné et nous nous sommes trouvé des parents communs. Il ne retournera plus auprès de toi.

— Et tu t'imagines que je te laisserai me l'enlever, blanc-bec !

Zidji avait parlé assis. Il se leva et les deux adversaires se toisèrent l'un l'autre. Il était parfaitement calme et reposait solidement sur ses deux jambes avec un air de vaillance et de confiance en sa force.

— D'ailleurs, dit-il au grand Shangaan qui s'apprêtait à fondre sur lui, si tu bouges, si tu continues à martyriser ce petit, je vais de ce pas te dénoncer au surveillant du Compound. Et si cela ne te suffit pas, j'en parlerai à l'inspecteur protecteur, à sa prochaine visite et je te ferai livrer au « Judicial Inspector ».

Le grand Shangaan écarquilla les yeux. S'il avait pu se croire égal à Zidji pour la force physique, il se sentait inférieur au point de vue des connaissances. Zidji, tout nouveau venu qu'il était, avait désigné les autorités par leur nom anglais. Il savait l'anglais.... Hé ! Il fallait le respecter. Du reste la foule qui s'était amassée sur les lieux pour assister, cas échéant, à la scène de pugilat, prenait manifestement le parti de Zidji. Le sodomite battit donc en retraite et alla conférer avec le gendarme de la porte, un mauvais sujet comme lui auquel il payait à boire du whiskey de temps à autre pour entretenir ses bonnes dispositions. Mais leur imagination fertile ne découvrit aucun moyen d'enchaîner à nouveau le pikinini à son persécuteur.

Quelques jours s'écoulèrent et le dimanche vint. Zidji put bientôt se convaincre que les Compounds de Johannesbourg, s'ils sont à certains égards des repaires du vice, sont aussi l'un des grands moyens de relèvement de la race noire. Les influences délétères et les influences salutaires s'y exercent tour à tour sur les milliers de païens qui y affluent de toutes parts et c'est un champ clos où se livre une bataille serrée....

Il était affreux à voir, le Compound, par cette claire matinée de dimanche. C'était le triomphe le plus complet de l'industrialisme moderne. Tout était laid : les dortoirs sombres avec leurs noires stalactites de vieilles hardes sales qui pendaient partout, la cour sans un arbre, les alentours encombrés de vieilles ferrailles, coupés de barrières de ronces artificielles, de chemins à ornières profondes, d'espaces vagues d'où s'échappaient des odeurs malsaines. Et pourtant, au sein de cette laideur générale, les noirs réussissaient à apporter un peu et même beaucoup de pittoresque. Zidji parcourut les groupes qui se chauffaient au soleil. Ici quelques Basoutos, ayant défoncé une boîte de zinc et l'ayant percée de gros trous sur les côtés, l'avaient transformée en un réchaud où ils faisaient du feu pour se chauffer les mains. Plus loin quatre Zoulous rôtissaient des morceaux de viande enfilés à des bâtons. Ils avaient sans doute dépassé leurs trente-six pouces et avaient reçu cette viande en récompense. Par des cadeaux de cette nature, les directeurs des mines stimulent le zèle de leurs ouvriers. Un autre Zoulou accroupi au pied du mur, son échine courbée, cousait des perles bleues et noires de manière à confectionner de petits carrés bariolés dont il comptait s'orner à la prochaine danse. La danse !... Tel était évidemment le sujet des pensées et le but du travail de la plupart de ces jeunes gens. L'un d'eux avait une masse de crins auxquels il enfilait par-ci par-là une perle blanche. Les Chopi examinaient leurs pianos, curieux instruments qu'ils avaient fabriqués sur place avec des planchettes de sapin de grandeurs différentes, dix ou vingt les unes à côté des autres, reposant sur des boîtes de fer d'huile dégraissée vides qui servaient de caisses de résonnance. Avec un art extraordinaire, les hommes de cette tribu arrivent à tailler ces notes de manière à ce que la suite des sons corresponde à la gamme. A côté, on voyait un vieux tonneau dont le fond avait été remplacé par une peau et qui servait de tambour.

Quelques Shangaan jouaient au *tchouba*, sorte de tric-trac avec quatre lignées de trous en pleine terre; ils faisaient circuler leurs pions — des écrous dépareillés qu'ils avaient ramassés dans les tas de ferraille — et s'excitaient beaucoup à ce jeu. D'autres tressaient des ceintures et des bracelets en fil de cuivre et de laiton.

Et vraiment tous ces groupes insouciants, rieurs, paraissaient jouir de la vie et ne pas trop songer à la brousse fleurie, aux villages ombragés, aux rivières claires de la vraie Afrique. Cela d'autant plus qu'on leur donnait en abondance le dimanche une boisson couleur de lait et odeur d'alcool, fabriquée comme le « leting » des Basoutos et le « bupoutsou » des Thonga.

Soudain, par l'allée où se tenaient les surveillants, une troupe d'hommes déboucha. C'étaient vingt jeunes noirs bien habillés accompagnés d'un blanc.

— Béka ! voilà Béka qui arrive, cria-t-on de groupe en groupe.

« Béka », comme les noirs l'appellent, est l'un des nombreux missionnaires qui évangélisent les Compounds; petit, l'œil clair, les cheveux déjà grisonnants, le cœur complètement consacré à cette œuvre, il a déjà derrière lui toute une carrière. Il remplissait avec talent et succès une fonction publique; il fût peut-être devenu riche. Mais la vue de la condition des noirs remua son âme généreuse et il abandonna tout, position, fortune, confort, pour se vouer au relèvement de la race noire par l'Évangile dans les cours de Johannesbourg. I' sait merveilleusement parler aux indigènes. Dans un zoulou très correct, il leur prêche la repentance, la conversion, la justice et la continence, défendant à ses néophytes de toucher à l'alcool et au tabac et leur imposant un christianisme sérieux, un peu trop légal peut-être, qu'ils comprennent et qui leur convient.

Une assemblée se forma sans tarder près d'un des bassins d'eau et un cantique fut entonné pour annoncer à tous le commencement de la réunion. Puis « Béka » parla de sa voix vibrante, convaincue. Il comparait l'idéal païen et l'idéal chrétien. Le sujet était abstrait. L'intérêt menaçait de fléchir. Soudain il ramasse une pierre, il la pose par terre :

— Ça, dit-il, c'est la première hutte, la hutte de la grande femme. A droite, seconde pierre, hutte de la seconde femme; à gauche, hutte de la troisième; et ainsi de suite.... Tu vas tâcher de faire ton village, de fermer ton cercle, n'est-ce pas? Les huttes de tes enfants s'ajouteront à celles de tes femmes et tu seras grand, honoré, pourvu de marmites nombreuses qui attireront chez toi des admirateurs tous les soirs.... Mais.... — et sa voix devenait solennelle, — tu avais oublié la chose noire....

Ramassant un morceau de charbon qui se trouvait là, il le promène d'une pierre à l'autre, puis bouleverse tout le cercle des huttes :

— La mort, la chose noire qui souille tout, qui gâte tout, qui anéantit tout, entre dans ton village et tout ce que tu as amassé se disperse. Tu meurs et c'en est fini de toi et de toutes tes ambitions....

Zidji regardait fixement les pierres, le charbon, puis les yeux pétillants de l'évangéliste. Il était saisi. A côté de lui, des sauvages écoutaient bouche bée, un sourire illuminant leurs traits. Ou bien ils regardaient leurs compagnons en faisant : ts ts ts ts.... avec la langue contre leur palais et en hochant la tête.

Très en veine ce matin-là et désireux d'arriver à un résultat pratique, Béka conclut par une autre démonstration encore plus impressive. Il avisa un de ses élèves qui portait sous le bras une grande ardoise, la lui demanda, la plaça sur le sol de manière à former un plan assez incliné et il entreprit de montrer combien il est facile de suivre la voie du mal, mais quelles conséquences terribles en sont le résultat. Prenant quatre morceaux de bois, il les mit au bout de l'ardoise, deux en avant et deux en arrière :

— Ce sont des bœufs attelés, dit-il, il y en a quatre; et derrière voyez le wagon (c'était une planchette un peu plus grande); l'attelage descend sur le chemin du mal.... Voyez comme cela va vite.... Mais le mouvement se précipite.... Tout arrive pêle-mêle au bas de la pente ! Ainsi en sera-t-il de l'homme qui suit la route des passions....

Puis, reconstituant l'attelage au bas de l'ardoise, les bœufs regardant en haut, il ajouta :

— Et maintenant, pour suivre la voie du Seigneur qui monte au ciel, vers la lumière, vers le bien, vers la vie, c'est plus difficile, mes enfants. Voyez....

Il sortit des fils de sa poche, les fixa au moyen d'aiguilles aux bœufs et au wagon et tira lentement le véhicule fictif jusqu'au haut de l'ardoise.

— Ah ! ah ! le voilà en haut ! C'est Dieu qui l'a amené à bon port. Mais pour cela, il a fallu les ficelles. Ce sont les prières qui nous unissent à Lui, à Celui qui attire tous les hommes vers la Croix !

Et il termina par une exhortation pressante à rompre avec le mal, à accepter la vérité de Dieu, l'influence de son Esprit.

— Ceux qui veulent chercher les choses qui sont en

haut, venez, dit-il, agenouillez-vous ici et nous prierons pour vous !

Un petit jeune homme fluet s'avança et s'agenouilla dans le cercle. L'évangéliste s'agenouilla près de lui, intercéda pour cette âme qui était perdue et qui voulait être rachetée.... C'était touchant, saisissant. Le noir se mit à trembler et éclata en sanglots.

— Crois ! mon fils, disait Béka. Jésus te sauve. Il t'a sauvé !

— Oui ! Il m'a sauvé....

— Lui as-tu confessé toutes tes fautes ?

Le pénitent ne répondit pas.

— Mon enfant, n'as-tu jamais volé de l'argent à tes maîtres ?

— Oui ! j'ai pris une livre sterling dans un bureau où j'étais en service.

— Alors il te faut sans retard aller la rendre à ton blanc.

— Certes, je le ferai ! Je veux suivre Jésus !

Et c'est ainsi que bien des restitutions se sont opérées à Johannesbourg. Dans cette ville de l'or où l'honnêteté commerciale brille souvent par son absence, des blancs ont souvent été surpris.... repris même dans leur conscience en voyant un nouveau converti de Béka ou d'autres missionnaires leur rapporter une somme d'argent qui avait disparu on ne savait où.

Au reste tous les assistants de cette scène étaient empoignés. Une impression profonde fut produite ce jour-là dans le Compound.

Les évangélistes partirent et Zidji resta song r.

Oui, la pente du mal est rapide et celui qui y glisse s'y brise. Il avait glissé.... Mais Dieu ne cesse de rappeler à Lui ceux qui veulent remonter la pente. Il remonterait; et puisqu'il faut prier pour que l'attraction s'exerce, il prierait de nouveau....

Mettant ses mains sur ses yeux, Zidji pria.

Un grand bruit le fit regarder autour de lui : Les Chopi commençaient à danser. Ils avaient disposé tout un orchestre de pianos, des grands aux notes basses, des petits, amenés du Littoral, avec des touches de bois brun qui produisaient des sons beaucoup plus élevés. Et, leur faisant face, quarante ou cinquante noirs couverts de tous leurs atours, quelques-uns des boucliers en mains, d'autres tenant seulement des bâtons, frappaient le sol, brandissaient leurs armes, chantaient des : Ho-ho-ho et des ha-ha sonores, s'excitant, pressant le mouvement, tandis que les xylophones les accompagnaient, les encourageaient. A la fin, cela devenait endiablé, prestissimo et fortissimo et soudain, tant le rythme était admirablement conservé, tout s'arrêtait sur une double croche : pianos, voix, gestes. L'effet était extraordinaire.

Des blancs attirés par le bruit venaient contempler ce spectacle hautement pittoresque. Zidji n'y prit aucun plaisir. Il songeait à l'ascension vers la lumière et vers le bien. Appelant le pikinini, il l'engagea à l'accompagner à la petite école qu'une mission avait construite non loin du Compound, dans un endroit central; un grand et fort évangéliste nommé Kimbé y enseignait tous les soirs et y prêchait le dimanche. Zidji n'avait pas été lui rendre visite encore, bien qu'il le connût de réputation. Il voulait garder son incognito. Mais il prit courage et offrit à Kimbé de lui aider un peu à son école du soir. Dans la grande lutte engagée à Johannesbourg et dont l'enjeu est le sort même de la race noire, il voulait être l'un de ceux qui relèvent et qui vivifient.

Le premier mois s'écoula. Zidji présenta ses vingt-quatre billets (tickets) et reçut son payement complet, deux livres dix qu'il mit de côté avec soin. Ses mains étaient durcies maintenant, et c'est sans peine qu'il perça ses trente-six, voire même quarante-deux pouces. Malheureusement le gentil contremaître qui avait souri à ses premiers essais avait été remplacé par un de ces Afrikander dont le premier mot, en causant aux indigènes, est toujours : « Vermine noire ! »

Les mineurs, n'ayant pas de mètre, mesurent leurs trous avec les mains. Ils mettent leurs dix doigts sur la barre à mine en repliant les pouces et cela équivaut à un pied. Le nouveau « boss » contestait leurs résultats. Il exigeait plus que la mesure et les noirs se fâchaient. Alors il leur donnait des coups de pied, bien que les voies de fait soient interdites à Johannesbourg. Il forçait les jeunes garçons qui poussent les wagonnets à les remplir plus que leurs forces ne le permettaient. Des accidents se produisirent; un wagonnet se renversa et le blanc tempêta. Un jour l'un des ouvriers nommé Lévi entendit l'un de ses camarades qui criait au secours. Il abandonna son véhicule pour aller aider à son ami, car le couloir était en pente. Le contremaître arrive, constate qu'il y a deux noirs attelés à un seul wagonnet, ce qui est contre les règles. Il se précipite sur eux, les bat, les insulte.... Le soir venu, ces deux garçons remontent de la mine irrités. Ils complotent avec plusieurs autres de s'enfuir. Ils mettent sur eux tous leurs habits, trois paires de pantalons et plusieurs vestes, s'entourent de leurs couvertures et se présentent à la porte du Compound, demandant la permission de sortir dans la brousse. Les surveillants les repoussent. Ils reviennent à la charge un peu plus tard. Les « policemen » les laissent passer. Alors ils partent du côté de la ville et fuient à pied vers Prétoria. Cela ne leur servit de rien; la police les appréhenda bientôt; ils furent emprisonnés, car le seul passeport qu'ils possédassent prouvait qu'ils avaient rompu leur contrat; ils y perdirent la paie de quinze jours et y gagnèrent huit jours de travail au service du gouvernement. Mais ce fait ouvrit les yeux à l'inspecteur protecteur auquel tous les noirs du Compound se plaignaient et le contremaître brutal fut renvoyé. Dès lors on eut la paix.

Avec ses six ou douze pouces de plus, Zidji gagnait quelques pence supplémentaires et des rations de viande. Il était content de son sort, et, bien que ce travail de forage dans le dur quartz fût monotone, il lui plaisait, parce qu'il avait le temps de laisser errer ses pensées, de songer à Béka, à Monéri, au village, à l'école....

Au reste il était devenu le scribe de sa chambrée. Ayant découvert qu'ils avaient parmi eux quelqu'un d'aussi lettré, ses camarades le chargeaient d'écrire leurs missives à leurs parents. Il s'était fourni de papier, d'enveloppes, de timbres et, pour un shelling, il leur fournissait, sous dictée, une lettre bien propre, d'une écriture régulière et bien lisible, avec une adresse impeccable. La correspondance indigène est généralement une épreuve pour les employés postaux du sud de l'Afrique. Dès qu'un noir a fréquenté l'école trois mois, quand il sait à peine former les lettres, il se croit un phénix en l'art de la calligraphie et se met à bombarder ses proches de missives illisibles. Ces chefs-d'œuvre de cacographie vont se perdre dans les bureaux de l'administration postale qui les jette au panier après avoir préalablement ouvert l'enveloppe pour voir s'il n'y a pas de chèque ou de billet de banque dedans. L'écrivain incompris ne reçoit pas de réponse et maudit l'ingratitude de ses correspondants. Quelques-uns s'avisèrent qu'ils auraient plus de succès s'ils confiaient leur prose à la plume de Zidji et, comme l'événement confirma leurs prévisions, l'ex-élève de l'école d'évangélistes fut assailli de demandes. Il s'installait sur un coin de caisse, près du fourneau, et ses camarades s'extasiaient sur son talent.

Dès après le repas du soir, il allait trouver Kimbé.

Kimbé était un indigène des plus intéressants. C'était un assoiffé de science. Il avait passé avec honneur ses examens d'instituteur dans l'une des écoles normales de la colonie du Cap. Durant toute sa carrière scolaire, il n'avait pas subi un échec, car il avait une excellente mémoire et il mettait son amour-propre à savoir ses cours par cœur. La science lui suffisait. Il ne songeait pas à se marier. Il était né eunuque sinon pour le Royaume de Dieu, du moins pour celui de la connaissance. Ses missionnaires avaient payé toutes ses études; son ambition secrète était de rendre tout l'argent qu'ils avaient dépensé pour lui, de s'amasser un petit pécule et de retourner sur les bancs de l'école, à l'université, s'il était possible, afin d'atteindre les plus hauts sommets, de prouver qu'il était l'égal des blancs par son intelligence. Il se cuisait lui-même sa nourriture pour dépenser moins, économisait tout ce qu'il pouvait sur les cinq livres de sa paie mensuelle. Ses menus étaient simples; le soir il se contentait d'une tasse de thé et d'une miche de pain et, quand Zidji frappait à la porte de sa petite chambre de célibataire, il le recevait toujours avec un sourire, ce grand et bon géant qui aimait la science et qui aimait aussi son peuple.

Car Kimbé était un noir et voulait le rester. était fier de sa race méprisée et souffrait profondément des injustices dont on l'abreuvait. La loi du passeport le chagrinait profondément.

— Comment, disait-il ! Nous ne pouvons pas nous promener librement dans le pays qui était le nôtre avant que les blancs vinssent ! Et il nous faut payer deux shellings par mois pour nous procurer ce morceau de papier !

Et l'interdiction de marcher sur les trottoirs, d'entrer dans les compartiments de chemin de fer de seconde ou de première classe !

— Notre argent ne vaut-il pas celui des blancs ! disait-il.

Et il rêvait d'un âge d'or où justice serait faite aux noirs considérés désormais comme les égaux des blancs. Cependant Kimbé ne se répandait pas en doléances à tout propos. Son missionnaire lui avait expliqué que ces lois étaient nécessaires à cause de l'état de sauvagerie où la race était encore plongée, que l'ordre public les exigeait.

— Quand tous les indigènes seront instruits et civilisés comme toi, ces règlements pourront être abolis !

Kimbé avait courbé la tête ; il gardait même un silence prudent. Mais toute nouvelle injustice le faisait vibrer et il ouvrait son cœur à Zidji. Au reste, il était d'une conscience admirable dans son travail de maître d'école et d'évangéliste et il travaillait ferme à réveiller chez ses concitoyens l'amour de la science. Une trentaine de mineurs assistaient tous les soirs à ses leçons, et les mains endolories par le marteau et la barre à mine, s'essayaient à former des lettres sur les ardoises grinçantes.

L'un des plus sympathiques de ces élèves noirs était Rangane. Ce jeune homme était arrivé quelques mois auparavant de l'extrémité nord du Transvaal, du clan de Maloulékè et, bien qu'absolument table rase au point de vue du savoir, il avait rapidement dépassé ses camarades. Le premier dimanche qu'il avait assisté au service divin, dans la petite chapelle de fer, Kimbé prêchait sur la création. Rangane l'avait dévoré des yeux et l'évangéliste avait remarqué tout de suite ce regard intense où brillaient l'intérêt et la joie.... Après le culte, le jeune païen s'était approché de Kimbé et lui avait dit :

— Merci ! merci ! merci ! Tu m'as dit aujourd'hui ce que mon cœur désire depuis si longtemps ! Quand j'étais tout petit, encore gardien des chèvres, j'ai si souvent demandé à ma mère : « Qui a créé le ciel et la terre et nous les hommes ? » Elle me dit : « On prétend que c'est Khoudjana, mais il est mort et on ignore même où est son tombeau. » Les vieux de la tribu auxquels je m'adressai ensuite me dirent que tous les hommes étaient sortis d'un marais de roseaux. Mais cela ne me satisfaisait pas. Aujourd'hui le tourment de mon âme a pris fin ! Tu m'as appris qu'il y a un Dieu dans le ciel et qu'il a tout créé. Merci ! merci !

Dès lors Rangane avait fréquenté assidûment l'école et les cultes. Il ne manquait pas un soir. C'était l'une de ces natures rares dans tous les lieux et dans tous les peuples qui aspirent à la vie de l'au-delà par toutes les forces de leur âme.

Or, un certain soir, il ne parut pas. Il demeurait non au Compound, mais dans la Location indigène à une certaine distance. L'un de ses camarades annonça qu'il avait été arrêté et mis en prison par un gendarme blanc. Dès le lendemain, Kimbé alla aux informations et apprit ce qui suit : La Location était devenue suspecte depuis un certain temps parce qu'il s'y buvait beaucoup de bière forte. Or la fabrication de cette boisson très alcoolique est sévèrement interdite à Johannesbourg. Les autorités avaient donc envoyé à brûle-pourpoint un gendarme pour faire une enquête. Dans une certaine maison il avait trouvé de nombreuses marmites pleines de bière. Rangane passait par là, se rendant au travail. Le blanc l'avait fait entrer dans la dite maison et l'y avait enfermé à clef. Là-dessus étaient arrivés les agents de police noirs qui surveillent la Location. Tous étaient des mauvais sujets corrompus qui étaient de connivence avec certains individus du village, les plus riches, les plus considérés, qui fabriquaient de la bière et la revendaient aux païens. Quelques-uns de ces misérables étaient dûment inscrits sur les registres de certaines églises. L'un d'entre eux était même un prétendu évangéliste. Les agents, ne voulant pas dénoncer leurs complices, déclarèrent que Rangane était le coupable et il fut mis en prison. Kimbé qui connaissait ces sacripants alla tout droit chez son missionnaire lui raconter l'histoire. Celui-ci se rendit sans tarder auprès des autorités supérieures. Il en était temps. Rangane avait déjà été condamné à trois mois de travaux forcés. Le Commissaire écouta avec déférence le missionnaire :

— Merci, lui dit-il. Vous nous êtes de la plus grande utilité, car vous connaissez les noirs. J'ai bien l'impression que nos agents indigènes nous trompent et qu'une foule d'injustices se commettent. Je relâcherai le prisonnier et nous ferons une enquête.

Lorsque Monéri rapporta cette bonne nouvelle à la mine, Kimbé et Zidji étaient assis autour de leur table, buvant leur tasse de thé, et Kimbé se laissait aller à ses jérémiades habituelles :

— Les blancs n'ont point de justice. Ils sont incapables de mener un procès. Qu'est-ce que cela leur fait qu'un « nigger » soit condamné injustement ? C'est honteux !

Et Zidji buvait ses paroles et l'amertume contre la race blanche envahissait son cœur.... Cependant le succès de l'intervention du missionnaire leur coupa la parole et celui-ci ajouta :

— Soyez justes vous-mêmes. Ne voyez-vous pas que tous les torts ici sont à ces ignobles « policemen » noirs et à leurs acolytes de la Location, donc à des noirs ? Les autorités sont très désireuses de punir les coupables. Ouvrez vos yeux et aidez-leur à les trouver.

— Tu sais, Zidji, dit Kimbé lorsque le missionnaire fut parti, sans ces hommes, les missionnaires, je ne sais ce qu'il adviendrait de nous. Ils sont nos seuls vrais amis. Mais ils ne peuvent pas tout faire. A nous de nous instruire pour défendre notre race. Quand nous aurons nos propres avocats, nos propres médecins comme nous avons déjà nos propres pasteurs, tu verras quels progrès nous ferons....

Il nous dit d'avoir l'œil ouvert. Je vois depuis quelque temps un grand Bœr venir à bicyclette tous les soirs vers six heures portant un sac avec lui. Il se dirige vers l'usine des machines, siffle, et deux noirs, toujours les mêmes, vont le retrouver. L'un d'eux est, si je ne me trompe, ce grand Shangaan avec lequel tu as manqué te colleter à cause de la « boukontchana ». Sache, mon fils, que si la « boukontchana » fait des ravages ici, l'ivrognerie cause plus de ruines encore. Les deux vices se donnent la main. On a beau interdire la boisson dans les Compounds, frapper de plusieurs centaines de livres sterling d'amende les blancs qui vendent du brandy aux noirs. Il y a toute une population de Juifs polonais qui fait des fortunes dans ce commerce clandestin. Examine ton Shangaan à six heures du soir. Tu verras.

Zidji n'y manqua pas et il lui fut donné d'assister à un spectacle qui le combla d'aise. Il remarqua que le grand Shangaan à la tignasse embroussaillée sortait de la cour avec le « policeman » noir qui lui avait livré le pikinini quelques mois auparavant. Il les suivit de loin.... Or la police avait elle aussi remarqué les allées et venues de ce Bœr à bicyclette, et, justement ce jour-là, trois détectives blancs accompagnés de plusieurs indigènes s'étaient cachés dans les environs. Le Bœr descendit de son vélo et siffla. Alors la tête crépue du Shangaan et la casquette de son complice parurent derrière un tas de planches. Ils le rejoignirent et il sortit de son panier trois bouteilles de brandy du Cap pour lesquelles les deux noirs payèrent une livre sterling. Comme ils avaient l'habitude de revendre la boisson de feu à raison de six pence le petit verre, dans le Compound, ils faisaient encore un profit considérable, malgré le prix exorbitant que le Bœr leur faisait. Mais, cette fois-ci, leur petit calcul fut déjoué. Les détectives arrivèrent soudain sur les lieux. Le Bœr veut sauter sur sa machine. Mais la retraite lui est coupée. Il saisit une pioche qui se trouvait là et assène un coup formidable à l'un des agents. Mais un second l'appréhende au corps, pendant que les deux noirs coupables sont aussi faits prisonniers.... Il en eut pour douze mois de prison avec travaux forcés, le grand Bœr, cela pour avoir fourni de la liqueur à des noirs, plus un mois pour avoir frappé un agent.

— Cette fois, Kimbé, la police blanche a bien fait les choses, dit Zidji en racontant ce qu'il avait vu.

— Oui, pour une fois, dit l'évangéliste.

— Moses fera bien de prendre garde à lui.... Tu sais Moses, un des membres communiants de l'Eglise. Sais-tu ce qu'il m'a proposé? De participer avec lui à la fabrication de la « chikokiyane »! Je l'ai envoyé promener. Il m'a dit : « Tu y gagnerais au moins dix shellings par dimanche! » Voici comment il fait : Il achète quelques boîtes de mélasse, dilue le sirop dans de l'eau et de la farine, laisse fermenter.... Au bout de deux jours, il passe le liquide et il obtient la valeur d'un tonneau d'une boisson très forte qu'il vend aux païens. Lui-même n'en boit pas parce qu'il est chrétien....

— Véritablement! Moses mérite d'être mis sous discipline. C'est honteux! Tu as bien fait de ne pas participer à ce trafic. Ah! Zidji, ce qui manque à nos chrétiens, c'est le caractère! Combien il y en a qui se perdent ici! J'ai toujours dit : Johannesbourg sauve les païens et perd les chrétiens!... J'avertirai Moses, et s'il ne renonce pas à cette fabrication illicite, je le dénoncerai à Monéri. Cette boisson tue notre peuple. Je l'ai bien vu à Delagoa Bay où la vente se fait sans restriction. C'est horrible de voir les abords de Lourenço Marquès le samedi soir et le dimanche. Nulle part, en plein paganisme, tu ne verras un spectacle d'aussi ignoble immoralité. Maudits soient les blancs et les drogues de mort avec lesquelles ils nous empoisonnent !

Les six mois du contrat de Zidji touchaient à leur terme. Bien qu'il se fût familiarisé avec la mine et qu'il y gagnât beaucoup d'argent, il n'y voulait pas rester. Il avait maintenant vingt livres sterling.

La pensée de ce petit trésor contenu dans une cassette qui était enfermée elle-même dans une malle dont Zidji portait toujours la clef sur lui, le tourmentait. Un soir, l'un des élèves de l'école nommé Bazile arriva tout bouleversé.

— On m'a volé douze livres !

— Comment cela ? dit Kimbé.

— J'étais allé à la poste avec un ami. Survient un commis noir bien habillé qui nous dit : « Hé ! garçons ! J'aurais de l'ouvrage pour vous, une superbe place à quatre livres par mois. Pas beaucoup de travail, un maître charmant. Je vais justement le quitter. Cela ne vous tente-t-il pas ? » Je lui dis : « Je veux bien te remplacer. » — « Mais, dit-il, mon blanc en a assez des Cafres qui filent au bout d'une semaine. Il demande que ses serviteurs déposent entre ses mains une caution de douze livres. Si tu les as, tu peux obtenir cette excellente place, sinon il te faut y renoncer. Naturellement mon blanc qui est un des chefs du bureau postal te rendra ton argent à la sortie.... » J'avais avec moi quinze livres, tout ce que j'ai gagné jusqu'ici. Je lui en donne douze. Il me dit : « Attends-moi, je reviens. » Il part par une porte de service ; j'attends, j'attends, une heure, deux heures, jusqu'au soir, et il n'est pas revenu !

En racontant sa triste histoire, le pauvre Bazile avait les larmes aux yeux. Zidji instinctivement porta la main à sa poche pour sentir s'il avait encore sa clef. Elle était bien au bon endroit.

— Que me conseilles-tu de faire pour éviter d'être volé ? dit-il à Kimbé.

— Demande à Monéri de te garder tes livres sterling. Il ne se perd pas un sou de l'argent que nous lui confions.

— Mais je ne le connais pas encore bien.... Tu sais, j'ai un peu peur de m'approcher des missionnaires depuis ma fuite de l'école.

— Ne crains rien, je t'accompagnerai. Dès que tu auras fini ton temps ici, tu iras travailler en ville et iras assister au culte des cuisiniers que préside Monéri. Je te présenterai à lui.

— Merci ! Plus que quinze jours de barre à mine !

Zidji eut la chance de pouvoir retenir d'avance une place chez un Anglais de la ville. Mais avant de quitter le Compound, il demanda la permission de visiter la mine. Il vit le quartz, concassé une première fois dans le grand échafaudage, au-dessous de la table tournante, descendre aux batteries où des centaines de pilons d'acier l'écrasaient avec un bruit de tonnerre. En entrant dans le bâtiment où s'accomplit ce travail, il crut avoir perdu l'ouïe et la parole. Car il ne pouvait causer avec son compagnon, tant le vacarme était assourdissant. La pierre réduite en poudre était entraînée par un courant d'eau sur de vastes tables de mercure où l'or tenu en suspension était retenu. Plus le mercure était noir, plus il avait absorbé de poudre d'or. Puis, comme il restait encore trente pour cent du précieux métal après ce premier procédé, le flot bourbeux était dirigé vers de grandes cuves aussi vastes que celles dans lesquelles on emprisonne le gaz. Là, le limon se déposait et on faisait passer au travers un courant d'eau de cyanure de potasse qui dissolvait l'or non retenu par le mercure. Ce courant d'eau passait ensuite par des bassins où se dressaient des treillis de lames de zinc qui capturaient l'or au passage. Restaient seulement les opérations de la fournaise. On faisait évaporer le mercure des tables et on fondait le zinc pour en séparer l'or. Zidji arriva juste au moment où l'on sortait d'un moule une brique d'or pur qui valait plusieurs milliers de livres sterling. Le jeune homme ne comprit pas grand'chose aux réactions chimiques de ces divers procédés. Personne ne les lui expliqua. Il quitta néanmoins la mine sous le coup de la puissance et de la sagesse des blancs.

III

TROIS RENCONTRES A JOHANNESBOURG

Sa malle grise sur l'épaule, ses vingt livres dans sa bourse, un passeport bien en règle dans sa poche, Zidji quitta la mine. Il secoua de ses pieds la poussière mélangée de scories ; il avait le cœur content, l'âme pleine d'espoir.

Sachant déjà qu'un noir doit se tenir à l'écart de la foule des blancs, il évita les rues où la circulation est très forte, où l'on s'arrête à contempler les superbes magasins. Il traversa la ville par des avenues à demi désertes et ne se permit pas de marcher sur les trottoirs. Enfin il arriva à un square planté d'eucalyptus qui ombrageaient de leur maigre feuillage le sol couleur d'ocre. Il le coupa en diagonale, traversa la ligne du chemin de fer sur un pont et aboutit à la villa de Mister and Mistress Mac Gowan dans Quartzstreet. Cette maison d'apparence modeste et qui n'avait pas d'étage occupait l'angle de deux rues. Elle était entourée de deux côtés par un petit jardin avec des plates-bandes de géraniums et de violettes d'où s'échappait une odeur délicieuse. Quelques arbustes toujours verts cachaient à demi la véranda toute pleine de verdure, de fougères cheveux de Vénus, de balsamines et de beaux lys rouges.

Zidji n'entra point par le petit portail qui conduisait tout droit à travers le jardin à la véranda et à la porte d'entrée. Il alla chercher dans l'autre rue une poterne réservée aux gens de service et qui donnait accès sur la cour de derrière. Il entra et posa sa malle par terre. La vieille Sara était en train de jeter du millet aux poules. Elle leva les yeux. C'était une négresse venue on ne sait trop quand ni comment du centre de l'Afrique et que la famille Mac Gowan avait adoptée dès longtemps comme bonne à tout faire. Elle louchait horriblement, elle n'avait plus que trois dents, elle était très laide avec son bonnet de femme bœr et estropiait toutes les langues qu'elle parlait. Mais c'était un cœur d'or, et elle se serait mise au feu pour ses maîtres. Elle alla appeler Mistress Mac Gowan.

Celle-ci ne tarda pas à arriver; c'était une dame écossaise portant lunettes et ayant des bandeaux de cheveux gris sur les tempes. Elle était vêtue de noir, avait un bonnet de tulle sur la tête et marchait doucement avec des airs distingués.

— Ah ! voilà le nouveau ! Bonjour, mon garçon, dit-elle. J'espère que vous serez bien ici !

— Merci, Madame, dit Zidji sans franchir la distance respectueuse que la dame écossaise avait conservée entre elle et lui. Je désire travailler à votre satisfaction.

— Bien. Voici votre chambre. Quand vous y aurez déposé votre malle, revenez à la cuisine.

Cette chambre était un cube de plaques de fer galvanisé dont la porte fermait mal. Dedans, il y avait de la suie contre les murs et, pour couvrir en partie la couleur noire peu gaie, une chromo de la reine Victoria, des affiches de courses de chevaux avec des jockeys souriants et d'autres images et réclames laissées là par un domestique précédent qui avait du goût pour l'art. Pourtant Zidji constata qu'il y avait un vieux lit de fer avec une toile métallique passablement enfoncée au milieu mais qui serait tout de même plus tendre que le sol cimenté.

A la cuisine il trouva Madame qui lui expliqua le travail qu'il aurait à faire : cuire tous les repas, laver la vaisselle, soigner les poules, couper le bois, aller au marché, au magasin d'épicerie du coin, etc. Il n'aurait à entrer dans la maison que pour balayer le corridor et épousseter le salon. La vieille Sara était trop âgée et tremblante pour enlever la poussière aux mille bibelots de cette pièce glorieuse. C'est qu'il y en avait des objets curieux sur la cheminée, les quatre guéridons et les six consoles du salon ! Des bonzes indous en prière, des éléphants d'ébène de plusieurs tailles différentes, des éventails japonais, des calebasses de Zoulous ornementées de fil de laiton, de la porcelaine de Sèvres, des vases de fleurs de toutes couleurs, des carrés, des ronds, des coniques, des pyramidaux, des verts, des bleus, tout un musée où étaient réunis les produits des deux hémisphères et de l'Orient et de l'Occident.

— Surtout ne cassez jamais aucun de ces objets

d'art, dit Mme Mac Gowan avec une nuance de sévérité dans sa voix si aimable. J'y tiens beaucoup. Vous épousseterez tout cela deux fois par semaine, le mardi et le vendredi.

Puis, après lui avoir montré tout son travail, elle ajouta :

— Vous recevrez deux livres dix shellings le premier mois et trois livres dès le second. Si nous sommes très contents de vous, nous pourrons monter jusqu'à trois livres dix. Au reste, c'est nous qui payerons votre passeport du mois.

Les conditions étaient satisfaisantes. Zidji de son côté demanda la permission de sortir le dimanche après-midi et le soir entre huit et neuf, après la fin du travail.

Mme Mac Gowan avait dit : Nous ! Ce n'était point là un pluriel de majesté. Elle entendait parler aussi au nom de son mari. Celui-ci, employé supérieur dans un bureau du gouvernement, n'apparaissait à la maison qu'aux repas. Le soir il jouait au billard avec ses amis dans une chambre que l'on maintenait toujours fermée. Alors il buvait de la bière blonde. C'était un homme froid et qui ne parlait jamais à Zidji.

Tout alla bien les premiers jours. Quand le nouveau « boy » entra au salon pour épousseter la cheminée et les six consoles, il trouva sur l'une de celles-ci une pièce de six pence. Il la laissa naturellement en place et y fit à peine attention. Le vendredi, quand il arriva aux guéridons, il y avait un shelling dormant aux pieds de l'un des bonzes chinois. Zidji ne le toucha pas davantage. La semaine suivante, il trouva une livre sterling au pied de la cheminée.

— Tiens ! se dit-il. La mistress veut m'éprouver. Elle ne sait pas qu'il m'est impossible de voler.

Il rapporta honnêtement la pièce, d'un air un peu hautain.

— J'ai trouvé cela au salon, dit-il. Je pense que vous l'avez perdu.

La dame parut étonnée mais n'ajouta rien ; elle fut encore plus surprise lorsque, un beau jour, Zidji revint du marché, et lui dit :

— Les légumes ont baissé. On m'a rendu six pence sur les trois shellings. Les voici.

— Pour le coup, se dit-elle, voilà un boy honnête. C'est vraiment étonnant. Il aurait parfaitement pu garder cet argent sans que je m'en aperçusse.

Un autre petit événement vint à propos pour confirmer le jugement favorable de monsieur et madame Mac Gowan à propos de leur serviteur extraordinaire. Zidji avait balayé le corridor et pendant toute l'opération il avait maintenu la porte de la maison ouverte. Il tourna le dos un instant et quand il revint pour fermer la porte, il vit un inconnu qui avait pénétré dans le logis, dépendu le pardessus de Monsieur ; il l'avait mis sur son bras et sortait de l'air le plus naturel du monde. Zidji le suivit dans la rue, l'accosta, et lui demanda pourquoi il avait pris cet habit.

— C'est ton maître qui m'a envoyé le chercher, dit l'autre.

Zidji ne le quittait pas.

— Comment est donc mon maître ? Est-il petit ou grand ?

— Qu'est-ce que tu te permets de me demander, vermine noire ? Veux-tu bien me laisser, ou je vais te faire prendre par la police.

— Non, je ne vous lâcherai pas. Dites-moi comment est sa barbe et conduisez-moi à son bureau.

Le voleur subitement tourna à droite et entra dans un bar, un de ces restaurants où l'on boit du whiskey à la banquette et sans s'asseoir. Zidji le suivit. Il y avait là plusieurs individus à l'air plus ou moins engageant. Dans un anglais très compréhensible, le jeune indigène s'adressa à eux, les priant, eux aussi, de s'informer auprès du voleur de la couleur de la barbe de son maître.

— Imbécile, dit l'autre, voyant que cette aventure ne saurait en aucun cas tourner à son avantage. Tiens et va-t'en !

Et Zidji revint triomphalement avec le manteau de monsieur Mac Gowan.

Quand il lui raconta l'affaire tout souriant, l'Ecossais le regarda d'un œil intéressé et conclut par ces mots :

— Une autre fois, ne quitte pas le corridor quand la porte est ouverte !

Cela ne l'empêcha pas de féliciter sa femme du boy qu'elle avait réussi à dénicher, un oiseau rare en vérité !

Zidji n'avait pas oublié son rendez-vous avec Kimbé. Le dimanche venu, il partit pour le culte des cuisiniers. Les jeunes chrétiens thonga travaillant dans les maisons s'y rendaient à deux heures et demie, car il est entendu à Johannesbourg qu'on laisse ses domestiques noirs libres le dimanche après-midi. Ce culte est supérieur à plusieurs égards à celui de la mine. Il a lieu dans une vraie église aux fenêtres ogivales, au milieu d'un quartier très convenable de la ville des blancs et les cuisiniers arrivent parés de leurs complets de fête, quelques-uns avec des cols empesés très montants ou des ceintures de soie noire. Dans la cour qui entoure la jolie église anglaise, ils causent ensemble au soleil paisiblement. A la cloche, ils entrent, font leur prière assis, quelques-uns à genoux, et attendent le missionnaire blanc. Celui-ci, en habit noir, suivi de ses évangélistes, entre le dernier.

Or Zidji manqua tomber de saisissement quand, au

lieu du Monéri de la ville, il vit monter en chaire son propre Monéri à lui, le directeur de l'Ecole d'évangélistes, qui était là, en chair et en os, indiquait le cantique, se préparait à prêcher.

— Malheur ! se dit-il. Il va me voir !

Il se cacha derrière ses camarades; il pensa s'en aller.

— Mais, se dit-il, je serais d'autant mieux reconnu.

D'ailleurs il avait ses vingt livres qu'il s'agissait de mettre à l'abri ! Là-bas, le « caborgnon » qui lui servait de réduit ne se fermait pas à clef. Il était toujours inquiet au sujet de sa petite fortune.

— Tant pis ! Restons, se dit-il.

Monéri prêcha sur I Jean II, 14 : « Jeunes gens, je vous écris parce que vous êtes forts. » Il parla de l'école, du grand travail qu'on y faisait, du relèvement de la race qu'on y rêvait. Il supplia les jeunes chrétiens de l'assemblée de se lever pour sauver leurs frères. A quoi bon vivre pour l'argent, pour le plaisir ! Que vous en restera-t-il ?

Zidji serrait son porte-monnaie dans sa poche et songeait aux douze livres de Bazile.

— Vous êtes forts, vous avez la santé, l'intelligence. Oh ! aidez-nous ! C'est à vous d'aller chercher vos frères perdus, de leur apporter la lumière que vous avez trouvée. Et que se passe-t-il ? Notre école du Bokhaba où l'on forge les armes pour ce grand combat est désertée ! Il en est même qui l'ont abandonnée !...

Monéri paraissait accablé ! Il s'arrêta, comme s'il était trop ému pour continuer. Il promena ses yeux sur l'assemblée. Zidji tremblait ; il crut que son maître l'avait vu. Mais non ! Monéri ne l'avait vu qu'en esprit et cependant cette évocation avait suffi pour serrer sa gorge et y étrangler la parole.

Il continua. Il raconta la guerre contre Sikororo, la

délivrance merveilleuse, la vaillance des jeunes chrétiens de la station et conclut par une exhortation enflammée à être vaillant dans le combat pour Christ....

On chanta. L'assemblée s'écoula. Zidji, profondément remué, ne bougeait pas. Il resta seul sur son banc. Les anciens apportèrent la collecte. Le missionnaire descendit de chaire, rejoignit son collègue. Ils traversèrent la nef et là, soudain, sur ce banc, les yeux baissés, Monéri aperçut le jeune homme.

— Zidji ! s'écria-t-il, s'arrêtant soudain.

— C'est moi, dit le jeune homme humblement.

— Oh ! Zidji, comme tu nous as fait souffrir !

Zidji ne répondait rien.

— Viens, mon fils, suis-moi dans ma chambre. Je désire tant causer avec toi !

Et longtemps ils causèrent. Monéri qui était venu assister à un congrès à Johannesbourg ne pensait nullement qu'il y retrouverait son ancien élève. Aussi bien était-ce en vertu d'une coïncidence merveilleuse, providentielle, qu'ils s'étaient rencontrés ce jour-là, puisque c'était la première fois que le fugitif revenait à son église et que Monéri n'y avait encore jamais prêché. La main de Dieu avait opéré mystérieusement ce rapprochement. Lorsqu'on a l'impression d'une action surnaturelle, on se recueille, on se tait. On fait silence pour laisser Dieu dire ce qu'Il a à dire. Pendant plusieurs minutes les deux hommes ne parlèrent pas. Puis le maître rompit le silence. Il dit à son élève combien il l'aimait, combien cette fuite avait navré chacun, comme il avait continué à prier pour lui, suppliant Dieu de ne point abandonner l'enfant prodigue. Et Dieu avait exaucé. Et ils s'étaient miraculeusement retrouvés ! Que disait-il, lui, Zidji ?

Zidji raconta son histoire. Il dit avoir vu combien il avait eu tort. Le malin seul avait pu l'arracher à cette école où il était si bien. Mais il avait été puni sévèrement. Il avait souffert à la mine et Dieu l'avait instruit.

— Alors ne reviendras-tu pas avec moi, à l'école, mon fils que j'aime? dit le missionnaire avec douceur.

— Le temps n'est pas encore venu, mon père; j'ai compris ce que tu as dit à l'église. Je ne veux pas travailler pour l'argent et pour la vanité. Mais je n'ai pas encore vu mon chemin clairement. Prie pour moi, Dieu me conduira.

Le missionnaire n'insista pas. Il lui eût été doux de ramener avec lui son élève préféré, celui duquel il n'avait jamais douté vraiment et dont la Mission aurait eu tant besoin. Mais les voies de Dieu ne sont pas nos voies. Peut-être ce jeune homme était-il destiné à accomplir une autre œuvre plus importante....

— Reste, lui dit-il, et que Dieu te garde et te conduise lui-même.

Il le présenta à son collègue, le lui recommanda très spécialement et cette mémorable entrevue prit fin.

Quand Zidji reprit le chemin de Quartzstreet, il se sentait étonnamment léger, non seulement parce qu'il avait remis son trésor en mains sûres, mais parce que le poids de son péché avait disparu. Il s'était remis en règle avec ses pères spirituels. Il lui semblait que maintenant il était en règle avec Dieu aussi. Et alors le but de la vie resplendit soudain de nouveau à ses yeux. Il comprit que gagner trois livres par mois ne pouvait être à jamais sa seule aspiration et il entrevit vaguement dans le lointain une cime brillante.... ou bien n'était-ce qu'une étoile.... vers laquelle il éleva les yeux.

Bien qu'inféodé de nouveau à son Eglise, Zidji était éclectique au point de vue ecclésiastique. Il voulait s'instruire et pour cela il alla assister au culte des autres congrégations noires de Johannesbourg. Il visita la grande église de la mission berlinoise où l'on prêche en sesuto et où on allume des cierges. Il vit les salutistes priant à grand bruit, à genoux, l'un d'entre eux se livrant à de véritables contorsions. Après quoi ils se relevaient et frappaient sur une grosse caisse pour accompagner leurs cantiques. Il vit ceux qui prétendent parler en langues et ressusciter les morts. Puis il alla chez les wesleyens, dans leur grand hall voisin des mines où leurs pasteurs noirs les exhortent en zoulou. Ce jour-là, en sortant avec la foule des assistants, il vit devant lui une forme connue.

— Mais, se dit-il, c'est Gouanazi !

C'était Gouanazi, en effet, son ennemi à l'école de la circoncision, le sorcier qui avait tué Fazana.... A ce souvenir, Zidji sourit dans ses moustaches naissantes.

— Quelle bêtise de croire aux sorts jetés, se dit-il, et il mesura en un clin d'œil la distance qu'il avait parcourue, depuis le temps où Fazana était morte jusqu'à aujourd'hui. Puis il aborda Gouanazi.

— Hé ! mon vieux ! Gouanazi fils de Marowayi, tu ne me reconnais donc pas ?

Gouanazi écarquilla ses yeux qui n'avaient pas pris une expression plus aimable, au cours des années.... Il avait pourtant coupé ses cornes, mais son visage chiffonné était aussi méphistophélique que jadis.

— C'est toi ! Zidji ! Hé ! Quelle drôle de rencontre !

Ils se donnèrent rapidement quelques nouvelles des leurs. A vrai dire, ils ne savaient pas grand'chose du kraal paternel, ni l'un ni l'autre.

— Alors tu es wesleyen ? demanda Zidji à son camarade.

— Non pas ! Je suis éthiopien. Je suis venu aujourd'hui pour convoquer des amis à un « Timiti » que nous avons dimanche prochain. N'y viendrais-tu pas aussi ? On paye un shelling pour l'entrée, mais il y aura abondance de boisson et d'amusement.

Un Tea-meeting ! Cela tenta Zidji, malgré la répugnance qu'il ressentait pour les éthiopiens et il prit rendez-vous avec Gouanazi pour le dimanche suivant.

Gouanazi avait réussi à recruter quelques camarades. Il leur avait recommandé à tous de se munir d'argent, car disait-il, notre « Timiti » doit rapporter au moins quarante livres pour construire une nouvelle chapelle.

Zidji prit cinq shellings dans sa poche et retrouva Gouanazi au sortir du culte le dimanche suivant. La réunion devait avoir lieu dans la location indigène ; c'était assez loin de la chapelle wesleyenne et, en route, on eut tout le temps de causer.

— Où travailles-tu ? demanda Gouanazi à son ancien camarade.

— Chez deux Ecossais, un monsieur et une dame qui n'ont pas d'enfant.

— Ah, fit un des invités, pas d'enfant ! Pas de jolie et jeune Miss dans cette maison ?

— Non, répondit innocemment Zidji.

— Tu ne comprends pas ce qu'il veut dire, ajouta Gouanazi en riant de ce mauvais rire qu'il n'avait pas perdu. Il t'aurait offert la médecine des Zoulous, si tu en avais voulu.

— Et pour quoi faire ! Je ne suis pas malade !

— Pas pour toi, nigaud ! Pour les Misses ! On en verse un peu dans leur thé, avec le sucre, et alors elles tombent amoureuses de nous !

— Que dites-vous ?

— Mais oui ! Ces Zoulous ont des drogues d'une vertu extraordinaire. On se fait aimer de qui on veut !

— Toutefois, ajouta le troisième interlocuteur, avec les blanches, il est un peu dangereux de s'en servir, surtout avec les Anglaises. Car, si on est attrapé, si on réussit trop bien, la police vous pend haut et court. Ou bien, on est mis aux travaux forcés à vie. Il vaut mieux s'en tenir aux filles de la Location. Cela agit merveilleusement. Tu acquiers une puissance telle sur celle que tu veux que tu n'as qu'à l'appeler par son nom. Elle te suivra partout et tu feras tout ce qu'il te plaira.

Zidji jeta un regard à la dérobée sur ses compagnons. Il vit le rictus vicieux au coin de la bouche de Gouanazi. Il se dit : « Serait-il donc vraiment un jeteur de sorts, celui qui a tué Fazana ! » Dégoûté de cette ignoble conversation, il songea à partir. Mais il avait envie de voir ce Tea-meeting et il se tut.

La chapelle éthiopienne était entourée d'une foule bruyante. Des filles aux toilettes provocantes se mêlaient aux groupes de jeunes gens. Chacun payait son shelling en entrant. Au pied de la chaire, Zidji crut reconnaître le pasteur Jonathan Matsimo qui lui avait fait tant de mal jadis. Il se sentit mal à son aise.

Mais déjà un autre Révérend en costume de clergyman, sans oublier la cravate blanche, montait en chaire, faisait une courte prière, puis adressait une exhortation où il expliquait qu'on tâcherait de faire beaucoup d'argent aujourd'hui, car il en fallait pour la construction et aussi pour payer les ministres de l'Eglise qui doivent vivre, eux aussi.

Puis un groupe de chanteurs se leva.

— Qui désire entendre leur chant ? dit le président.

— Moi, s'écria un auditeur. Je donne trois shellings.

— Ce n'est pas assez ! Qui donne davantage !

— Je donne cinq shellings !

— Moi dix ! cria un troisième assistant.

— Bien, dit le président, en étendant la main.

Le chœur s'exécuta. Mais il ne chanta pas de paroles, seulement des moum, moum, moum presque au souffle ! L'assemblée parut extrêmement réjouie.

— Qui donne dix shellings pour entendre les notes ? dit le président en souriant.

— Moi !

Et alors le chœur reprit en exécutant les notes, conformément au système du tonique sol-fa presque universellement adopté dans les écoles sud-africaines indigènes. Cela fait, quelqu'un offrit encore dix shellings pour obtenir des artistes qu'ils voulussent bien chanter les paroles.

L'auditoire était content et commençait à s'exciter.

Un autre chœur sortit alors des bancs et offrit, lui aussi, une production.

Un grand gaillard se leva et dit :

— Je donne une livre sterling si les chanteurs nous font le plaisir de se taire !

— Et moi, j'offre une livre et six pence s'ils chantent !

Aussitôt l'assistance de trépigner d'aise.

— Bravo ! Qu'ils chantent, entend-on dire de toutes parts.

Mais le grand gaillard ne se tient pas pour battu :

— J'achète leur silence pour une livre et dix shellings....

— J'ajoute un shelling pour qu'ils s'exécutent, dit une autre voix, et les rires et les bravos éclatent dans toutes les bouches.

Le chœur accepta et, vraiment, le régal musical fut presque à la hauteur de cette somme. Les assistants applaudirent bruyamment. Alors le thé fut servi avec de grands morceaux de pain et des bonbons transparents fort goûtés des noirs.

L'un des Révérends fit une allocution, puis la série des productions reprit.

— Je dépose cinq shellings si Miss Rosa veut bien faire entendre un solo, dit Gouanazi.

Miss Rosa, une jeune négresse habillée de blanc avec une fleur piquée dans ses cheveux crépus, se leva et se dirigea vers l'estrade.

— J'en donne sept et six pence si c'est plutôt Miss Elizabeth.

Une autre jeune fille alla rejoindre Miss Rosa.

— Dix shellings pour Rosa !

— Une livre pour Elizabeth !...

Les enchères se poursuivirent au milieu d'une excitation croissante, durant une heure et plus. La caisse faisait de bonnes affaires, mais elle n'avait pas encore obtenu les quarante livres nécessaires. Alors une femme apporta deux grandes marmites de bière légère de taille identique.

— Qui donne une livre sterling pour qu'un des jeunes gens ici présents boive ce bol d'un trait ?

— Moi ! cria un homme d'âge mûr qui n'avait encore rien dit.

Aussitôt deux grands garçons se présentent. Leurs yeux fulminent. Ils empoignent les amphores rondes.

— Puisque vous êtes deux, dit le président, nous verrons lequel d'entre vous est le plus fort. Vous commencerez au commandement. Celui qui aura fini le premier sera le vainqueur. L'autre payera dix shellings. Acceptez-vous ?

— Oui, répondent les deux gaillards qui s'apprêtent à user de vaillance.

— Un, deux, trois, partez !...

L'un deux, après avoir absorbé la moitié du liquide, voulut précipiter le mouvement.... Son œsophage refusa le service. Il vit qu'il lui arrivait malheur et, posant le bol, son mouchoir devant la bouche, il courut vers la porte. C'était le moment. Toute l'assemblée l'accompagna de ses huées....

Zidji, dégoûté, s'enquit de l'heure. Il n'avait que le temps de rentrer chez lui et il sortit, tenant ses quatre shellings cachés dans sa poche et se disant : « Ils n'auront pas mon argent pour des bêtises pareilles. » Le Tea-meeting se prolongea fort avant dans la nuit; l'excitation grandit. A quelles productions, nouvelles et plus épicées, passa-t-on ? Zidji ne le sut pas ou ne voulut pas s'en enquérir. Dans certaines de ces réunions d'indigènes ainsi laissés à eux-mêmes, on a vu se produire des abus incroyables. Il est arrivé qu'on a offert de l'argent et qu'on a enchéri pour obtenir de Miss Rosa ou de Miss Elizabeth des faveurs beaucoup moins innocentes que l'exécution d'un solo et ces séances ont pris un caractère si immoral en certains lieux que la police a proposé de les interdire.

Relever, sauver notre race !... songeait Zidji en traversant les rues de Johannesbourg. C'est bien difficile. Car il faut la sauver non seulement des injustices des blancs mais de ses propres iniquités ! Ces gens-là nous conduisent à la ruine. Quels enfantillages ! Et qu'est-ce que nos ennemis disent lorsqu'ils voient des spectacles pareils ? Ils doivent nous mépriser et nous accuser de n'être que des singes habillés !

Zidji résolut de ne plus retourner chez les éthiopiens. Il alla assister le dimanche suivant au culte des presbytériens dans une chapelle moins grande que celle des wesleyens mais dans les mêmes parages, entre la ville et les mines. Le service était très semblable à celui qu'on célébrait dans sa propre église et il se sentait très à son aise.

Il se trouva assis auprès d'un jeune Zoulou de Natal à la figure sérieuse, qui chantait les cantiques avec une belle voix de basse et qui lui plut beaucoup. Il l'aborda après le culte et apprit que ce jeune homme appelé Samuel Magiwane avait fini ses études d'instituteur à l'école d'Amamzimtote et qu'il se préparait à entreprendre des études de théologie dans l'institut de Hopevale, l'un des premiers établissements d'instruction de la Colonie du Cap. Il aspirait à devenir un pasteur consacré.

— Je suis ici pour gagner soixante livres en vue de faire ma théologie. En deux ans je peux les obtenir, si je suis économe. J'ai hâte de partir pour Hopevale. C'est une école merveilleuse. On y peut tout apprendre, depuis l'alphabet jusqu'aux branches de l'examen de maturité. Même il est question d'établir aux environs une Université pour les noirs. Voilà ce qui va relever notre race ! Si nous pouvons nous instruire comme les blancs, nous deviendrons vraiment des hommes. Les noirs n'ont rien à attendre de la force des armes ! Si valeureux qu'aient été mes compatriotes zoulous lors de la dernière révolte, ils ont été écrasés par les soldats blancs beaucoup moins nombreux. Pourquoi ? Parce qu'il est impossible à des sauvages munis de sagaies et de fusils à pierre de lutter contre des troupes qui possèdent les mitrailleuses Maxim et dont les engins vomissent la mort quand on tourne la manivelle. Notre avenir, mon ami, est dans l'instruction que donne l'étude et dans la sagesse qu'inculque l'Évangile.

— Crois-tu, questionna Zidji, que moi aussi je pourrais aller étudier à Hopevale ?

— Sans doute ! Mais pour cela, il te faut de l'argent. Voudrais-tu devenir instituteur ?

— Je ne sais ; je ne crois pas. Il me semble que je serais plus utile à mon peuple en étant autre chose, mais je ne sais pas exactement quoi.

— Tu verras cela plus tard. Seulement si tu n'as

pas encore atteint le « Standard VI », tu auras à te préparer à l'examen d'entrée et cela pourrait te prendre bien des années.... Commence à travailler ton anglais ici. Les écoles préparatoires ne manquent pas. Tâche de réunir ton argent un peu vite et nous partirons ensemble....

Le cœur de Zidji se gonflait de joie et d'espérance.... L'idéal qu'il poursuivait depuis la nuit d'angoisse du Compound commençait à apparaître à ses yeux.

— J'ai déjà trente livres, se disait-il. Il faut arriver à cent. Et puis, tout de suite, il s'agit de reprendre mes livres et d'aller à l'école du soir. Kimbé m'aidera.

Dès ce moment Zidji orienta sa vie vers un but précis : Cent livres et le Standard VI du programme scolaire anglais et, comme il était résolu, il arriva.

Les époux Mac Gowan avaient décidé de repartir pour l'Écosse, leur fortune étant suffisante pour vivre désormais largement. La dame aux bandeaux de cheveux gris qui ne s'était jamais départie vis-à-vis de Zidji de cette froideur aimable du premier jour, lui annonça donc que l'on n'aurait plus besoin de ses services. Un des nombreux amis du jeune homme allait justement quitter sa place d'aide-cuisinier et de valet chic dans une des belles maisons du quartier aristocratique. Il offrit à Zidji de lui succéder et le présenta aux maîtres de l'endroit. Comme Zidji avait bonne figure et paraissait remarquablement bien élevé, pour un moricaud, il fut agréé, et bientôt il venait s'installer dans l'une des dépendances de cette demeure princière. Bâtie comme un château anglais, perdue dans les eucalyptus et les cyprès, avec un parc magnifique, de somptueuses écuries, une valetaille nombreuse, la maison du grand capitaliste Jacobson était l'une des plus luxueuses de Johannesbourg. Lui-même, un des Juifs les plus riches de la ville, avait fait sa fortune dans la spéculation sur les actions de l'or et des diamants. Il ne se refusait rien et, comme il tenait beaucoup à l'apparence, comme il donnait de fréquentes et brillantes soirées, il lui fallait un noir de belle taille qu'on habillait d'une grande chemise de satin et qu'on coiffait d'un bonnet turc rouge pour servir à table, comme à Zanzibar. Zidji faisait un superbe Zanzibarite et il gagnait quatre livres par mois, sans avoir beaucoup à faire.

Par exemple !... Il lui fallut bien du temps pour comprendre la manière de vivre de ses nouveaux maîtres. Il n'avait jamais vu de blancs comme ceux-là.... M. Jacobson était le type du financier brasseur d'affaires qui ne vit que pour la gloire d'amasser des millions. Il faisait du luxe, il avait des chevaux, il faisait courir ses jockeys au champ de course; mais tout cela n'était encore qu'un moyen de briller, de se faire un nom, d'augmenter son influence. Il était extrêmement dégagé de scrupule et n'avait aucune conviction religieuse. Vis-à-vis des noirs, il eût été un esclavagiste convaincu si la mentalité du XXe siècle ne le lui eût pas interdit et Zidji l'entendit un jour dire en souriant, à un grand repas :

— Les noirs sont une variété utile de la famille des anthropoïdes.

Il ne comprit pas exactement ce que cela signifiait, mais Jacobson expliqua son point de vue par une démonstration empruntée au darwinisme.

— A mon avis, disait le grand financier juif en aspirant l'arome d'un havane mordoré, le cheval et le noir se ressemblent. Ils sont des produits inférieurs de l'évolution. Nous avons domestiqué le premier pour notre usage et Buffon a dit que c'est là la plus noble conquête que l'homme ait faite. Puis nous avons fait descendre le noir dans les mines pour extraire l'or. C'est le même principe. Mais on ne peut pas dire que la conquête du noir soit plus noble que celle du cheval !

Là-dessus les amis de Jacobson éclataient de rire et il leur versait une nouvelle rasade de chartreuse.

Quant à Madame, elle ne s'inquiétait pas des actions et de la bourse. Elle se contentait de charger ses doigts, ses oreilles, sa chevelure de diamants qui éblouissaient les hôtes du château. Lorsque son mari était reparti pour le bureau, après le lunch de deux heures, elle recevait ses amies qui venaient jouer au « bridge ». Alors, comme le bridge est plus amusant à la clarté artificielle des lampes qu'à celle du jour, on fermait les volets, on allumait les lustres électriques et l'on jouait tout l'après-midi.

Vers cinq heures, Zidji, très droit dans sa longue chemise immaculée de Zanzibarite, apportait le thé et les pâtisseries.... Ces dames interrompaient leur partie et causaient.

— Quel superbe noir vous avez déniché là ! disait l'une des invitées à Mme Jacobson.

Celle-ci, une petite blonde avec ses cheveux savamment bouffés sur le front et sur les tempes, répondait d'un air modeste :

— Mais oui ! Il est très bien vraiment et suffisamment discret.

— Ils le sont toujours quand on sait les mener, ajoutait Mme Davidson. J'ai fait une drôle d'expérience avec l'un d'eux, l'autre jour. C'était un pikinini haut comme ça que nous avions engagé le matin. Il parlait bien l'anglais. Au lunch, je le vois qui met un couvert de trop à la table. « Que fais-tu ? » lui dis-je. Il me répond : « C'est ma place ! » Croyez-vous que ce moricaud-là entendait manger avec nous ! A l'heure du thé, j'avais quelques amies qui passaient l'après-midi avec moi. Le pikinini apporte le plateau et s'assied au salon au beau milieu de mes hôtes. Je fus si irritée que je pris une tasse de thé bouillant et la lui jetai au visage. « Va-t'en ! lui dis-je. Sors de cette maison ! » Il répond : « Alors payez-moi ! » « Oui ! lui dis-je, attends un moment que le « boss » revienne du bureau ; c'est lui qui te payera avec cette monnaie-ci ! » Et je lui montrais une bûche dans la cheminée. Alors savez-vous ce qu'il a fait ? Il est sorti dans le jardin, il s'est agenouillé sur le sol et a commencé à prier pour ses pécheurs de maîtres !

— Absurdité ! exclamèrent toutes les dames. Vous l'avez au moins corrigé comme il le méritait.

— Sans doute. Mais quand on pense combien de maîtresses blanches prennent à cœur de gâter leurs domestiques ! J'en connais une qui allait le matin réveiller elle-même son noir en lui apportant la tasse de café noir qu'elle avait réchauffée de ses propres mains.

— C'est honteux; avec cela il n'y a plus lieu de s'étonner si les noirs se permettent tout, si leur insolence s'accroît, s'ils attaquent les femmes blanches et abusent d'elles. Il n'y aura bientôt plus aucune sécurité dans le pays....

Cependant les tasses étaient vides et Zidji qui était resté debout comme une statue vers la porte, ne bougeant point, vint reprendre le plateau et sortit. Il n'avait pas perdu un mot de la conversation et s'étonnait de tout ce qu'il entendait chez ces blancs si différents de ceux qu'il avait connus. Comme jamais les Jacobson n'allaient à aucun culte, il se dit :

— Ce sont sans doute des païens et il s'en fut soumettre cette idée lumineuse à Jim, le palefrenier.

Jim était un vieux serviteur de la maison. C'était une manière de philosophe noir, très pessimiste mais toujours content. Il secouait constamment les fardeaux qui s'amassaient sans cesse sur ses épaules. Il avait d'ailleurs un grand don d'observation et connaissait fort bien son Johannesbourg.

— Des païens ? Parfaitement ! Rien d'autre, mon cher ! dit-il à Zidji dont il admirait la candeur. Crois-tu par hasard que les blancs valent mieux que des païens ? C'est exactement la même chose, sauf qu'ils ont plus d'argent. Je pourrais te le prouver.... Ils sont même pires. Ainsi ce grand von Weltheim, cet intrigant, ce criminel qui a tué le cousin de notre maître.... Tu n'as pas su l'histoire ? Moi, j'y étais, je l'ai vu de mes yeux ; je balayais les corridors du bureau où l'assassinat a eu lieu. Ce von Weltheim avait écrit des lettres menaçantes au banquier, lui réclamant douze mille livres sterling.... rien que ça ! Il l'insultait en lui disant : « Vous autres, capitalistes, vous êtes des brigands qui pillez le monde sous la protection de la loi. Moi aussi, j'agirai comme un brigand. » Il arrive un matin, entre au bureau où le banquier était avec son administrateur, exige la remise de la somme à laquelle il n'avait pas plus de droit que toi et moi et comme les autres refusaient de la livrer, il leur brûla la cervelle à bout portant.... Est-ce que tu crois qu'un païen aurait fait cela, en plein Johannesbourg ?

— Vraiment, cela est arrivé ainsi ?

— Assurément ! j'en ai été le témoin !

— C'est horrible ! Mais heureusement ils ne sont pas tous comme cela. J'en ai vu qui étaient disposés à mourir pour nous et qui même sont morts.

— Peut-être ! Quelques bons dans le tas des mauvais, conclut Jim en se levant et en secouant les épaules, ce qui était sa manière habituelle de se débarrasser des tristesses de son âme.

Zidji resta dix-huit mois dans le palais Jacobson, bien payé, bien nourri. Mais son cœur ne s'engraissa pas dans ces délices de Capoue. Il fit de grands progrès sous la direction de Kimbé et, quand il eut ses cent livres, il sortit du palais de Pharaon pour aller travailler au salut de ses frères. Il connaissait mieux les blancs et mieux les noirs aussi. Le problème de la coexistence des races commençait à se dresser devant lui et il partit pour Hopevale se disant : « Je vais forger des armes pour le combat ! »

IV

HOPEVALE

Hopevale, le Val d'Espoir !

Samuel Magiwane et Zidji Mankélou avaient déjà traversé à toute vapeur les immenses plateaux nus de l'Orange, les ponts du Vaal et de l'Orange et descendaient par les courbes savantes de la voie ferrée vers Queenstown, vers les provinces orientales de la colonie du Cap. Là-bas, on les attendait, car ils avaient dûment sollicité leur admission. Zidji avait même prié son Monéri d'envoyer quatre-vingts livres sterling à la caisse d'épargne postale de l'établissement. Le « Principal » de l'institution ne leur avait pas réclamé des certificats nombreux.

— Pour moi, disait-il, le fait qu'un noir a travaillé trois ou quatre ans pour amasser de l'argent en vue de s'instruire, c'est une recommandation suffisante.

Le train approchait. Nombreuses étaient les stations où l'on voyait des étudiants noirs y monter, car le lendemain était jour de rentrée et les professeurs insistaient pour que les classes reprissent avec leur effectif au complet. Zidji était frappé de l'air heureux de ces jeunes gens et du fait que les employés du chemin de fer les traitaient si bien. Au reste cette politesse s'étendait à tous les indigènes. On ne voyait pas de chef de gare allonger des coups de pied à des noirs ou les insulter.... N'étaient-ce pas des électeurs ? Le fait que les Cafres possèdent ou peuvent posséder la franchise, c'est-à-dire le droit de vote au Cap, explique sans doute pour une grande part qu'ils soient traités dans cette colonie libérale comme des hommes, des citoyens, et non comme des parias méprisables.

On traversa une petite forêt d'euphorbes arborescentes et, à leur ombre très grêle, Zidji vit pour la première fois les « rouges » (the reds); c'est ainsi qu'on nomme les indigènes païens de la Cafrerie, car ils s'enveloppent tous dans une couverture de coton qu'ils ont teinte en rouge au moyen d'une poudre d'ocre. Ces individus drapés dans des toges de pourpre faisaient un curieux effet dans le paysage. A l'une des gares, notre Nkouna s'étonna de voir des femmes païennes qui s'étaient fardées avec une substance blanche tout autour des yeux, ce qui leur donnait une apparence livide horrible. C'est la mode de ces dames. Elles prétendent se garer ainsi des rayons du soleil. C'est une très vieille coutume qui a probablement une tout autre explication.

Au reste le pays était joli, coupé de petites chaînes de montagnes, bien cultivé et, sur les talus de la voie ferrée, s'épanouissaient des fleurs brillantes : des glayeuls roses, de grandes composées jaunes, des oxalydes carmin. Plus loin, c'étaient des aloès géants de deux sortes, les uns avec leurs feuilles sur le sol, les autres portant leur rosette au haut d'une tige robuste d'un mètre de hauteur. Des troupeaux de brebis blanches se détachaient sur le gazon ras des pâturages et par-ci par-là quelques huttes misérables, arrondies au sommet, apparaissaient aux flancs des coteaux.

Enfin l'on arriva. La foule des étudiants descendit du train. Les vieux camarades se serraient la main les uns aux autres et se disaient :

— Good morning, old chap !

C'était un mouvement considérable. Les professeurs étaient venus recevoir des hôtes dans leurs calèches à deux chevaux, accompagnés de leurs épouses en fraîches toilettes, des fleurs sur leurs chapeaux.

— Vois-tu, dit Magiwane à Zidji, celui-là, ce grand à la barbe blanche, c'est le Principal. Il passe pour l'un des meilleurs amis des noirs. Et cet autre à la tête grisonnante, c'est l'astronome. Il étudie les astres depuis son jardin.

Cependant la foule s'écoulait. Un clergyman noir affublé d'un chapeau gris allait d'un groupe à l'autre accompagné de sa plantureuse épouse, une négresse portant une taille de soie rose et dont les hanches étaient deux fois plus larges que les épaules. Elle se déplaçait lentement, augustement. Les étudiants, trois ou quatre à la fois, se dirigeaient vers Hopevale, les uns chics, avec des valises neuves, les autres moins bien habillés, en velours de chasse, portant leurs couvertures attachées avec une courroie, leur linge de toilette pendant jusqu'en bas du dos.

— Où est-ce ? demanda Zidji.

— Là-bas, dit Magiwane montrant un rideau d'immenses saules pleureurs que dépassaient des eucalyptus géants, de l'autre côté de la rivière.

Magiwane avait déjà fréquenté le collège de Hopevale durant une année. Il savait les chemins. Les deux amis suivirent le flot; ils passèrent le long d'un champ barré où un troupeau d'autruches picoraient. Les volatiles au long cou flexible redressaient leurs têtes au regard indifférent, contemplaient un instant les jeunes gens qui passaient et semblaient dire :

— Vous revenez, les petits, c'est bien ! Soyez sages.

Une belle avenue blanche entourée de chênes et de pins remontait vers l'institution, débouchait sur la place centrale où se dressait le collège, vaste bâtiment en pierre à deux ailes. A droite, c'étaient la librairie, les bureaux, les dortoirs, à gauche, les villas des professeurs. Nos deux étrangers allèrent s'annoncer au bureau du directeur, furent identifiés, reçurent un billet d'admission qu'ils s'en furent présenter au chef des dortoirs. Celui-ci leur assigna leur place. La rentrée était faite. Il y avait cinq cent cinquante anciens et cent cinquante nouveaux à caser. Néanmoins tout se faisait sans bruit. Evidemment M. Burgess, le « boarding manager », le grand maître de pension de l'établissement, avait un don d'organisation hors ligne. C'était un vieux gentleman écossais, aux manières affables qu'on surnommait Présent-partout, car il était partout à la fois, à la cuisine, au collège, dans les dortoirs, gentil, souriant, mais à l'occasion sévère et très ferme.

A la cloche du soir, ces sept cents étudiants pénétrèrent dans le grand hall du réfectoire. En cinq minutes, tous avaient trouvé leurs places. Le repas commençait par un cantique accompagné par un harmonium et un cornet à piston. Puis chacun s'asseyait à l'une des quatorze grandes tables et les serviteurs, choisis parmi les élèves à tour de rôle, apportaient la bouillie de maïs, la viande et le thé. Car il y avait trois sortes d'ordinaire. Il y avait les tables à douze livres, où l'on n'avait de viande que tous les quatre jours et où la principale nourriture était le maïs et le lait caillé avec du thé une fois par jour; puis les tables à quinze livres où l'on servait aussi du pain et où le maïs alternait avec la viande; enfin la table à vingt livres, je dis *la* table, car une vingtaine seulement d'élèves fortunés, des fils de chefs y mangeaient. Là on avait du mouton tous les jours, du pain à satiété et du café deux fois par jour. Mais toutes ces tables étaient dans le même local. Spectacle peu démocratique, il faut l'avouer; cette inégalité choquait un peu au commencement, mais on s'y habituait et l'on se disait que, après tout, chacun en avait pour son argent.

Après le souper eut lieu la séance d'ouverture du semestre. Les élèves se mirent sur deux rangs et s'en allèrent au pas vers la salle centrale du collège où l'on montait par un escalier. Ils remplirent les deux tiers de la vaste enceinte. L'autre tiers était réservé aux filles qui débouchèrent bientôt par un autre escalier, toutes coiffées d'un chapeau canotier et habillées de jupes courtes, de longs bas noirs et les pieds chaussés de souliers noirs ou bruns. Car l'institut de Hopevale contenait aussi une grande école de filles à cinq minutes du collège. Elles étaient tenues strictement séparées des garçons bien que certaines leçons fussent données aux deux sexes à la fois. Quand l'assemblée fut formée, le corps enseignant fit son entrée, dames et messieurs, au nombre de près de quarante; le vénérable « Principal » en tête, suivi du vieux charpentier MacIntosh qui dirigeait l'atelier de menuiserie et des professeurs de toutes les branches, y compris le directeur de la cordonnerie et le médecin de l'infirmerie. La salle était bondée et toute cette assemblée avait si bonne façon, un quelque chose de si comme il faut, que Zidji en fut fort impressionné. Instinctivement il se redressa.

Le directeur salua les anciens élèves, « faces connues que j'aime à revoir » et les nouveaux et, en phrases courtes, bien frappées, il leur dit :

— Qu'est-ce que Hopevale ? Le savez-vous ? Hopevale, c'est le foyer de vie et d'instruction où vous allez prendre conscience de votre dignité d'hommes et de femmes créés à l'image de Dieu et réservés pour de grandes destinées ! Hopevale aspire à faire de vous, jeunes gens, des gentlemen et de vous, jeunes filles, des ladies ! Dieu a son plan; il veut le réaliser par vous pour le salut de l'Afrique; pour cela il faut que chacun de vous soit vraiment un gentleman, vraiment une lady. Mettez-vous tout de suite à l'œuvre. Vous n'avez pas de temps à perdre. Dès demain matin soyez à votre poste. Il y a des règles à observer. Elles ne sont pas lourdes pour quiconque accepte la loi dans son cœur.... Soyez prêts. Et si vous êtes fidèles ici, alors vous serez utiles plus tard, dans l'avènement de ce jour de demain plus vaste, plus important où le sort du sud de l'Afrique sera décidé.... De grands changements sont à la porte. Des races ennemies se sont réconciliées. Les blancs sont remplis d'espoir.... Ils entrevoient un État plus riche, plus heureux, plus prospère. Quel rôle, vous, les noirs, jouerez-vous dans cet Etat de demain ? Celui que vous aurez mérité par votre vertu, par votre travail, par votre persévérance. L'instruction, c'est peu. Le caractère, voilà ce qu'il vous faut chercher et demander. Devenez des hommes droits et de fermes propos, des femmes pures et alors nul ne pourra vous refuser une participation dans l'Etat de demain.

Zidji écoutait ces graves paroles, si nouvelles pour lui, ne comprenant pas tout, car c'était de l'anglais, mais saisissant cependant le sens général. Et il était ému. Ces pensées répondaient à ce qui s'agitait au tréfond de son être.

Il songea tout à coup au « Tea-meeting » des éthiopiens. Il revit en esprit cette séance à la fois ridicule et immorale où l'on parlait bêtement et où on faisait des choses absurdes. Et il eut soudain clairement cette intuition : Zidji, ta race ne peut vaincre sa sauvagerie sans le concours et le secours de la race blanche.

Cependant la transformation des sauvages zoulous, soutos, fingos, pondos ou thongas en gentlemen est un long et dur travail et Zidji put s'apercevoir sans tarder, au réfectoire comme dans les dortoirs, que certains individus opposaient une résistance considérable aux efforts des pieux Ecossais. Il se trouva que cette année-là fut une année de famine. Le maïs manqua. On fut obligé d'en acheter en Amérique. Les vieux stocks se vendirent tous, cela à des prix très élevés et le goût de ces céréales de deux ans, à moitié mangées par les charençons, n'était plus très agréable. M. Burgess se leva un jour après le chant qui précède le repas et dit aux sept cent cinquante pensionnaires de l'établissement :

— Mes amis ! C'est un malheur ! Il n'y a plus de maïs frais nulle part. Nous avons dû en acheter du vieux et il nous coûte très cher. Néanmoins nous n'avons pas pensé devoir vous demander un prix de pension plus élevé lors même que nous vous nourrissons à perte. Vous aussi, acceptez virilement ce contretemps. Vous n'êtes pas venus à Hopevale pour la nourriture, n'est-ce pas, mais pour l'étude.

Les élèves s'assirent. Ils goûtèrent aux mets qu'on leur servit. La plupart mangèrent courageusement toute leur portion. D'autres firent une moue de dédain et laissèrent le maïs dans l'assiette. Le soir, le nombre des abstentions s'était élevé considérablement. Evidemment les élèves avaient parlé entre eux et la résistance s'accentuait. Après le culte du soir, M. Burgess vit des groupes se diriger vers un hangar tout au bout de la lignée des dortoirs. Il se glissa dans l'obscurité, entra dans un bâtiment voisin et entendit certains

Zoulous exhorter leurs camarades à une grève générale.

— Demain au déjeuner, quand on nous aura servi cette nourriture pourrie, je frapperai avec ma cuillère sur mon assiette. A ce signal, posez toutes les vôtres et ne mangez rien. On verra si les blancs pourront nous forcer à avaler ce maïs qui sent mauvais.

Le maître de pension, dans sa cachette, se demandait ce qu'il fallait faire. Il était navré et indigné aussi, car, dans tout le sud de l'Afrique, la famine sévissait. Les indigènes en étaient réduits à manger des fruits de la brousse et des racines et des milliers eussent accepté le maïs charençonné des deux mains et avec des larmes de joie. Le lendemain, tout se passa conformément au programme. On entendit la cuillère frapper l'ustensile de fer et aussitôt les sept cents élèves des tables de douze et quinze livres se levèrent et quittèrent le hall laissant leurs assiettes pleines. A neuf heures la cloche sonna pour les leçons. Personne ne parut sur la place où les classes se formaient tous les jours pour se rendre en rang à leurs locaux; une seconde cloche se fit entendre. Personne ! Les élèves s'étaient cantonnés dans leurs dortoirs. Les professeurs les attendaient dans des salles vides. Alors M. Burgess alla trouver le Principal et les autres membres du Conseil directeur. Ceux-ci furent indignés et proposèrent de servir aux révoltés les mêmes portions au repas de midi, pour les forcer à l'obéissance. Burgess s'opposa à cette proposition. Il connaissait les noirs; il savait que, chez eux, les mouvements révolutionnaires sont généralement le fait de quelques meneurs. Leurs noms ne lui étaient pas inconnus. Il en fit appeler seize et leur annonça qu'ils étaient expulsés de l'école, douze pour une année, quatre définitivement. Un *meeting* extraordinaire convoqué par devoir, réunit les sept cents étudiants l'après-midi. Là le Principal fit savoir que seize élèves étaient renvoyés de l'institution et que quiconque continuerait à s'insurger contre les ordres de la direction serait immédiatement mis à la porte. L'assemblée devenait houleuse; la séance fut close. Cinquante autres jeunes gens quittèrent Hopevale le soir même; les autres se soumirent et mangèrent leur polenta. Vers la fin de la semaine, on vit une procession de parents qui revenaient auprès du Principal, ramenant leurs enfants et suppliant qu'on les accueillît de nouveau :

— Nous les avons bien battus pour leur mauvaise conduite. N'ayez peur; ils seront sages désormais.

C'est par cette fermeté pleine de bonté que Hopevale s'efforçait de faire de jeunes sauvages des gentlemen accomplis.

Dans les dortoirs aussi, la discipline n'était pas toujours parfaite. Chaque chambrée avait son surveillant indigène et les « moniteurs », comme on les appelait, avaient à rendre compte au maître de pension de toutes les infractions aux règles. Par malheur pour l'école, il y avait derrière les quartiers des élèves un grand village indigène, où il était interdit d'aller sans permission.

Ce village ne manquait pas de pittoresque. Il était composé d'une dizaine de cours entourées de huttes cafres. La hutte cafre forme la transition entre la hutte ronga et celle des Zoulous. Elle est pourvue d'un mur d'un mètre et demi de hauteur, comme celle des Rongas, mais, au lieu d'avoir le toit conique de cette dernière, elle est recouverte d'une coupole mi-sphérique, de la même forme que la hutte zouloue. Celle-ci, d'ailleurs, sorte d'immense ruche d'abeilles, n'a pas de mur. Or, dans ces huttes, il y avait des sirènes et ces sirènes, toutes noires qu'elles fussent, et malgré le caractère essentiellement criard de leurs productions musicales, exerçaient une attraction très grande sur l'élément masculin qui dormait dans les dortoirs voisins. Le village cafre était entouré, il est vrai, d'une barrière d'aloès aux immenses feuilles glauques pourvues de piquants. Mais, entre les rosettes de ces feuilles puissantes, il y avait des couloirs propices et, bien que le village fût en dehors des limites, certains élèves réussissaient à s'y glisser et à contempler les sirènes.

Le concert commençait volontiers à dix heures du soir, après l'extinction des feux. Il était aisé de sortir, sous un prétexte quelconque, et d'aller voir de plus près le chœur des musiciennes. Les moniteurs n'étaient pas toujours attentifs et déjà des malheurs s'étaient produits. Aussi M. Burgess, présent-partout, apparaissait-il parfois soudainement, muni d'une lanterne électrique, dans un dortoir, pour voir si chacun était à son poste, c'est-à-dire sous ses couvertures. Une belle nuit, il crut remarquer que la taille d'un des élèves était singulièrement réduite.

— Hé ! fit-il, Ntlosi, bouge un peu.

Ntlosi, sous ses draps, point ne bouge. Présent-partout le prend par les épaules et veut le secouer. Mais ses mains n'agrippent rien de solide.... Ntlosi, attiré invinciblement par le bruit des sirènes qui chantaient là-bas en battant des mains, avait mis de l'herbe à la place de sa personne et était parti pour une absence prolongée. Ntlosi fut expulsé et cet exemple fut salutaire.

Il y eut aussi, une certaine année, des luttes terribles entre les Cafres et les Fingos. Ceux-ci ont toujours été considérés comme inférieurs aux autres tribus. Un Cafre ayant qualifié un Fingo d'esclave, la guerre éclata. Durant les après-midi de congé, les représentants des deux peuples se défièrent sur la place des jeux et se battirent avec des bâtons. Il y eut des dents cassées et des yeux pochés.

Mais l'action civilisatrice de Hopevale s'exerçait néanmoins, puissante, et les élèves qui avaient passé trois ou quatre ans à l'institut acquéraient une certaine dignité, un sens de la discipline, des manières polies qui frappaient les visiteurs.

Zidji, durant la première année, eut bien à faire pour s'initier à un système d'éducation où, malheureusement, la langue indigène jouait un rôle beaucoup trop petit. Intelligent comme il l'était et désireux d'acquérir une véritable instruction, il lutta pour comprendre, tandis que beaucoup de ses camarades, moins énergiques que lui, lisaient correctement des pages d'anglais, des livres même qu'ils apprenaient par cœur sans saisir la signification de la moitié des phrases. La plupart des maîtres, en effet, ignoraient le zoulou et oubliaient que leurs élèves ne savaient pas l'anglais ! Au bout d'un an, le jeune Thonga passa avec succès l'examen d'entrée dans l'école supérieure et il travailla d'arrache-pied à se préparer à l'examen de sortie de cette école, que l'on peut tenter au bout de deux ans. Il fit de l'algèbre, de la géométrie, de la physique et surtout de la grammaire anglaise et de la littérature. Car, si l'on veut obtenir le brevet, il faut savoir paraphraser des auteurs comme Browning, Milton, Keats, etc. Et jusqu'à ce qu'un cerveau de noir ait compris la poésie britannique, il faut qu'il se torture beaucoup. Un cours de science élémentaire enseignant ce que tout homme cultivé doit savoir, une rapide étude de l'histoire universelle, quelques notions ethnographiques sur les tribus sud-africaines lui eussent été plus utiles que *le Paradis perdu* du grand poète anglais. Mais les inspecteurs gouvernementaux qui font subir ces examens, partent du point de vue que l'instruction qui convient aux blancs est parfaite pour les noirs. Ils ne se donnent pas la peine d'approprier leurs programmes à des élèves si différents de mentalité et qui sortent d'un milieu si dissemblable ! C'est là le vice initial de l'éducation des indigènes au sud de l'Afrique, — un vice contre lequel on lutte d'ailleurs et qui sera un jour vaincu, espérons-le.

Au reste, ce qui formait le cœur et l'esprit de Zidji, c'étaient moins les leçons plus ou moins comprises de ses professeurs que l'atmosphère morale et religieuse qu'il respirait à Hopevale, le ton si distingué de cette école écossaise où l'on était bon et ferme, libéral et pourtant sévère. Peu à peu le problème de la race noire au sud de l'Afrique lui apparaissait, dans sa grandeur et sa complexité. Il se fit recevoir dans la société littéraire.

Les étudiants de Hopevale formaient plusieurs associations qui se réunissaient les soirs de semaine. Il y avait la société des étudiants chrétiens qui allait aussi évangéliser le dimanche dans les kraals des Cafres, le chœur mixte, le comité missionnaire. Mais la plus intéressante de toutes, celle qui causait le plus d'orgueil à ses membres, c'était la société littéraire. Elle était composée surtout des « seniores », des étudiants plus âgés qui savaient assez l'anglais pour s'exprimer avec une facilité relative sinon avec une parfaite correction dans l'idiome des blancs. Aussi Zidji n'y entra-t-il que la troisième année de son séjour à Hopevale. Mais il en retira assurément un grand profit. Seuls, les élèves n'eussent pas fait d'ouvrage très utile ; mais leurs professeurs assistaient aux séances, les présidaient même, leur suggéraient des sujets d'étude, dirigeaient les discussions et les empêchaient de s'égarer, tout en développant leur initiative.

La séance d'ouverture de cette société, l'année où Zidji y entra, fut particulièrement intéressante. C'est le professeur astronome qui présenta le travail de fond sur « la grandeur et la décadence de la culture grecque ». Le sujet était bien un peu au-dessus de la portée de la majorité des auditeurs, leurs études historiques n'ayant guère consisté qu'à apprendre une ou deux périodes de l'histoire d'Angleterre. Néanmoins le spirituel conférencier fut écouté avec grande attention et il y eut des sourires d'intelligence quand il parla de Socrate, l'apôtre de l'enseignement par la parole, sans manuels scolaires, sans examens, sans inspecteurs du gouvernement, qui professait librement dans la cité toute de marbre et d'or.

— S'il venait ici, un beau jour, drapé dans sa toge, avec ses deux grandes oreilles, sa tête laide à voir, mais ses yeux pétillants et s'il se chargeait de diriger la classe de première année du cours normal, savez-vous ce qui arriverait? Avant le soir, vous verriez par derrière une toge blanche et deux grandes oreilles redescendre l'avenue qui conduit à la gare.... C'est Socrate qui fuirait ces lieux, horripilé par les programmes, terrifié par les examens.

Et plus d'un professeur soupirait tout en souriant.

La discussion fut ouverte.

— Votre race bantou, avait dit le Principal, comme la grecque, a reçu de Dieu le don de la parole. Cultivez l'éloquence ! Avec elle on remue le monde.

Zidji aurait voulu parler. Il sentait bouillonner en lui des paroles confuses. Mais il ne savait pas exactement ce qu'il devait dire. Il garda « de Conrart le silence prudent » et laissa les jeunes maîtres commencer le débat. Hopevale avait en effet conservé comme instituteurs des classes inférieures un certain nombre d'anciens élèves distingués qui formaient comme le pont entre les professeurs blancs et les élèves aux études. L'un d'eux dit :

— Merci à notre président d'avoir rapproché le sort des Grecs de celui de notre propre race. Les Grecs sont arrivés très haut. Pourquoi? Parce qu'ils ont écouté leurs maîtres; ils ont gardé la tradition d'une génération à l'autre. Si nous brisons le lien avec ceux qui nous ont instruits, avec nos pères les missionnaires, notre race tombera; elle est perdue!

— C'est juste, ajouta le Principal. Mais faites mieux encore. Tendez la main à vos aînés qui ont étudié avant vous et à ceux qui vous suivent. Unissez-vous fermement avec ceux qui sont les meilleurs de votre race et alors vous la relèverez.

Ce soir-là Zidji comprit mieux encore ce principe fondamental auquel il était arrivé déjà : Sans le concours et le secours des blancs, les noirs n'arriveront à rien. Et, en sortant de la grande salle, tandis qu'il se promenait encore un quart d'heure sous les eucalyptus bruissant au vent du soir, à la clarté d'une lune magnifique, il regarda vers la colline. Là-haut, presque au sommet, on apercevait vaguement un village perdu dans une tache noire formée par des arbres. C'était là que demeurait le Révérend Nsimbi. On ne parlait de lui qu'à voix basse, à Hopevale, car le Révérend Nsimbi, jadis le bras droit du Principal dans l'évangélisation de la contrée, s'était séparé de ses missionnaires blancs, avait attiré dans son église presque toutes les congrégations lentement formées par les Ecossais; il avait bâti chapelle contre chapelle et ses compatriotes l'avaient suivi. Cette défection avait brisé le cœur du vieux missionnaire et on n'osait pas lui parler de Nsimbi.

— Pourquoi a-t-il fait cela? se disait Zidji. Quelle erreur! Que Dieu m'en préserve! Qu'Il en préserve notre Eglise thonga!

Un autre jour, la société littéraire discuta le sujet suivant : Est-il opportun de créer une université à l'usage des Bantou du sud de l'Afrique? La question était dans l'air depuis longtemps et passionnait Hopevale. On choisissait généralement deux rapporteurs pour présenter la question, l'un qui développait les arguments pour, l'autre les arguments contre. Il fut très difficile de trouver un opposant et l'étudiant qui consentit à jouer ce rôle ingrat déclara qu'il s'efforcerait de faire triompher sa partie adverse. Un premier principe fut posé et acclamé :

— Aucune entrave ne doit être mise artificiellement au développement libre d'aucune race vers une instruction et une civilisation supérieure. Du moment que les noirs peuvent payer pour obtenir la culture universitaire, on n'a pas le droit de la leur refuser.

Certains allaient plus loin. Ils disaient :

— Les indigènes payent des taxes relativement élevées. Le gouvernement leur doit donc un établissement universitaire !

Ici les professeurs mettaient le holà.

— Ne parlez pas trop de droits ! Demandez du secours et vous l'obtiendrez si vous aussi êtes disposés à amasser un capital de dotation.

A quoi d'aucuns répondaient :

— Il est dans l'intérêt du pays que ce collège existe, car, si on le refuse aux noirs sud-africains, ils iront chercher en Amérique, dans les universités noires, ce qu'ils ne trouvent pas au Cap. Et ce sera extrêmement regrettable, car les idées américaines sur la lutte des races se répandront au sein des tribus et la paix sera troublée. La fondation de notre université serait donc une mesure fort avisée de la part du gouvernement.

On citait déjà plusieurs dizaines de jeunes gens qui avaient été s'instruire au delà des mers. Et l'un des jeunes instituteurs, Nsellé, un jeune homme à l'air fin, très noir de figure et ayant les oreilles à angle droit du crâne, concluait ainsi :

— C'est seulement quand nous aurons acquis la

culture universitaire que nous deviendrons de véritables conducteurs pour notre peuple. Jusqu'alors, les blancs nous conduiront toujours comme ils voudront, car nous ne sommes pas assez instruits pour leur répondre.

Un autre jour, l'éditeur d'un journal indigène qui demeurait dans une ville voisine, fut prié de parler aux étudiants de ses expériences et de ses principes de journaliste. C'était un homme trapu, un peu obèse, aux traits empâtés, mais dont les yeux brillaient derrière ses lunettes et qui avait un bon sens politique remarquable. Il avait été question déjà de l'envoyer au Parlement, car il était à la tête d'un parti noir nombreux. Au Cap, en effet, comme nous l'avons dit, tout indigène qui possède un certain capital ou un revenu d'une certaine importance et qui peut écrire son nom, a le droit de réclamer son inscription dans les registres électoraux. Le journaliste commença par là :

— Le gouverneur qui nous a accordé les droits politiques a été le véritable émancipateur de la race, dit-il. Tant que les noirs en sont privés parce qu'ils sont noirs, c'est un demi-esclavage. Qu'on exige des conditions pour accorder ces droits, c'est parfaitement légitime. Mais les blancs aussi devraient y être soumis et l'exclusion du scrutin ne devrait jamais être prononcée contre un homme à cause de sa couleur. Pas de « disqualification » dictée par la couleur, c'est notre mot d'ordre politique. Jeunes hommes du Transvaal, de l'Orange et du Natal, réclamez jusqu'à ce que justice vous soit faite !... Et pourquoi vous faut-il réclamer ? Est-ce parce que vous irez vous ingérer dans les affaires des blancs ? Mais non ! Nous ne demandons voix au chapitre que pour dire notre avis dans les questions qui affectent notre race.

Ici un des professeurs demanda la parole :

— Ne trouvez-vous pas, dit-il au politicien cafre, qu'il serait pleinement suffisant pour le moment que les noirs élussent une sorte de parlement représentatif et consultatif auquel les autorités blanches soumettraient les décrets relatifs à la population indigène en lui demandant son préavis ? Ainsi les noirs seraient éloignés des luttes politiques qui ne leur feront pas de bien; ils éviteront la tentation de vendre leurs votes au plus offrant.

Le journaliste, ajustant ses lunettes, répondit :

— Cette manière de procéder pourrait convenir aux colonies qui n'ont pas encore la franchise et serait comme un premier pas dans leur émancipation politique; elle se justifierait par le fait qu'il y a encore peu d'indigènes cultivés dans leur sein. Mais ici, au Cap, où nous avons plus et mieux, ce serait un recul auquel nous ne consentirions point !

Et il continua, abordant la seconde partie de son sujet; il démontra la puissance de la presse, sa nécessité pour une race libre, son utilité pour le développement intellectuel et industriel du peuple.

— Je voudrais voir partout, dans chaque district, naître et prospérer une presse indigène qui réclamerait le respect de nos droits, qui signalerait les injustices qui nous sont faites, qui éclairerait la race noire sur ses devoirs aussi et jouerait le rôle de la sentinelle vigilante qui règle la marche du navire durant les veilles de la nuit !

Cette conférence fit un effet énorme à Zidji. Il y avait à Hopevale un certain nombre de sujets du Transvaal. Il les réunit et leur dit :

— Avez-vous entendu ? Nous avons une œuvre à faire !

C'étaient des étudiants des classes normales; ils allaient retourner dans leurs stations comme instituteurs. Ils se récusèrent disant :

— Nous n'aurons pas le temps de faire de la politique; mais toi, Zidji, si tu peux, commence et nous t'aiderons de tout notre pouvoir.

C'est ainsi que peu à peu l'aspiration vague du jeune homme se dessina. Il passa ses examens avec succès et, ayant soif de connaissances pratiques qui pourraient lui aider dans la carrière du journalisme, il alla un jour demander conseil à son ami le politicien. Celui-ci était plein de bonté, de modération, de bon sens. Certains de ses confrères se sont conduits comme des énergumènes et ont gâté leur cause aux yeux des gens sérieux. Le journaliste de Williamstown était au contraire le plus raisonnable des Bantou, et c'est beaucoup dire, car le Bantou est généralement homme de sens très rassis. Il répondit à Zidji :

— Si nous avions déjà notre université, je te dirais : Etudie le droit, apprends à connaître les lois; mais ce n'est pas possible. Tu ne serais pas reçu au Cap. On n'a pas admis mes enfants dans une école de blancs de cette colonie. La meilleure chose à faire pour toi, c'est de demander au Principal de lui aider dans ses affaires de bureau; ainsi tu t'initieras peu à peu à la manière d'agir des autorités et cela te sera assurément fort utile.

Le Principal consentit. Il dicta des lettres à son commis noir, lui enseigna l'art d'écrire à la machine, lui expliqua les formules techniques de la correspondance officielle; à ce bureau qu'assaillaient toute la journée des demandes de tout genre, Zidji apprit ce que c'est que les relations d'une administration avec le gouvernement et avec le public.

Six mois plus tard, une lettre arriva des autorités de Pietersbourg. Le Commissaire des Indigènes demandait au Principal s'il pouvait lui fournir un noir éduqué sachant bien l'anglais et qui serait l'interprète au tribunal.

— Voilà ton affaire ! dit le Principal à son commis. La place est bonne ! Quatre-vingts livres par an ! C'est ton pays. Tu sais le thonga, le zoulou, le souto ! Bravo ! C'est providentiel !

— Oui, c'est un don de Dieu ! répondit Zidji. Il resta silencieux un moment: Derrière le banc de l'audience où il se voyait déjà debout, traduisant, il lui semblait apercevoir une feuille blanche qui flottait : Le journal rêvé où il défendrait sa race et par lequel il la relèverait !

— Adieu, Hopevale ! dit-il, le jour du départ, embrassant d'un dernier regard le collège aimé, les cottages environnés de vigne vierge, le réfectoire et les dortoirs; adieu, maîtres respectés, camarades aimés ! Ici, j'ai appris la sagesse; j'ai entrevu des horizons nouveaux. Puissé-je être digne de vous, digne du Val d'Espoir où j'ai rêvé l'émancipation de mes concitoyens.

V

L'ÉTOILE DU MATIN

Six ans s'étaient écoulés depuis que Zidji avait traversé la Thabina en sautant d'une pierre à l'autre, fuyant la station missionnaire, et maintenant il s'apprêtait à passer de nouveau la rivière, en sens inverse, cette fois. Il revenait ! Le Commissaire qui l'avait aimablement reçu à Pietersbourg lui avait accordé quinze jours pour aller voir les siens avant d'entrer en fonctions. Zidji traversa le gué, arriva au magasin du Suédois. Un autre blanc se tenait sous la véranda, attendant les pratiques noires. Le Suédois était mort. Là, il y avait une bifurcation du chemin. L'une des routes conduisait chez son père, Mankélou, l'autre à la station. Il hésita un instant et finit par prendre celle qui mène chez Monéri, car, comme il le découvrait soudain, les liens qui l'attachaient au monde des Blancs, de l'Eglise, de la Civilisation, étaient plus forts que ceux du kraal païen.

Il gravit la colline.... Voici, au bord du ruisseau du Masétane, l'endroit où il avait vu le gros porc noir.... Ses sourcils se froncèrent. Qu'en serait-il de Dédeya? Voilà bien des mois, des années qu'il n'avait plus pensé à elle. Il passa le canal. Un des fils de Mouki, un grand garçon à l'air grossier et qui portait deux petites tresses de cheveux en cornes sur son front, comme autrefois Gouanazi, le vit mais ne le reconnut pas. Il monta le « raidillon » où les bœufs avaient peiné tant de fois lorsqu'il conduisait le wagon. Il aboutit au grand figuier toujours le même, se dirigea du côté de la véranda.... Monéri lui-même était là, accoudé à la barrière, surveillant cet étranger qui venait. Le jeune homme s'approcha....

— Zidji! dit le vieux missionnaire le reconnaissant soudain. Zidji! C'est toi!

— Oui, dit-il, en baissant les yeux.

Zidji baissait les yeux non pas tant à cause des souvenirs qui lui revenaient à cette heure qu'à cause du changement très grand qu'il constatait chez son père spirituel. Monéri Senior avait bien vieilli, en effet. Maintenant sa barbe était toute blanche. Ses traits étaient fatigués, son teint jauni. Il avait eu déjà deux attaques de cette fièvre hémoglobinurique qui ruine les plus fortes constitutions. On l'avait engagé à quitter le pays, à aller prendre un repos bien mérité; il avait voulu prolonger son séjour dans la contrée malarienne bien qu'il eût achevé les années réglementaires, parce que personne n'était là pour le remplacer et il ne voulait pas que l'Eglise fût abandonnée. Il avait dû se séparer de tous ses enfants partis pour faire leur éducation en Europe et il demeurait seul, dans la vaste maison désolée, seul avec sa fidèle compagne qui pleurait parfois en pensant aux petits. Son collègue avait quitté le pays, lui aussi, l'école d'évangélistes ayant été transportée ailleurs. La station avait augmenté lentement. C'était encore le temps des petits succès, mais le vieux pionnier restait fidèle au poste et déjà la mort le guettait. Zidji eut cette impression bien claire en le revoyant.

Ils causèrent de choses et d'autres. A la fin le jeune homme lui dit :

— Mon père, j'aurais à te parler et à te demander des conseils sur un grave sujet. Quand te trouverai-je ?

— Je suis un peu fatigué aujourd'hui, répondit Monéri. D'autant plus qu'il y a tous les préparatifs du Synode auxquels il faut vaquer. Tu reviendras après la session.... Car, tu sais, nous allons avoir ici une assemblée très importante. Le Synode va installer Bartimée comme pasteur. Il a été envoyé à l'école de théologie, a terminé ses études et il sera le premier pasteur indigène des Ba-Thonga !

— Vraiment ! Quel bonheur ! s'écria Zidji dont les yeux brillèrent.

Son cher Bartimée allait donc être consacré ! Il allait recevoir la récompense due à ses mérites et à sa longue patience ! Décidément, il y a des événements heureux, dans ce monde !

En attendant la réunion du Synode, Zidji alla visiter son vieux village. Il était toujours au même endroit, le village de son enfance. Mais il avait diminué. Le kraal des bœufs tombait en ruines. La maladie avait tué toutes les bêtes à cornes et la bonne odeur du fumier frais ne réjouissait plus le visiteur. Mankélou, son dos bien voûté, s'appuyant sur un long bâton brun qui se terminait par une tête sculptée, vint à sa rencontre.

— Tatana ! Mon père ! C'est moi, ton fils, Zidji !

Le vieux hochant la tête s'approcha, le toisa, l'examina et poussa par quatre fois du fond de sa gorge un : Haé ! énergique.

— C'est toi ! Zidji ! Haé ! Hé, les femmes ! venez voir votre garçon qui est devenu un homme !

Et chacun d'accourir ! La mère âgée, à petits pas, les jeunes filles en sautillant, Ngomane et sa femme plus lentement. Car Ngomane était marié depuis peu. Il portait des pantalons et fréquentait l'Eglise.

On s'extasiait. Zidji avait de beaux habits. C'était un monsieur de la ville. De plus il avait glissé deux livres dans la main de son père et l'admiration pour le fils aîné s'était accrue d'autant !

— Et que vas-tu faire, mon fils ? demanda le vieux, lorsque les hommes se furent retirés sur la termitière pour causer.

— Je vais être l'interprète au tribunal de Pietersbourg, répondit-il. Mais je désire mieux que cela. Je veux tâcher d'aider nos gens et d'empêcher les blancs de les traiter avec injustice.

— Ça, c'est bien ! dit Mankélou. Tâche de leur montrer qu'ils nous écrasent avec leurs impôts ! Deux livres par an pour chaque femme qu'on a ! C'est épouvantable.... Et dire que, par-dessus, ils nous ont enlevé nos fusils. Plus moyen de tuer les antilopes qui ravagent nos champs de patates ! Les blancs nous assassinent. Autrefois on était plus heureux.

— Mais toi, père, tu n'es pas devenu chrétien ?

— Et pourquoi cela ? Ne le suis-je pas puisque vous l'êtes, vous mes fils. Vous ai-je empêché d'aller chez Monéri ?

Le vieux était toujours dans les mêmes idées. Zidji n'insista pas, mais il lui dit :

— Père, si nous voulons que notre race soit sauvée, nous n'obtiendrons son relèvement que par l'instruction et l'Evangile.

— Oui ! oui ! dit Mankélou. Ce qui ne l'empêcha pas, le soir, de faire dormir Zidji dans un village voisin, car Zidji n'avait pas été purifié des souillures des grands chemins. Il prit même une boulette de médecine mélangée à de la graisse, en brûla une portion à la porte d'entrée du village, une autre sur le seuil de sa propre hutte pour conjurer, au moyen de la fumée, les jeteurs de sorts qui viennent la nuit. Zidji assista à ces rites profondément étonné. Il avait oublié tout cela.

Le Synode fut une fête pour toute l'Eglise thonga. Tous les missionnaires et les évangélistes de ces parages se réunirent et Bartimée fut le grand homme du jour. Il était rayonnant. Sa puissance spirituelle s'était accrue par l'étude de la parole de Dieu. Il avait élargi son horizon et mieux compris la nécessité d'une vie pure pour les congrégations indigènes. Le culte de consécration fut extrêmement sérieux et émouvant. Zidji avait assisté à des services fort impressifs à Hopevale. Mais ici, il ressentait une chaleur, une impression de vie tout autres. Etait-ce parce que tout, chants, exhortations, prières, se faisait dans sa propre langue et non dans cet anglais qu'un noir ne saisit jamais parfaitement? Ou bien était-ce parce qu'il s'agissait ici de l'Eglise de sa tribu et que cette Eglise aujourd'hui accomplissait un pas vers l'autonomie en consacrant le premier de ses fils comme son pasteur? Sans doute une sorte de légitime orgueil était pour beaucoup dans la satisfaction de l'assemblée. Un noir d'entre les noirs allait devenir presque l'égal d'un Monéri !

Cependant, chez Bartimée, il n'y eut pas un mot qui pût faire penser à la complaisance envers soi-même. Il dit entre autres :

— Je suis incapable d'accomplir le travail qui m'est confié; mais me voici devant Dieu avec mon incapacité. Si je tremble, c'est dans la crainte que mon cœur ne connaisse pas tout l'amour que ce ministère réclame, mais je mets ma confiance en mon Dieu qui a toujours été près de moi, et qui m'a conduit jusqu'ici.

Puis un cantique de circonstance fut exécuté. Il contenait la question de Christ à Pierre : « Simon, fils de Jona, m'aimes-tu ? » Et à cette question, le candidat lui-même répondait en solo de sa belle voix assurée : « Seigneur, tu sais toutes choses, tu sais que je t'aime. » Parfois cette voix tremblait d'émotion. L'assemblée tout entière, dans la chapelle bondée, était sous le coup de la solennité du moment.

Le culte se termina par l'imposition des mains et Bartimée se releva pasteur, « Révérend ! »

Le plus excellent esprit régna d'un bout à l'autre de ce Synode où l'on s'occupa entre autres des moyens d'empêcher la bière forte de ruiner l'Eglise. Les meilleurs d'entre les délégués étaient les plus absolus. Il fallait interdire la bière, la traquer partout comme une bête féroce, car c'était une hyène qui déchirait la vie religieuse et qui tuait les Eglises. Zidji n'avait guère vu de congrégation indigène depuis longtemps, et il avait perdu de vue le grand danger que la boisson fait courir à la race noire. Il écouta attentivement et résolut de faire son profit de cette discussion.

Puis tous les délégués retournèrent dans leurs foyers et le petit village du Bokhaha reprit sa physionomie ordinaire. Zidji alla frapper à la porte de son cousin, ce brave Titus qui lui avait donné un coup de main utile jadis. Il s'informa des gens de l'endroit. Mouki avait vieilli, mais était toujours aussi bourru. Shelling avait consacré son argent longtemps amassé à donner une bonne éducation à son fils aîné. Jacob, après une discipline qui avait duré trois ans, était rentré dans le giron de l'Eglise. Mais les missionnaires n'avaient plus voulu lui confier une charge d'évangéliste.

— Et chez Dick, que devient-on? hasarda Zidji avec un air indifférent.

— Oh! Dick n'est pas encore marié. Cela nous étonne. Il court toujours le pays en bicycle et on croit qu'il va boire avec les païens. Sa sœur Dédéya est la femme d'un nommé Moudani qui demeure là-bas au pied des rochers des Mapitouli....

Ainsi elle était mariée! Zidji le supposait bien. Il en fut triste un instant, un très court instant. Car il ne voulait pas se marier, ou du moins pas encore. Il avait à faire plus que cela, mieux que cela. Il songeait.... Titus le regarda avec sympathie et n'ajouta rien.

Le lendemain, Zidji alla trouver Monéri pour l'entrevue qu'il avait sollicitée. Le vieux missionnaire était à bout de forces. Néanmoins il voulut le recevoir, l'entendre et il l'exhorta à lui dire tout.

— Mon père! dit Zidji, si je vais exercer le métier d'interprète à la cour, c'est seulement pour gagner ma vie. Mon cœur est ailleurs. Je veux prendre la défense de mon peuple et de ses droits. Je veux lutter jusqu'à ce que les lois d'exception qui régissent les noirs aient été rapportées; ne sommes-nous pas des sujets britanniques? Ne payons-nous pas des impôts élevés? Plus de quatre cent mille livres sterling ne viennent-elles pas de nous au trésor du gouvernement? Or, on nous refuse le droit de vote. Et pourtant c'est un principe universellement admis dans les pays anglais que personne ne doit être forcé de payer l'impôt s'il n'a pas le droit de représentation dans les affaires de l'Etat : « No taxation without representation. » Il faut que nous obtenions ce minimum de droits. Pourquoi un blanc illettré et misérable comme il y en a tant aurait-il le droit d'électeur tandis qu'on le refuse à des noirs instruits et riches ! C'est une injustice ! Et il y en a bien d'autres ! J'ai été horrifié à mon retour du Cap de voir comment on traite mes frères dans les gares, dans les chemins de fer, aux mines d'or et de diamant. Je veux dénoncer tout cela et que ma race soit traitée comme une race humaine !

— Et comment comptes-tu t'y prendre, mon fils, pour obtenir ce que tu désires ?

— Je veux faire usage de deux grandes forces : la puissance d'association et celle de la presse. Nous sommes nombreux, dans tout le pays, à vouloir fonder une ligue que nous appelons : Société indigène de Vigilance. Les chefs sont avec nous. Chacun peut en devenir membre en versant une cotisation de dix shellings. Avec l'argent ainsi obtenu, nous éditerons un journal que l'on m'a prié de rédiger et qui s'appellera : *L'Oeil des Noirs.* Quiconque aura été lésé n'aura qu'à nous envoyer sa plainte et nous la publierons. Nous ferons des remontrances au gouvernement lorsqu'on nous imposera des lois iniques et nous croyons que, comme au Cap, nous réussirons à faire respecter notre peuple....

Monéri regardait le jeune homme avec un sourire de bonté quelque peu douteur. Il connaissait les hommes, les colons sud-africains. Il savait contre quelle muraille d'airain ce brave garçon avait résolu d'aller se briser la tête. Mais cette décision, cette foi en l'avenir lui plaisaient infiniment.

— Zidji, lui dit-il, te souviens-tu que, pour chaque homme, ici-bas, il y a non seulement des droits mais aussi et surtout des devoirs ? Je crains qu'à tant réclamer pour des droits tu n'oublies les devoirs. Et pourtant, c'est là l'essentiel. Ce qui manque à votre race, c'est le caractère. Il faut le former avant tout et c'est l'Esprit de Dieu, agissant par sa Parole, qui vous donnera le caractère. Quelques-uns d'entre vous l'ont obtenu déjà. Travaillez à le créer chez les autres. Les Bœrs ne sont pas si méchants. Sans doute ils vous ont souvent traité durement. Mais les épreuves de la guerre les ont bien changés. Tu n'ignores pas que ceux qui gouvernent maintenant ont un point de vue bien différent des partisans de Krüger. Ils ont le cœur meilleur et désirent que vous soyez heureux au Transvaal comme au Cap. Si vous vous instruisez, si vous vous dépouillez de la sauvagerie et des superstitions, crois-moi, ils ne vous traiteront pas toujours en esclaves et le jour viendra où vous conquerrez la liberté politique, non par les armes, mais par le travail et par l'école. Je suis vieux, Zidji.... Voilà plus de trente ans que je vis au milieu de vous. Essaye de fonder ton journal et l'Association indigène de Vigilance. Ce n'est pas une chose mauvaise. Mais ne crois pas que ce soit cela qui émancipera ta race. La vraie liberté vient du dedans et non du dehors.

— Oui, dit Zidji. C'est vrai. Merci. Je me souviendrai de cela et, si j'échoue, je reviendrai à vous.

— En fait, conclut le vieux missionnaire, ce sont ceux qui peinent et luttent pour la formation des caractères qui travaillent le mieux au relèvement des noirs. Souviens-toi de tous tes camarades qui combattent loin du monde, dans la brousse, pour convertir des âmes ! Et reste toujours uni à eux pour la grande œuvre de salut de ton peuple. Je veux demander à Dieu de te bénir, mon enfant !

Et, ployant ses genoux, il pria. Il recommanda au Maître des âmes ce fils spirituel qui était revenu et qui allait repartir avec de si grands projets et une tâche si redoutable. Zidji se sépara de lui profondément ému :

— Il parle comme le Principal de Hopevale, se disait-il. Ces hommes-là sont les vrais amis de notre race.

Ce fut l'une des dernières prières du missionnaire vieilli avant l'âge. Peu de jours après, une nouvelle crise d'hématurie due à la malaria lui enlevait le peu de forces qui lui restait et on l'enterrait, au tournant de la colline, sous un grand « ntoma » aux branches protectrices. Dabouka et tous ses hommes assistaient à ses funérailles et le chef, les yeux mouillés de larmes, disait :

— Ce blanc-là est mort pour nous. Il a bien servi son Maître; il a marché sur ses traces. Notre tribu doit lui rester éternellement reconnaissante.

Mais Zidji ne vit pas la fin de ce grand serviteur de Dieu. Au jour fixé, il dut reprendre le chemin de Pietersbourg pour entrer en fonction au tribunal. Il alla passer la nuit chez un ami de collège, un Mosouto qui demeurait au delà de la Grande-Tabie, sur les flancs de la montagne. Comme il lui restait un long bout de route à faire le lendemain, il partit très tôt le matin, sans prendre congé de son hôte. Il faisait encore tout à fait obscur. Le chemin était raide et Zidji marcha bien une heure avant d'atteindre le sommet. Là-haut un souffle frais l'accueillit, lui caressa le visage et il huma l'air pur des hauteurs avec délices. Plus loin, la route redescendait vers d'autres vallées encore plongées dans l'ombre. Il se retourna encore une fois pour jeter un dernier regard vers la plaine, vers ce Bas-Pays Nkouna qui était sa patrie.

Et soudain Zidji tressaillit....

Là-bas, le Drakensberg fuyait vers le Sud-Ouest, dressant contre le ciel obscur ses innombrables tours et ses arêtes, pareilles à un gigantesque rempart crénelé et tout au bout, dominant la dent de Sikororo au profil bien connu, l'étoile du matin brillait, suspendue dans l'espace comme un grand globe d'or. A sa clarté discrète, on voyait vaguement paraître le Kadjaléra qui, vu d'ici, n'avait plus l'air d'un sphinx. Toute la plaine, au pied de l'énorme rempart, dormait encore et le peuple qui sommeillait là-bas n'avait pas encore bougé.

Alors les souvenirs affluèrent tous à la fois dans l'esprit du jeune homme. Il posa son fardeau, se découvrit et, s'appuyant sur son bâton, il resta longtemps, debout, le regard perdu sur le vaste pays noir....

Il songea à l'escalade du jour de la circoncision, lorsque, s'étant détourné, il avait vu Ngongoméla, l'étoile du matin, qui annonçait le grand jour de la virilité. Son cœur avait battu alors. A travers les souffrances de l'initiation, il avait espéré le soleil levant. Mais le paganisme ne lui avait apporté aucune lumière véritable.

Puis il se rappela le premier culte chrétien auquel il avait assisté et Bartimée proclamant que la vraie Etoile du matin, celle qui apporte la vie et qui dissipe les ténèbres, c'est Christ.

— Oui ! dit-il, en élevant sa pensée plus haut, vers le ciel ! Christ ne m'a point trompé. Puissé-je lui demeurer fidèle !

Puis, revenant à Bartimée, il sourit.

— Le voilà pasteur consacré ! Notre Eglise a son premier pasteur noir. Elle a grandi. Elle vaincra la superstition et le culte des ancêtres. La vraie lumière luit déjà....

— Et moi ! Où vais-je ? Que ferai-je là-bas, dans la ville, chez les blancs ?

Son cœur se serra. Puis il lui sembla que l'air pur de la hauteur l'exaltait et purifiait son souffle. L'étoile du matin montait dans le ciel. Déjà des lueurs d'aube apparaissaient aux confins du désert, très loin à l'orient, derrière les collines pointues ; les vallées où demeure le peuple noir s'éclairaient un peu....

— L'aube vient ! se dit-il. Bientôt ma race s'éveillera et s'épanouira dans la lumière ! Courage, enfant de la terre noire; va lutter pour les tiens et prépare pour eux un avenir meilleur. Dieu règne et le soleil va paraître !....

Alors, sortant soudain de sa longue rêverie, Zidji reprit en main son petit paquet. Il se rappela que la route était longue, longue jusqu'à Pietersbourg.... Et, tournant le dos résolument à la plaine immense, il partit en courant vers sa destinée....

BIBLIOTHÈQUE NATIONALE (R.F.) IMPRIMÉS

TABLE DES MATIÈRES

Pages

AVANT-PROPOS VII

PREMIÈRE PARTIE

A L'ÉCOLE LE LA CIRCONCISION

I. Le village de Mankélou 1
II. L'étoile du matin 14
III. La cour des mystères 25
IV. Une journée au soungui 33
V. L'évasion 47
VI. Bartimée 61
VII. Troubles au Ngoma 73
VIII. Les dernières épreuves 92

DEUXIÈME PARTIE

A L'ÉCOLE DE LA STATION

I. Point de bœufs, point de femme! 111
II. L'étoile du matin 123
III. Chez Monéri 129
IV. Le triomphe de la foi 139
V. Soldat de Christ et soldat de son chef 157
VI. Le révérend Jonathan Matsimo et l'Eglise éthiopienne 182
VII. L'éternel féminin 200
VIII. La prédication de Gana 227

TROISIÈME PARTIE

A L'ÉCOLE DE LA CIVILISATION

I. Chez les africander 235
II. Dans la mine 253
III. Trois rencontres à Johannesbourg 283
IV. Hopevale 304
V. L'étoile du matin 322

www.ingramcontent.com/pod-product-compliance
Ingram Content Group UK Ltd.
Pitfield, Milton Keynes, MK11 3LW, UK
UKHW020429200726
13857UKWH00002B/348

9 782011 952066